Couvertures supérieure et inférieure manquantes.

VOYAGE

EN ORIENT

OUVRAGES DU MÊME AUTEUR

LA SERBIE ET LE MONTENEGRO. . . . . 1 vol.

Pour paraître prochainement

ESSAIS DE POLITIQUE ET D'HISTOIRE. . . . . . 1 vol.

En préparation

HISTOIRE DE LA PERTE DE L'ALSACE-LORRAINE.

VOYAGE
EN ORIENT

PAR

JOSEPH REINACH

TOME SECOND

LA GRÈCE

LA GRÈCE CONTEMPORAINE — L'ADRIATIQUE

LA QUESTION D'ORIENT EN ORIENT

PARIS

G. CHARPENTIER, ÉDITEUR

13, RUE DE GRENELLE-SAINT-GERMAIN, 13

—

1879

Tous droits réservés

LA GRÈCE

LA GRÈCE

A bord du *Donnaï*, 2 octobre.

Vous allez traiter cette impression de sacrilège. Je pars pour Athènes, et j'éprouve en ce moment un réel sentiment de tristesse. Cette ville étrange, Stamboul, s'est emparée de moi avec une puissance singulière. J'ai ressenti en moi la lassitude délicieuse et raffinée d'une race amollie par le sol conquis. J'ai subi son charme, comme celui d'une femme qu'on sait indigne d'être aimée. Ce matin, j'étais sur le point de rouvrir ma malle, de remettre indéfiniment mon départ. Jamais le Bosphore ne m'avait paru plus bleu, jamais le ciel ne m'avait plus doucement enveloppé.

Au moment où le soleil descend derrière le cimetière d'Eyoub, — lentement, bruyamment, l'énorme machine du *Donnaï* se met en marche. Cette dernière heure du jour a des lueurs exquises; la température s'est rafraîchie, le ciel est couleur d'améthyste; devant moi, frappées par les rayons obliques du soleil couchant, les vitres de Scutari se changent en rubis ardents, s'allument comme léchées par la flamme d'un magnifique incendie. C'est la vingtième fois que j'assiste à ce spectacle, et, chaque fois, le premier aspect des maisons embrasées est si saisissant, que je m'attends à entendre tonner sur le Buyuk-Chamlidja le canon d'alarme.

Décidément, nous sommes partis. Sur le passage du lourd vaisseau, les caïques effrayés se dispersent avec un bruit précipité de rames, mais, ayant tardé jusqu'à la dernière minute, ils s'éloignent à la plus petite distance, tout comme les Turcs couchés dans les rues de Stamboul au passage des voitures. Les mille bruits de la Corne d'or ne m'arrivent plus que pareils à un lointain murmure de ruisseau. Nous allons doubler la pointe du Sérail. Un instant encore, une dernière fois, mon regard amoureux a pu plonger dans les profondeurs du Bosphore, caresser tristement ses belles rives qui se cachent dans les voiles pudiques du soir. Maintenant l'image est passée, tout est fini, perdu, évanoui. Nous voguons en pleine Propontide. Le long de la côte, au delà des Sept-Tours, les eaux de la mer sont rouges, empourprées par le soleil qui touche déjà la courbe de l'extrême horizon. A l'orient, la nuit est déjà venue. Rapidement, une ombre violette envahit Scutari, les palais, Top-Hané, enveloppe la tour de Galata et la blanche forêt des minarets qui allument leurs couronnes de feu. Trois fois le capitaine m'a fait appeler pour dîner, et trois fois j'ai répondu avec une colère qui me fera passer pour *djami*. Au-dessus de la mer de Marmara, le soleil n'est plus qu'un demi-cercle de feu tremblant sur les eaux nacrées... Un dernier regard à la pointe du Sérail, aux mosquées, à la rêveuse Chalcédoine. Le demi-cercle embrasé disparaît tout à fait, et aussitôt la nuit occupe tout le ciel. Plus rien. Les étoiles s'allument. Le *Donnaï* glisse solitaire sur la calme Propontide, en vue des masses sombres des îles des Princes, entre deux lignes noires qui sont l'Europe et l'Asie.

Alors seulement je descends dîner. Nous sommes six à table : le commandant, bel homme d'une quarantaine d'années, taillé en athlète, la figure douce et souriante, bon, sincère et loyal comme tous les marins, le cœur dans la main, depuis si longtemps habitué à flotter entre les deux infinis du ciel et de la mer, libre et fier, qu'il ne se soucie pas plus des mensonges et des vulgarités du monde que du roulis régulier de son vaisseau ; — le docteur R..., petit homme fluet et coquet, grand voyageur devant l'Éternel, médiocre médecin et très subtil diplomate, beaucoup plus fin que l'ambre, sceptique, spirituel, ayant manié la plume dans son jeune temps, aimant toujours les femmes, mais les méprisant comme un homme qui n'a jamais fait que passer, ne prenant jamais la mer sans un volume de Tacite, d'Homère ou de Musset, se présentant à moi par une amusante théorie sur cette reconnaissance de l'estomac, cent fois plus solide, dit-il, que celle du cœur ; — une grisette honoraire, Parisienne de trente ans qui a su se faire épouser morganatiquement par le fils d'un grand vizir et qui retourne en France pour quelques semaines, appelée par des affaires urgentes, mais, inquiète, jalouse du noble bey qui commence à secouer ses chaînes trop dorées ; — une seconde grisette, mais celle-là nullement honoraire, Parisienne elle aussi, élégante comme pour une promenade au Bois, marchande d'amour accourue avec beaucoup d'autres au camp russe de San-Stéfano comme les frelons aux fleurs les plus riches en sucre, jouant à la grande dame, mais dès la première minute montrant un bas de jambe qui est charmant, dès la première phrase trahissant la confrérie de Notre-Dame-de-Lorette ; — enfin, un jeune Anglais, svelte et beau comme un éphèbe spartiate ; il descend du mont Ararat et méprise souverainement tous ceux qui ne sont pas montés là où s'est arrêtée l'arche de Noé.

On me sert du café à la franka, dans une demi-tasse de restaurant. Hélas ! mon pauvre caveh turc, si épais et si savoureux dans la petite coupe de porcelaine fine!... Je remonte sur le pont; le silence de la nuit est absolu, et je rêve longtemps aux belles étoiles qui scintillent dans le ciel pur, et frissonnant au vent du nord, regrettent leurs grands amoureux depuis tant de siècles descendus dans l'ombre, les pâtres sublimes de Chaldée.

La Troade, 3 octobre.

Je me suis fait réveiller à quatre heures du matin, alors que le bateau quittait la mer de Marmara pour entrer dans le large canal des Dardanelles. Dans cette dernière heure qui leur est donnée avant le lever du jour, les étoiles me semblent toujours plus belles, leur scintillement est plus vif qu'à tout autre moment de la nuit. Une lumière rouge, celle du phare tournant construit par Collas, voilà tout ce que montre Gallipoli, la sentinelle vigilante de la Propontide, debout sur les falaises que mine la vague en colère. Deux longues bandes noires à droite et à gauche. Je crois avoir deviné dans les airs pâlis de la nuit la pointe de Nagara, l'emplacement d'Abydos. En face, dans les ruines de Sestos, l'ombre de Léandre dormait entre les bras de l'ombre d'Héro, en attendant les premières rougeurs de l'aube. Mais quand le jour paraît à l'orient, lorsque les étoiles s'évanouissent et que la rosée perle froidement sur le pont, Abydos est loin derrière moi et je ne puis admirer les prouesses natatoires de Léandre. En revanche, à la sortie des Dardanelles, j'assiste à celles de deux déserteurs turcs qui furent les héros de la journée. La veille, ils avaient réussi à se glisser sur le vaisseau et s'étaient tenus cachés toute la nuit derrière des tonnes et des ballots de marchandises. Au matin, ils sont découverts, amenés devant l'officier du bord, qui les interroge et auquel ils ne répondent que par un superbe plongeon dans la mer bleue. Nous les regardâmes nager quelque temps dans la direction d'un caïque qui les attendait et les recueillit. Ce seront deux rudes recrues pour les bandes circassiennes qui infestent la Troade et qui m'empêchent d'aller relire Homère sur les ruines d'Ilion. Aux lettres que j'avais écrites de Constantinople, le consul de France aux Dardanelles avait répondu en déclinant toute responsabilité, et le gouverneur turc en accusant ses zaptiés d'être les complices des brigands qui nichent dans Pergame.

Cette entrée de l'Hellespont dans la mer Égée est véritablement belle ; on dirait l'embouchure d'un grand fleuve ; sa largeur moyenne est de deux mille mètres. Flanqués de puissantes batteries, les châteaux des Dardanelles dressent leurs lourdes masses sur les deux rives, que semble rapprocher encore la pureté de l'air matinal. Le rivage d'Europe est abrupt, longue suite de falaises grisâtres, où quelques bouquets d'arbres reluisent au jeune soleil; la forteresse, vaste tour circulaire assise sur une énorme plate-forme de rochers, termine la pointe de Cynossima, là où jadis la misérable Hécube fut changée en chienne. Les Turcs appellent ce château Kelid-ul-Bahar, ce qui signifie *la clef de la mer*. Le rivage opposé est moins sauvage, presque uni, bordé de jardins et de prairies. A droite du château d'Asie s'éveille gaiement le joli village de Khanak-Kalessi, où les navires arrêtent toujours pour prendre la poste et montrer leur firman. Les maisons des consuls, construites dans le genre italien, se suivent à la file sur le sentier de la mer. Derrière, autour de deux mosquées, s'étagent les chaumières turques aux murs enluminés de vives couleurs. Enfin, devant moi, entre ces deux tableaux d'un genre si différent, la mer Égée étale son eau joyeuse et tranquille, toute bleue, sans une vague. Elle ne devient mauvaise qu'à la fin de l'automne. Alors, ses flots capricieux bondissent comme des chamois, et les Grecs modernes, oublieux de la légende antique, jouent sur le nom d'Égée pour l'appeler *la mer des chevreaux* (1).

Des barques de pêcheurs, leurs voiles blanches ouvertes à la brise de la Propontide, passent devant

---

(1) *Aigôn, Aigéôs.*

notre vaisseau à l'ancre. Elles glissent lentement, laissant derrière elles un long sillon d'écume sur la robe rayonnante de la mer. Des caïques se détachent de la rive, chargés des fameuses poteries des Dardanelles et de paniers pleins de fruits, se collent aux flancs du *Donnaï*. En un clin d'œil, le pont se trouve envahi par une bande bruyante qui nous offre pour un prix minime des vases et des coupes en terre glaise troyenne, délicatement brodés d'or sur fond vert ou noir, de grandes aiguières dont la forme serpentine est d'une élégance exquise.

Nous repartons. Dans ces premières heures du jour, si claires, si transparentes, alors que la température est encore douce et que l'air est léger comme sur les montagnes, il paraît vraiment que la nature elle-même respire, vive et sente. On dirait que les montagnes d'Asie savent que leurs formes sont belles et que leur teinte violette se fond dans la bleue couleur du ciel avec une harmonie exquise. Le petit minaret qui s'élève sur l'emplacement de l'autel de Protésilas, fameux par le sacrifice d'Alexandre, semble se rendre compte de sa grâce et se mirer avec bonheur dans l'eau pure du golfe d'Éléonte. La mer surtout est joyeuse, frissonne amoureusement dans sa robe azurée, caressée par les tièdes rayons du soleil. Dans le lointain bleuit la rive de la Chersonèse, qui fuit suivant une ligne presque perpendiculaire à l'Asie. Auprès d'une plaque d'argent, signe qu'une embouchure de rivière est là, s'avance un cap dentelé et vêtu de verdure pâle ; c'est Rhétum. Cette plaine que j'ai sous les yeux, c'est la Troade, l'immortel champ de bataille d'Hector et d'Achille.

Je vous ai promis mes impressions dans toute leur sincérité. Eh bien, je n'ai pas été ému. Pour que la vue de cette rive plate et poudreuse puisse évoquer les ombres évanouies des divins héros d'Homère, il faudrait l'apercevoir à la nuit, dans la lumière vague de la lune. Mais la véridique splendeur du jour rend cette vision impossible. Aussi, au lieu de chercher à faire naître l'enthousiasme et à m'échauffer de propos délibéré, je me suis contenté de déployer une bonne carte de Troade et d'en suivre, sur la côte, tous les détails historiques. D'abord, une vaste plaine d'alluvion, très basse, monotone, d'une vilaine couleur indécise, entre le jaune fauve du désert et le brun luisant de l'acajou. Le long de ce rivage étaient rangés les noirs vaisseaux des Grecs. Du moins, tel est l'avis de Choiseul-Gouffier et de Perrot, car Schliemann nie avec énergie, transporte les vaisseaux des bords de l'Hellespont à ceux de la mer Égée. Vient ensuite la claire embouchure du Simoïs, dominée par le château turc de Koum-Kalessi et bordée de gracieux moulins à vent qui offrent leurs fines ailes à la brise fraîche de la mer. Faisant face au château, de l'autre côté d'une baie semi-circulaire, une petite église grecque s'élève sur un cap sombre, couvert d'herbes et de broussailles. Ce tableau est fort joli, mais aussi moderne que possible. Trois tertres verts, dont l'un sert de cimetière aux musulmans de Koum-Kalessi, passent pour les tumulus d'Achille, de Patrocle et d'Antiloque. Les moulins occupent l'emplacement de la citadelle de Sigée, et l'église grecque celui du temple de Pallas. Le cap sombre est le promontoire de Sigée, mais les Turcs l'appellent Iéni-Schehr, et les matelots français, renchérissant sur les Turcs, ne parlent jamais que du cap des Janissaires. Là où les héros thessaliens célébrèrent par des jeux superbes les funérailles du héros Patrocle, fils de Ménétios, je vois de vieux meuniers turcs qui se chauffent au soleil en fumant leurs longues pipes de cerisier ou de jasmin.

Du cap Sigée jusqu'au cap de Troie, emplacement d'Agamia, une longue falaise escarpée, toute blanche, s'écroule en blocs énormes dans la mer. Une suite de chapelles les couronne, et c'est saint Dimitri et saint Athanase que les Grecs d'aujourd'hui invoquent pieusement sur ces mêmes rochers où Neptune avait ses temples, où la jeune Hésione fut délivrée par Hercule. Le paysage était devenu très beau. La rude masse des falaises jaillissant de la mer azurée, la lointaine perspective de l'Ida, l'île d'Imbros, toute rose, et les gracieuses Calydnes qui semblent flotter sur l'eau comme des monstres marins; la douceur de la lumière, la solidité ferme des premiers plans, la délicatesse légère des horizons; en vérité, pour admirer ces choses, il n'est pas besoin de citer Homère à chaque tour de roue. Comme les anciens, il faut avoir pour lui-même le culte des belles formes et des belles couleurs. L'étiquette importe peu; n'est-il pas tout à fait indifférent de mettre un nom sur ce qui est véritablement beau? Nos contemporains jugent la médaille d'après l'étiquette. — Je n'ai pas présents tous les arguments de la thèse de Schliemann sur l'emplacement occupé par la flotte des Grecs; mais, à vue de pays, il me semble presque impossible que ce soit contre cette côte abrupte et rocailleuse que les Argiens aient abrité leurs vaisseaux. Abriter, en effet, eût été un étrange euphémisme. Le vent souffle presque toujours avec violence contre les falaises d'Agamia, et jamais les coques de noix qui composaient la flotte des Grecs, même tirées à terre, n'auraient pu lui résister pendant dix ans.

Nous voici maintenant dans la gracieuse baie de Bésika. A notre gauche, la vaste plaine troyenne se prolonge très loin jusqu'à la base du Gargare dont le sommet, enveloppé ce matin de nuages épais, semble servir encore à cacher les royales voluptés de Zeus et d'Héré. En face, Ténédos sort des flots et prend, dans la transparence de l'éther, cette teinte d'un bleu pâli qui était celle des yeux de Minerve. Vers l'orient, une grande falaise, très escarpée, semée de grands bouquets de vallonées, habitée par d'innombrables oiseaux de mer; puis, une petite baie, très profonde et très claire; un second promontoire de rochers, âpre, nu, s'avançant dans le canal comme un môle, celui-là même qui, selon moi, a dû cacher les flottes des Grecs, — les savants sont encore moins d'accord sur ce point d'histoire homérique que sur tous les autres; — enfin, au fond d'un golfe gracieusement arrondi, le port de l'île, la citadelle et un joli village de pêcheurs et de vignerons, car la mer est poissonneuse et les collines ensoleillées donnent un muscat délicieux; voilà Ténédos, « l'île riche en biens. »

Le reste de la journée a passé comme un rêve. Je m'installe sur le pont, je lis deux ou trois chants d'Homère, je vide mon porte-cigarettes et je poursuis gaiement du regard tous les papillons qui viennent voleter autour de moi et m'entraîner très loin à travers les espaces, sur les flots endormis de la mer et jusqu'aux derniers horizons de l'Asie. Vers midi, nous avons doublé le cap Baba et nous sommes entrés dans le long canal de Mitylène. La mer est ici une sorte de fleuve; elle est unie comme un miroir et d'une nuance merveilleuse, éclatante, couleur de vin ou couleur de violettes (1); elle s'insinue doucement dans le continent et dans l'île qui s'appela Lesbos, entre partout, forme une infinité de

---

(1) Homère.

baies, d'anfractuosités, de criques dentelées ; elle porte avec amour d'innombrables barques que le vent du matin conduit à la pêche et que le vent du soir ramène au port.

A mille mètres de la côte d'Asie, Mitylène s'épanouit au soleil comme une grande fleur marine. Il n'est pas d'île plus naturellement voluptueuse ; les montagnes aux formes arrondies, les feuillages satinés de grandes forêts toujours vertes, les campagnes nonchalantes, les plages de sable fin, les blancheurs nivéennes des villages qui s'appellent Mitylen et Péloni, tous les moindres coins du paysage exhalent, comme un parfum, je ne sais quelle fine et pénétrante sensualité. Mais la mollesse de cette nature est troublante ; on comprend que le grand ressort vital fait défaut ; fatalement, aux jours du paganisme, l'amour ne devait apparaître ici que comme un délicieux plaisir sans but, la préoccupation sublime de l'espèce étant absente. J'ai deviné, pour la première fois, le pourquoi des amours lesbiennes, du culte brûlant de la Vénus *Misandre*.

En quittant le canal de Mitylène, nous avons traversé le golfe d'Anisthémie, celui de tous les golfes du littoral dont les formes sont les plus belles. Pourquoi? Parce que sa ligne recourbée est celle que dessine le dos et la hanche d'une nymphe couchée, de l'odalisque d'Ingres. Oh! ce qu'il entre, à l'insu des docteurs, de sensualité dans l'esthétique!... Un peu plus loin, entre la rive montagneuse de Lydie et le promontoire farouche de Kara-Bouroun, s'ouvre le golfe de Smyrne, semé de rochers et d'îles. Le soir tombe lentement; pendant que le dernier rayon du soleil joue encore sur les flots pétillants de la pleine mer, à l'occident, les premières étoiles se sont allumées; les montagnes, aux contours arrêtés comme par le burin, prennent tour à tour des teintes de rose, de lilas, de violette; des barques, chargées de légumes et de fruits, descendent le golfe pour se rendre à Moudaniah, à Salonique, à la Corne d'or. Sur la côte d'Asie, les salines reluisent comme de gros blocs d'argent. La nuit envahit tout le ciel, claire, sereine, versant sur le golfe endormi la douce lumière de sa lune qui reste toujours belle malgré les aboiements des chiens et les mauvais vers des poëtes. Dans le lointain, quelques lueurs percent les ombres. Voici Smyrne, la ville où naquit le divin Homère.

Smyrne, 4 octobre.

La perle d'Orient, disaient les poëtes et répètent aujourd'hui les rédacteurs d'itinéraires. J'ai le regret de ne pouvoir me joindre en conscience à ce chorus d'admirateurs. Pour le touriste qui vient d'Occident, je conçois que Smyrne semble la cité orientale de ses rêves. Pour le voyageur qui a vu Constantinople et Brousse, ce n'est qu'une grosse ville gréco-arménienne, sans autre intérêt que celui de son golfe et de ses caravanes. Il convient de laisser la perle d'Orient dans son écrin.

La rade est trop étroite et les accidents que causent l'entrée et la sortie des vaisseaux sont fréquents. Pendant que le *Donnaï* cherche péniblement sa place pour la station de vingt-quatre heures qu'il doit faire à Smyrne, je m'empresse de descendre l'escalier de bois et de sauter dans une barque grecque qui s'était approchée du grand vaisseau. Les quais de la ville, qui s'étendent depuis le port jusqu'aux bords du Mélès, étaient éclatants de blancheur au clair de la lune. Ce sont deux Français, les frères Dussaux, qui les ont construits, après avoir, non point reçu du gouvernement turc, mais dû payer un ou deux millions à la sultane validé, au kisslar-aga et à quelques douzaines d'autres voleurs. Déjà quelques belles maisons *à la franka* s'élèvent sur ces quais. Les intervalles en sont occupés par des cafés-concerts, des salles de bal et des établissements d'assez mauvaise mine, qui tous, dès les premières heures de la nuit, sont bondés de clients, étincelants de lumière. A peine débarqué, je suis allé m'asseoir dans un de ces jardins publics, sous une treille ; un magnifique nègre du Soudan m'a servi une tasse de café et un narguilé, et je suis resté de longues heures, perdu dans une rêverie charmante, à regarder les étoiles, la mer lumineuse, les sombres rivages du golfe où reluisent les villages, la baie où se jette le Mélès, le divin Mélès de la légende, sur les bords duquel Chritéis mit au monde le sublime Homère, ayant été surprise parmi les roseaux par les douleurs de l'enfantement.

Aujourd'hui, j'ai passé tout mon temps à suivre les caravanes, à observer avec un plaisir d'enfant les processions de chameaux. D'habitude, leur longue file est ainsi composée : un ânon de Syrie à l'air spirituel et très doux, harnaché de têtières enrubannées et portant un collier de pierres bleues ; puis une dizaine de chameaux, unis par des cordes, l'un suivant l'autre avec une majestueuse lenteur, faisant à chaque pas résonner leurs clochettes de bronze, ruminant, ondulant du cou, ayant la noblesse du cheval et la grâce du cygne. Le chamelier est monté sur l'âne ; c'est tantôt un nègre superbe, habillé de bleu sombre, à la fois jovial et funèbre, vrai fils du soleil qu'il aime à la façon des lézards, n'ayant jamais assez de sa chaleur, frissonnant dès qu'il passe à l'ombre ; tantôt un Arabe du désert, grave et farouche, naturellement solennel, plus fier, non pas que le pâle sultan de Stamboul, ce serait peu dire, mais que les maîtres de Ninive dans les bas-reliefs de Khorsabad, réunissant tous les dons extérieurs de la beauté humaine, vraiment royal au milieu de la foule servile des Grecs, des Arméniens et des Kurdes. Les caravanes vont partout, sur les quais, dans les rues les plus escarpées du quartier turc, sous les arcades du Bazar, apportant avec elles je ne sais quel souffle de désert, quel vent merveilleux de liberté. Dès qu'ils s'arrêtent, les chameaux se couchent. C'est tout une opération : ils commencent par plier les jambes de devant, lentement, avec quelque indécision, ayant arrêté ces ondulations du cou qu'ils ont toujours en marchant, car le cou est pour eux un véritable balancier ; alors, à un moment donné, l'équilibre manque et le chameau tombe lourdement sur ses genoux que les callosités ont rendus plus durs que la pierre, les jambes de derrière repliées sous lui, le bas du poitrail contre terre. Le petit âne de Syrie reste debout, pareil à une sentinelle, toujours vif et joyeux, mordillant les feuillages qui sont à sa portée.

Je n'ai bien vu de Smyrne que ses caravanes. D'ailleurs, tout le reste est médiocre, la population sans caractère marqué, la rue Franque, toute semblable, moins sa pente escarpée, à la rue de Péra ; la rue des Roses, qui n'a de poétique que son nom ; le Bazar, où les prosaïques produits des manufactures d'Occident ont remplacé les trésors splendides du Bézestin de Stamboul. Les mosquées sont rares, comme perdues dans cette ville chrétienne. Je remarque combien la lourdeur disgracieuse des clochers fait ressortir à leur avantage la légèreté aérienne des blancs minarets. Du reste, les marchands grecs et arméniens sont les maîtres de la ville. Comme je demande au consul de France le nom du gouverneur : « Ma foi ! s'il m'en souvient, il ne m'en souvient guère, me dit-il ; grâce à la toute-puissance des commerçants, nous changeons de vali dix ou douze fois par année. »

Et le Mélès ?... Hélas ! pauvre Mélès ! Quand Lamartine vint à Smyrne, il affirme que le fleuve était un ruisseau limpide et dormant sous la voûte paisible des sycomores et des cyprès, que lui-même en porta les flots à ses lèvres et qu'il en lava son front brûlant. Pour moi, accoudé sur le pont des Caravanes, je n'ai vu qu'un gros chemin pierreux et, dans ce chemin, comme une rigole d'égout, un maigre filet d'eau bourbeuse et fétide. Les fleuves tarissent plus vite que les gloires...

Au coucher du soleil, j'ai quitté Smyrne sans grand regret, et de loin seulement, pâle et blonde dans les ombres tombantes de la nuit, elle m'a paru belle et digne des chants amoureux des poètes. Adieu, terre d'Asie !

Syra, 5 octobre.

Pendant la nuit nous avons longé

Chio, l'île des vins qu'ombragent les charmilles,

et ce matin je me suis réveillé dans la rade de Syra, au milieu de ces belles Cyclades que les Grecs disaient pareilles à une ronde d'Océanides dansant autour du dieu de la mer.

Au bord de la mer bleue, sur le fond bruni de son île rocheuse, la ville de Syra apparaît comme une grande pyramide toute blanche. Je ne connais pas de joyau plus étincelant. On dirait, dans un écrin ouvert, cinq cents diamants de Golconde disposés en triangle. Tel est son éclat que, pendant les nuits sans lune, Syra, reluisant par elle-même, apparaît aux marins comme une immense plaque d'argent. La cathédrale de Saint-Georges occupe la pointe de la pyramide, toute dorée, — j'aurais préféré quelque temple grec d'Ictinus... A première vue, dans l'île tout entière, pas la moindre trace de verdure. Les chaleurs de l'été ont brûlé toute l'herbe des collines. Mais il semble que ce fond de terre de Sienne doive mieux convenir à la ville blanche que le fond de verdure claire qui la détache au printemps. De bizarres lignes de pierre courent en zigzags sur les flancs de la montagne. On dirait des ruines. Ce ne sont que les murs grossiers qui séparent l'un de l'autre les jardins potagers et les vignobles des Syrotes. Du côté de l'est, les fameux moulins à vent qu'Hermopolis, ville grecque, ville de progrès, ne conserve plus que par respect traditionnel. Eurus, comme force motrice, est remplacé par la vapeur.

Je débarque et, dès les premiers pas que je fais dans la ville, me rappelant Stamboul, je crois avoir passé d'Asie en Europe. Décidément, le repos mortel, le *kief*, est loin derrière moi. C'est la vie dans toute son intensité, dans tout son éclat, qui salue le voyageur à son arrivée sur la terre grecque. On m'a mis sur mes gardes contre cette vive séduction du premier moment ; je n'y cède pas moins. Quand ils sont entre eux, les Grecs, pour faire entendre de quelque voisin qu'il est crédule et naïf, disent en riant qu'il est bête comme un philhellène. Aujourd'hui, je me suis surpris plus d'une fois en flagrant délit de philhellénisme.

On se sent en pleine civilisation, civilisation jeune, celle d'un peuple qui sait que l'avenir lui appartient. Il a la foi, non pas la foi inerte du fataliste qui attend que la fortune vienne à lui, mais la foi vivace de celui qui n'ignore pas que la montagne ne va jamais à Mahomet, et qui ne compte que sur lui-même. Le contraste avec les villes turques est si saisissant que je me demande si je n'ai point passé tout le mois dernier dans une nécropole, dans le château de la Belle au Bois-Dormant. Ici, c'est une admirable ruche d'abeilles. Partout le travail, la lutte, l'effort. Le rêve est absent. Les clients sont nombreux dans les cafés; mais tandis qu'à Stamboul, mollement accroupis sur les divans, les Turcs regardent vaguement devant eux, silencieux, sans autre souci que d'aspirer avec le moins d'efforts la douce fumée du narguilé; ici, les consommateurs vont vite en besogne, et tout en vidant leur verre de mastic, tout en fumant ils causent d'affaires, ils discutent les nouvelles politiques et lisent les journaux. A cette heure matinale, les rues sont déjà pleines de monde. Ces rues montueuses, presque à pic, sont toutes dallées de marbre blanc (le Grec appelle marbre toute pierre qui offre au soleil quelques paillettes étincelantes). La plante des pieds, toute meurtrie par les cailloux pointus de Constantinople, se pose avec plaisir sur ces belles dalles. Ce détail prévient à merveille un voyageur même sceptique. En même temps, il remarque la propreté toute hollandaise de cette ville. Ce n'est point à des chiens lépreux que Syra confie le soin de sa toilette; elle est trop coquette, trop soucieuse de sa blancheur. Génie essentiellement pratique que celui des Grecs de Syra : le

Turc le plus pauvre entretient un jardin autour de sa maison, son âme poétique a besoin de fleurs, de verdure, de chants d'oiseaux ; ici, les maisons larges, carrées, sont serrées l'une à côté de l'autre, comme les alvéoles d'une ruche ; on n'a pas de place pour les jardins, le temps d'un Grec est trop précieux pour qu'il le consacre à Flore au détriment d'Hermès. Un balcon ou bien un toit italien avec terrasse, cela suffit pour prendre l'air, le soir, après le travail. D'ailleurs, le toit italien est commode ; on y installe facilement un réservoir pour l'eau de pluie. — Les plus riches négociants de Syra ont de petites villas dans la campagne, très modestes, avec de pauvres jardins de lauriers-roses et d'oliviers, mais fraîches, tournées vers le nord. C'est le plus grand luxe qu'ils se permettent. Point de dépenses inutiles pour les plaisirs bruyants, les fêtes : les invitations à dîner sont très rares. Après le labeur acharné de la journée, chacun éprouve le besoin de rester chez soi, de se reposer. Quand le soleil est couché, les jeunes gens vont faire un tour de promenade sur la *Platea*. On appelle ainsi une longue place, en forme de parallélogramme et plantée de quinze oliviers et de huit palmiers rachitiques. Les belles Grecques y viennent de leur côté, parfois en quête de maris, toujours en quête d'amoureux. Hermès, qui est le patron de la ville nouvelle, a toujours été l'ami de la déesse de Cypre. Une jeune Française, qui est mariée à un riche négociant de la ville et dont les principes sont sévères, se plaint à moi de ses servantes ; elle doit les changer tous les mois, non qu'elles soient paresseuses ou malpropres (il n'y a pas un atome de poussière dans toute la maison), mais elles ne peuvent se passer d'amants, n'ont pas le temps de chercher une ombre protectrice.

Tout cela, c'est la vie. Le ciel et la mer sont aussi bleus qu'à Constantinople, mais d'un azur à la fois ferme et transparent, sans mollesse, sans rien de la dangereuse douceur du Bosphore. L'air est clair et tiède, mais sans cesse traversé par une brise de la mer ; le climat est très égal, l'année est un long printemps ; il n'existe dans toute la ville ni poêle ni cheminée. On m'affirme que le percement de l'isthme de Suez a ouvert l'accès de la Méditerranée à des courants indiens, qui ont déterminé un abaissement dans la température générale. — Comme je ne suis ici qu'un passant, que je pars ce soir pour Athènes, je n'ai pas le loisir d'approfondir nombre de questions curieuses qui se présentent à moi ; je ne fais que cueillir rapidement un bouquet de faits. Du reste, j'ai dans le chancelier du consulat un guide excellent ; il me promène à travers toute la ville, me conduit chez les fonctionnaires et les commerçants les plus notables. Tout de suite, la conversation s'engage sur la politique. Ils en parlent bien, sont au courant des moindres événements. Leur pensée dominante, c'est le triomphe de « la grande idée. » Mais ce triomphe leur semble à tous irréalisable sans le secours de la France. Ils envient les Italiens, rêvent un Solferino hellénique. Leur patriotisme, bien que théâtral, exerce un ascendant irrésistible; ils aiment si profondément leur grande mère grecque et leurs frères esclaves que l'esprit le plus froid se laisse convaincre, entraîner par leur enthousiasme. Ils sont naturellement diplomates, doués d'un tact politique remarquable. Ils parlent de la Thessalie et de l'Épire avec une passion vraie qui est touchante, avec une habileté qui prouve une grande connaissance du cœur humain. S'adressant à un Français qu'ils savent déjà sympathique, ils disent : « C'est notre Alsace-Lorraine. » A étudier de près cette race de politiciens, je me promets d'avance un vif plaisir. J'arrive avec cette idée qu'eux seuls peuvent régénérer l'Orient; je n'ai pas l'habitude de prendre le clinquant pour l'or pur, et je me doute que le clinquant ne fait point défaut sur le sol de la Grèce; ce sont là de bonnes conditions pour observer. Il est impossible de mentir avec une plus belle effronterie que ces gens-là : « Vous savez la nouvelle ! le crime affreux que viennent de commettre ces infâmes Turcs ?—Je n'en ai point connaissance. — Ils ont assassiné l'archevêque de Smyrne. — Vous faites erreur, j'arrive de Smyrne. — Quoi ! l'archevêque... — Il a été tué, mais le meurtrier n'est pas un Turc; c'est un Grec à qui l'autorisation de divorcer avait été refusée. » Mon Syrote ne se troubla pas pour si peu et me démontra longuement comme quoi les Hellènes sont la plus vertueuse nation qui soit au monde, et que leurs rares défauts sont une simple conséquence de la longue oppression des barbares musulmans.

J'ai passé une grande heure sur la plate-forme de la cathédrale latine, à regarder la mer et les îles immortelles dont elle est semée. L'air était clair et joyeux, d'une transparence merveilleuse, sans la moindre vapeur, en sorte que sur l'azur limpide les contours arrêtés des Cyclades se détachaient aussi nettement que les figures noires des vases grecs sur leur fond de topaze brûlée. Une magnifique lumière, toute d'or, éclatait sur ce paysage unique au monde par la noblesse des lignes et la grandeur des souvenirs. Cela est beau et cela est doux. Mais quel contraste avec le Bosphore ! Là-bas, ce que j'éprouvais était à la fois voluptueux et triste ; l'âme s'assoupissait, le cerveau ne fonctionnait point ; le corps seul, caressé par les tièdes rayons, jouissait à la façon des bêtes et des plantes. Ici, dans cette inondation de clarté, au milieu de cette nature où rien n'est vague, l'âme se réveille, les idées sont aussi nettes que les contours, germent dans le cerveau, comme une belle et forte végétation spontanée, et quelque chose de triomphant éclate en moi. Ce n'est plus uniquement par l'épiderme que je suis heureux ; le cerveau prend part à mon bonheur, je retrouve le *moi* qui se perdait dans un demi-sommeil trop exquis; je chasse enfin, comme des oiseaux de mauvais augure, les molles songeries qui m'énervaient. La tendresse maladive qui s'était emparée de tout mon être fait place à cette grande joie saine et vivace qui était celle des Grecs et qui « marque si bien la force de l'esprit (1). » La pleine lumière sans mélange met une clarté en moi. Je jette mon turban, je redeviens païen et j'entends les Muses « chanter avec leurs belles voix » un hymne d'allégresse.

Impossible de rendre le spectacle que j'ai sous les yeux, de dire la blancheur de Syra, la teinte purpuréenne de la mer et le gris violacé des îles sur la sérénité du ciel. Car ce sommet de Saint-Georges les domine presque toutes, les Cyclades fameuses, « les montagnes grecques égarées dans la mer d'Égée. » Voici d'abord la douce Andros, l'île des belles femmes, qui ont conservé toute la pureté du type ancien; voici Ténos, l'île héroïque dont la trirème décida la victoire de Salamine, la grande lutteuse des guerres de l'indépendance; puis l'aride et glorieuse Mykonos avec ses deux pauvres rochers, les Dili, qui furent jadis l'un Délos, l'île mobile d'Apollon, l'autre Rhénée, l'île d'Artémise; la riche Naxos, où Bacchus, couronné de pampres, consola Ariane; Paros, où le

(1) Mot de Ninon, la seule courtisane grecque des temps modernes.

marbre a la blancheur des neiges; sa sœur Antiparos, célèbre par sa grotte de stalactites; la fertile Siphnos, où Danaé mit au monde le héros Persée qu'elle abandonna à la vague dans une caisse de bois, Moïse hellénique; Céos, que les Grecs d'aujourd'hui appellent Zéa, patrie de Simonide et d'Aristée; le triste rocher Gyaras, que Tibère trouva trop affreux pour en faire un lieu d'exil. Elles sont là, ces îles tant chantées, formant autour de l'horizon comme un grand collier de perles. Les flots pétillent sous la brise, balancent gaiement les barques aux voiles dorées. L'air est si léger et si pur qu'il semble qu'en étendant la main on toucherait chacune des Cyclades. Il faut parfois, quand le vent est contraire, plusieurs jours pour se rendre de Ténos à Syra. Ainsi en est-il du paganisme lui-même : suivant le vent qui souffle à travers l'histoire, il est voisin ou lointain; — voisin, aux grandes époques de joie et de force, à Florence, pendant la Renaissance, à Paris, pendant la Révolution; — lointain, aux époques de tristesse chrétienne et de déchéance intellectuelle, hier encore, chez nous... A un tout petit frémissement parmi les feuilles, à je ne sais quel frissonnement amoureux de la mer, il me semble qu'un vent favorable va se lever de nouveau. Allons, mes amis, dressons des cratères de vin, remplis jusqu'aux bords, et faisons des libations aux dieux de l'Olympe qui sont de toute éternité!

Arrivée à Athènes, 6 octobre, quatre heures du matin.

J'ai quitté Syra comme la lune se levait derrière la cathédrale de Saint-Georges, et je suis arrivé au Pirée, comme elle descendait à l'horizon. A cette heure incertaine de la nuit, je ne vis du Pirée qu'une longue ligne de maisons perdues dans une ombre vague et les points d'or des becs de gaz allumés le long du quai. Je sautai dans une barque et quelques coups de rame me déposèrent sur le sol de l'Attique. Me trouvant environné de drogmans, de portefaix, de voyageurs, de matelots et de cochers, qui s'agitaient et bourdonnaient comme les abeilles de l'Hymette, je ne pouvais, sous peine d'attirer sur moi une attention dangereuse, adresser aux divinités de la mer qui avaient protégé mon voyage la prière d'usage, à genoux, les mains étendues du côté de la plaine humide, et saluer ensuite les divinités de la terre athénienne en baisant le sol, suivant le rite, et en invoquant leur bienveillance. J'entrai donc, sans plus de cérémonie, dans la salle aux vitres étincelantes d'une maison qui portait cette inscription : ΚΑΦΕΙΟΝ ΤΟ ΠΑΝΕΛΛΗΝΙΟΝ et qui était pleine de monde; et, modestement, comme il convient à un étranger protégé par Zeus Xénios, je m'assis à une petite table près du foyer. Mais au lieu du sel, qui fait entendre que le voyageur forme avec son hôte une union d'amitié constante et fidèle, le serviteur plaça devant moi une coupe pleine d'un liquide de couleur brune qui embaumait comme l'encens de figuier ou de myrrhe. La coupe étant parfaite et accomplie, c'est-à-dire remplie jusqu'aux bords, je fis une libation à Hermès Xénodios, dieu des voyageurs et des voleurs, en répandant sur la table quelques gouttes du précieux liquide. Le dieu accepta mon offrande et m'envoya sur-le-champ un automédon qui consentit à me conduire à Athènes, sans me voler de plus du triple. Hermès! dieu de Cyllène, indicateur des routes, toi dont la statue sacrée se place aux carrefours, que ton nom soit glorifié!

Le chemin était plongé dans une obscurité profonde et je distinguais à peine les hauts peupliers blancs dont il est bordé. Mais mon cocher, jeune Athénien aux yeux de lynx, voyait dans la nuit, et il lança ses deux chevaux au quadruple galop, tout en chantonnant devant lui un air à la fois très doux et très triste. De temps à autre, il se retournait sur son siège et me donnait quelques explications. Il me dit qu'un gros amas de pierres qui pâlissait dans les ombres nocturnes sur ma droite, c'étaient les ruines des longs murs de Thémistocle. Comme la voiture fit un soubresaut violent sur une inégalité de terrain,

il m'apprit que je venais de passer le pont de l'Ilissus.
A l'horizon, une lourde masse d'un noir très épais
figurait l'Hymette. Les étoiles, vives, claires, scin-
tillaient dans l'air pur et me semblaient plus brillantes et plus rapprochées de la terre que partout
ailleurs. La nuit était calme, sans un bruit. Parfois,
une brise légère passait dans les bois voisins d'oliviers.
Les noms des montagnes et des temples résonnaient
à mon oreille comme une musique, les grands souvenirs du passé se réveillaient délicieusement en
moi.

La voiture s'engage dans une grande rue silen-
cieuse, dont toutes les maisons étaient endormies.
Dans la campagne lointaine, un coq chanta. J'étais
à Athènes.

Première journée.

Journée merveilleuse, qui me laissera des souvenirs incomparables. Depuis que je voyage, je n'ai
rien éprouvé d'égal ; l'émotion que j'ai sentie aujour-
d'hui restera unique. De tous les cultes qui m'ont
été enseignés dans mon enfance, je n'en ai gardé
qu'un seul : celui de l'antiquité hellénique. J'ai
passé des années entières à rêver de la Grèce comme
un moine du XIIe siècle rêvait du Paradis. Et je suis

à Athènes! ma journée s'est écoulée sur l'Acropole, entre le Parthénon et les Propylées!

C'est de la terrasse du jardin royal que j'ai pour la première fois aperçu le rocher de Pallas, sombre sur le ciel pâle du matin, et sur la plate-forme les colonnes dorées des monuments en ruine. On a regardé des estampes, on sait la forme de l'Acropole, semblable à un immense autel; on connaît par les livres l'emplacement et le caractère de tous les temples; on a lu Pausanias, Chateaubriand et Lamartine, on a appris par cœur les strophes de lord Byron. Ce n'en est pas moins une révélation, on n'a vu les choses qu'à travers un voile. Auprès de la réalité, qu'est-ce que tout l'œuvre des artistes et des poètes?

Il est impossible de rester en place, d'attendre; tout de suite, encore fatigué par une nuit sans sommeil, il faut monter et voir. Jamais matinée ne m'a semblé plus glorieuse que celle-ci. En pleine lumière, devant moi, l'Acropole prenait des teintes de violette, paraissait à quelques pas de distance. La légèreté qui était dans l'air se communiquait à l'être tout entier. Vive et sereine, la nature transmettait son propre mouvement. Comme par instinct, j'ai trouvé mon chemin dans le dédale tumultueux de la vieille ville. On arrive au pied des murs Pélasgiens, on monte sur la plate-forme, on aperçoit le Parthénon, et le trouble profond que ce grand nom me causait par avance est encore au-dessous de celui que j'ai ressenti ce matin.

Il faudrait pouvoir analyser avec précision les sentiments d'un pareil moment ; savoir, dans ce trouble, ce qu'il y a d'admiration pour la beauté du monument et du lieu, de piété pour tant de souvenirs historiques si puissamment évoqués. Le vaste plateau, très inégal, est jonché d'un nombre incalculable de débris, fragments de colonnes, piédestaux brisés et comme émiettés, morceaux de marbre d'une provenance impossible à deviner. Une herbe rare, toute rôtie, couvre par plaques ce sol pierreux ; le soleil brille sur quelques œils-de-bœuf aux longues feuilles d'or. Devant moi, le puissant rectangle du Parthénon, coupé en son milieu, projette de grandes ombres blondes. La couleur du marbre est propre à la Grèce, non pas blanche comme en Italie, ou grisâtre comme chez nous, mais toute dorée, ambrée comme l'ivoire antique, avec plus d'éclat ; seulement, comme les colonnes ont été mutilées, les brisures sont d'une blancheur de neige, semblables à des blessures reçues par le marbre. Voilà ce qui frappe le regard dans les premiers instants. L'œil est fait de telle sorte qu'il est frappé par le détail avant de voir l'ensemble, qu'il procède presque toujours du particulier au général. Mais pendant que la rétine est ainsi amusée par les accessoires du tableau, par la poussière du marbre qui sème le sol, par les vulgaires fleurs jaunes qui poussent entre deux fragments d'Ictinus, par la couleur des colonnes, si délicate et si chaude à la fois, lentement, dans l'esprit, un travail se fait, la joie de la lumière envahit l'être tout entier, la clarté immaculée du ciel agit sur tous les sens; on se laisse aller à toute la beauté de cet éther si pur et si glorieux, et tout à coup, ce n'est plus en voyageur ni en curieux que l'on regarde le Parthénon; le détail pittoresque, les souvenirs d'école passent au second plan; on est devenu ou peut-être redevenu Grec; on contemple le sanctuaire d'Athéné avec les yeux d'un concitoyen de Périclès.

Tous les voyageurs qui m'ont précédé ont dans leur pensée rebâti le Parthénon : ils ont redressé les murs de la Cella, relevé les colonnes tombées, restauré les marbres, rétabli les frontons, replacé les frises et les métopes, deviné devant l'opisthodome la statue chryséléphantine de Pallas. Pour moi, je ne cherche pas à reconstruire. Telle quelle, la ruine me suffit, c'est bien elle que j'admire et que j'aime. Je pense comme Delacroix : « Il y a des lignes qui sont un monstre : la droite, la serpentine régulière, surtout deux parallèles. Quand l'homme les établit, les éléments les rongent. Les lignes régulières ne sont que dans le cerveau de l'homme. De là le charme des choses anciennes et ruinées; la ruine rapproche l'objet de la nature (1). » — Aujourd'hui, les découvertes de la science permettent de restaurer

---

(1) Pensée recueillie par Philippe Burty.

le Parthénon dans toute sa splendeur primitive, sans une erreur de détail. Pourquoi n'osera-t-on jamais toucher à cette ruine? Parce qu'un instinct secret avertit que le restaurateur serait aussi barbare pour le moins que l'un des grands destructeurs, Elgin ou Morosini...

Je ne suis sur l'Acropole que depuis une demi-journée à peine, et déjà, transporté d'un coup d'aile en pleine antiquité païenne, j'ai les yeux remplis à jamais des lignes et des contours qui réalisent l'idéal le plus élevé qui soit au monde. Certaines beautés sont tristes; ce sont les beautés de second ordre : celle de l'art chrétien, qui sépare cruellement l'âme du corps et qui l'emporte à des hauteurs où un vertige la prend; celle de l'art musulman, qui ne s'adresse qu'aux sens inférieurs, qui amollit et énerve; celle de l'art scandinave ou germanique, qui s'enveloppe de brumes et de nuages. La vraie beauté, la grande, celle de l'Hellade, est essentiellement joyeuse et forte, surtout sereine, n'est pas troublée par l'excessive prépondérance soit de l'esprit, soit de la matière. Elle est l'eurythmie, et c'est bien ce mot-là que je tiens à employer, parce qu'il éveille en nous une idée de musique, de chant, de cadence; parce que, devant cette nature hellénique et devant cet art qui se traduit en pierre, j'éprouve tout ce que me fait éprouver, dans un concert du Conservatoire, une symphonie de Haydn, un fragment d'opéra de Mozart ou de Gluck... Vous comprendrez cet état d'esprit ; je ne puis pas traduire en mots cette merveilleuse ivresse de clarté.

. . . .

Comme je descendais la pente de l'Acropole pour rentrer à Athènes, un des ouvriers employés aux fouilles est venu m'apporter un fragment antique qu'il avait furtivement soustrait (1). J'ai acheté ce vol, de crainte qu'il n'aille se perdre dans la poche de quelque Anglais. C'est une main, adorable débris de quelque statue d'un élève de Phidias, main de femme, fermée, tenant une branche de myrte ou de laurier, toute dorée de la blonde couleur des marbres du Parthénon. Les doigts purs ont des rondeurs exquises, le dos est d'une seule coulée tout unie et toute luisante. La déesse inconnue de Milo pourrait réclamer cette main.

Le Parthénon.

Plus je l'étudie, plus je l'admire, plus mon émotion et mon amour grandissent. Tous les matins je monte à l'Acropole, mes plans et mes livres (2) sous

---

(1) Dont avis à l'administration grecque.
(2) Boutmy, *Philosophie de l'architecture en Grèce.* Beulé, *l'Acropole, l'art grec avant Périclès.* Burnouf, le *Parthénon.* Taine, *Philosophie de l'art en Grèce.* Renan, *Prière sur l'Acropole.*

le bras, et sur place je relis les histoires, je vérifie les descriptions, les systèmes, les reconstructions. Dans ce temps d'archéologie, vous savez qu'à tort ou à raison je ne cède guère à la mode envahissante, que la couleur d'un marbre m'intéresse plus que sa date. Pourtant, devant un monument comme ce Parthénon, il ne faut pas s'arrêter à l'admiration instinctive. L'analyse est nécessaire. Il faut raisonner son sentiment, et quand on l'a raisonné, l'on n'admire que plus et mieux. Ce qui me gênait sur le Bosphore, c'était l'impossibilité où j'étais vis-à-vis de moi-même de justifier un plaisir tout sensuel, tout d'épiderme, si je puis dire. Ici, rien de tel, tout s'explique. En effet, le type de beauté éternelle que j'ai sous les yeux n'est pas seulement l'œuvre d'art la plus accomplie qui soit au monde, c'est encore un chef-d'œuvre de science tel qu'on n'en réalisera jamais un second. Savez-vous ce que Vitruve, commentant une phrase de Platon, exigeait d'un bon architecte? Il voulait « qu'il fût dessinateur, géomètre; qu'il eût étudié la perspective, la philosophie, cette science du raisonnement, la musique, qui laisse je ne sais quelle soif secrète d'harmonie; il voulait qu'il eût une teinture de médecine, afin de pourvoir à la salubrité des villes et des habitations; d'astronomie, pour bien connaître les conditions atmosphériques. » Or, Ictinus était cet homme.

La convenance a été définie cette partie de l'art qui consiste à approprier un édifice à sa destination. Ignorer la véritable *essence* d'un monument qu'on admire ou qu'on prétend admirer, c'est descendre à un degré misérable de « servilité classique, » ou, tout au moins, manquer de respect au génie de l'architecte. Pour comprendre le Parthénon, il faut connaître sa destination. Jamais corps n'a mieux exprimé son âme. Le temple grec n'est pas un lieu d'assemblée, une *église*, comme les synagogues et les mosquées, les basiliques et les cathédrales. Boutmy l'a dit en des termes d'une précision excellente : « C'est une enveloppe pour le simulacre divin. » *Le peuple saint en foule inondant les portiques*, cette image ne convient point au temple grec, qui n'est en réalité « qu'une boîte, un reliquaire pour la relique céleste. » Les sacrifices se célébraient en dehors du temple ; l'autel était dressé en face de l'entrée, la foule l'entourait, le cortége des prêtres occupait les degrés des sanctuaires, et de loin, dans la solitude religieuse du *naos*, la déité assistait aux honneurs que les hommes lui rendaient. Cela est écrit dans les livres anciens et sur cette belle peinture de Pompéi qui figure le sacrifice à Isis.

Le temple grec n'est pas seulement, pour parler le langage des inscriptions primitives, « l'édifice dans lequel se trouve tel ou tel simulacre, la niche de telle statue » grossière ou sublime; c'est une châsse où sont renfermés des bijoux précieux, un musée rempli de statues et de peintures. Périclès compte ces trésors parmi les ressources disponibles de la République; Pausanias donne le catalogue de ceux qui existaient encore de son temps. Aussi les visiteurs n'étaient-ils admis que sous la conduite d'exégètes choisis. Reliquaire et musée, voilà la double fonction du temple grec, sanctuaire d'une divinité et sanctuaire de l'art.

La déesse du Parthénon est Pallas Athéné, double nom qui signifie la vierge forte protectrice d'Athènes, et cette déesse est la plus magnifique conception du génie grec. Elle est fille de Zeus, le plus grand des dieux, sortie tout armée de son front au milieu des éclairs et des tempêtes; elle est la clarté rayonnante et vivace du ciel serein, Tritogénie, comme l'appelle le vieil Hésiode, née des ondes célestes. Elle a commencé par la bataille, elle a dompté les Titans monstrueux révoltés contre son père. Euripide la salue du nom de Chrysolonkos, déesse à la lance d'or; elle est la sagesse toujours victorieuse. Elle aime le courage, la prudence, la ruse, toutes les beautés de l'âme et du corps, mais nul parmi les dieux et les hommes n'est jamais entré dans sa couche virginale; les poètes la nomment Atrytôné, l'invincible; Ergané, la protectrice des arts; Polyboulos, celle qui est douée d'un sens exquis. Entre tous les peuples du monde, elle a choisi pour le sien celui d'Érechthée qui fut son nourrisson et son héros favori. La ville de Cécrops porte son nom. Elle a prêté sa légèreté à l'éther de l'Attique et sa jeunesse éternelle à l'esprit des Athéniens. Elle est toute lumière, toute vérité, toute beauté, toute vertu. Il faut mériter de l'aimer, et pour cela il faut une longue éducation. L'âme des fidèles doit être fière, dédaigneuse, épurée par un culte constant du beau, fortifiée par une âpre haine de toutes les laideurs. La déesse ne vient en nous, comme le dieu d'Amour de l'Internelle Consolacion, que si nous lui « appareillons noble mansion, » que si nous adornons notre être de toutes les grandes aspirations, que si nous le rendons ailé. C'est pour donner à sa statue d'or et d'ivoire une demeure digne d'elle que Périclès fit construire par Ictinus et Callicrate le Parthénon nouveau, le temple de la vierge.

Pallas Atrytôné est la déesse immortelle ; Athènes est la ville, celle qui ne périra jamais : son sanctuaire doit exprimer la pensée de la durée éternelle. Comment ? Par la forme. Sur la terre stérile de l'Attique, la végétation est malingre ; un seul arbre prospère, le pâle et triste olivier, naturellement rabougri. Forcément, c'est à la nature minérale que l'artiste empruntera la forme du temple, et il prendra celle qui présente à l'œil la plus grande solidité, celle du cristal. Le Parthénon est une pyramide tronquée.

« Pour l'œil comme pour la science, la stabilité des corps s'accroît avec la stabilité de la base (1). » Il n'y a pas une ligne perpendiculaire dans le Parthénon ; à l'instar de l'Égypte, la Grèce fait obliquer toutes les lignes, petite déviation de deux centimètres à peine sur une longueur de cent pieds ; et ainsi, comme les murs de la cella et de l'opisthodome inclinent parallèlement l'un vers l'autre, comme les colonnes penchent vers l'intérieur, comme le galbe même des colonnes, se rétrécissant vers le chapiteau, se rapproche du cône, c'est un tronc de pyramide qui se présente aux yeux, la pensée conçoit une pyramide immense dont la terre est la base et dont le sommet fuit à une distance infinie, tout au fond du grand ciel d'azur.

Pallas est la force, la Promachos qui combat à l'avant-garde pour défendre sa ville ; mais elle est aussi la Glaukôpis, la déesse aux yeux de violette, celle qui se fait aimer et qui n'aime pas, la rivale d'Aphrodite dans le concours de beauté. Dès lors, il faut que son temple proclame sa grâce divine, comme il a fait son invincible sagesse. Pourquoi le vase canopien est-il le plus beau de tous ? Parce que sa forme arrondie est celle de la hanche et du rein de la femme. Les Grecs savaient que les lignes courbes et les surfaces rondes sont plus belles que les lignes

---

(1) Burnouf.

droites et les plans. Dans le Parthénon, outre qu'il n'y a pas une perpendiculaire, il n'existe pas une ligne droite (Burnouf). Ictinus courba les degrés et le pavé de son temple, les architraves, les frises, la base même des frontons, « comme la nature a courbé la mer, les horizons et le dos arrondi des montagnes. » De là provient l'ineffable harmonie du Parthénon, la grâce toute féminine de sa mâle beauté.

La plume s'épuise à retracer le plan d'un des monstrueux monuments de l'Inde, de la Syrie ou de l'Égypte, d'un Alhambra moresque, d'une cathédrale chrétienne. Le plan du temple grec est d'une si merveilleuse simplicité qu'il suffit pour le décrire de cinq ou six lignes. Comme le secret de Faust, la vraie beauté n'est-elle pas tout ensemble très voisine et très éloignée de nous? Un vaste rectangle divisé en deux salles inégales, dont la plus grande ouverte au soleil levant est le naos, le sanctuaire de Pallas; dont la plus petite est l'opisthodome, le trésor public, — voilà le corps même du Parthénon. Une double colonnade intérieure partage la cella en trois nefs. Tout autour de la cella règne un péristyle qui compte huit colonnes doriques sur les façades et quinze sur les côtés, les colonnes d'angle n'étant pas comptées. Un soubassement général, haut de trois degrés, sert de piédestal à l'édifice. Les façades d'orient et d'occident sont couronnées par deux frontons que les Grecs appelaient poétiquement du nom d'*aétos*, parce que leur triangle figure naturellement un grand aigle aux ailes déployées.

On peut dire les raisons d'être de la beauté, mais non la beauté même. « Vieillards troyens, pourquoi Hellène est-elle si belle qu'elle éblouit tous les yeux, et que vous, les anciens de la patrie, vous ne pouvez vous indigner contre les Grecs qui vous font souffrir tant de maux? — Jeune homme, Hellène est belle parce qu'elle est la fille de Zeus, qui est le plus grand des dieux, et d'une femme issue elle-même de la race des souverains de l'Olympe. Elle est belle encore, parce qu'elle a été engendrée sur les bords de l'Eurotas, dans la plaine admirable de Laconie, sous le ciel pur de la Grèce. — Pouvez-vous dépeindre la beauté de cette femme? — Non, car elle ressemble extraordinairement de visage aux déesses immortelles. Elle est toute d'or comme Vénus elle-même... » C'est ainsi que j'ai pu vous rappeler quelle était la destination du Parthénon, son essence, la religion de ses architectes; vous indiquer de quelle sorte l'âme vivante du temple se manifeste dans ce grand corps de marbre. Quant à décrire sa beauté même, nul ne le saurait, et je ne l'essayerai point. Le jeu merveilleux des pleins et des vides est analogue à celui des longues et des brèves dans une strophe lyrique. Comment traduire des notes avec des mots? L'harmonie qui résulte de l'admirable emploi des courbes horizontales est une jouissance infinie pour l'œil et pour l'esprit. Il est certain que cela ne peut se rendre dans le pâle et terne langage qui est le nôtre. Donc, il faut voir des estampes, mieux encore les belles photographies de Constantin Athanasiou. On peut ainsi avoir quelque idée des formes ; mais ce qu'il sera toujours impossible d'imaginer, c'est la couleur, celle de l'air environnant dont la bleue transparence rayonne et éblouit les yeux, comme celle des grandes colonnes majestueuses revêtues par le temps d'une dorure foncée et qu'on dirait comme drapées de robes fauves.

Les barbares du monde entier, Romains, chrétiens et musulmans, ont fait du Parthénon une immense ruine, mais, par aventure, une ruine intelligente que l'âme harmonieuse de la déesse Poliade a pu continuer d'habiter. Les huit colonnes des façades sont restées intactes, de sorte qu'en se plaçant dans l'axe du sanctuaire on pourrait, n'était l'infâme mutilation des frontons, se croire en présence d'un monument respecté par les hommes, bien que délabré par le temps. On entre sous le péristyle et dans la cella, et alors seulement on voit comme la bombe sacrilège de Morosini a brisé le temple en deux corps de ruines presque égaux. L'explosion a renversé environ la moitié des colonnes ; on dirait une forêt ravagée par la foudre. De ces grands chênes de marbre, les uns, coupés au ras même du sol, jonchent le parvis de débris énormes et d'une poussière étincelante ; les autres, brisés au tiers ou à la moitié du fût, restent debout, au milieu des fragments de l'architrave et de la frise de Phidias. Rien n'est comparable à cette magnifique tristesse du sanctuaire, à cette splendide désolation. Le grand ciel bleu pousse de tous les côtés l'envahissement de ses flots lumineux, et dans cette inondation de clarté, c'est encore Pallas Athéné qui préside au temple, car n'est-ce pas « la profonde sérénité du ciel (1) ? » car n'est-ce pas l'azur du firmament qui se réfléchit dans ses yeux ?

Je serai tout à fait sincère : la ruine est pour le Parthénon une beauté de plus, elle contribue à sa gloire, à l'expression indélébile qu'il laisse dans les mémoires. Le temple de Pallas n'eût pas été mutilé par les barbares qu'il nous ferait peut-être moins de plaisir ; nous admirons plus le monument à demi détruit par Morosini et Elgin, que nous n'eussions admiré l'édifice intact d'Ictinus. Je n'en veux pour preuve que l'émotion beaucoup moins vive qui nous est causée par le Théséion. Ce temple est de la même époque que le Parthénon (l'architecte Micon le termina quelque trente années plus tôt). Il est du même style, du plus pur dorique ; il est admirablement situé sur un tertre ayant pour fond de tableau la blanche

---

(1) Boutmy.

ville d'Athènes et le rocher de l'Acropole; n'étant qu'un *héroön* ou temple funéraire construit pour recevoir les restes de Thésée, il est de moitié plus petit que le temple de Pallas, mais ses proportions sont si belles que, vu de loin, il semble énorme, deux ou trois fois grand comme la Madeleine; le marbre de ses colonnes est la pierre blanche du Pentélique et le soleil l'a doré comme celui du Parthénon; l'harmonie en est merveilleuse(1); tout aussi bien que le monument d'Ictinus, le monument de Micon traduit les secrets du style hellénique et de la religion elle-même; si les écrivains anciens l'ont moins vanté que le Parthénon, c'est seulement que ses dimensions étaient moindres, ses colonnades moins riches, son sanctuaire moins vénéré, son musée moins précieux, son rôle historique moins fameux, son emplacement moins superbe; en réalité, pour l'artiste dont l'esprit est dégagé de toute autre préoccupation, le temple construit par Micon est un chef-d'œuvre presque égal

(1) Il suffira de donner les proportions des deux temples; on verra par les nombres mêmes que l'harmonieuse unité du Théséion ne le cède pas à celle du Parthénon :

	Temple de Thésée.	Temple de Pallas.
Largeur de la façade...............	13m,71	30m,43
Longueur......................	32m,28	68m,40
Hauteur.......................	10m,38	19m,80
Nombre de colonnes de la façade......	6	8
Nombre de colonnes des côtés.......	13	17
Diamètre des colonnes.............	1m,02	1m,85
Hauteur des colonnes..............	5m,70	10m,20
Soubassement..................	2 degrés	3 degrés

à celui d'Ictinus ; seul, le jeu des pleins et des vides était moins parfait, moins rythmé... Mais il a été respecté par le temps, par les religions et par les guerres (il est le mieux conservé de tous les temples de Grèce et d'Italie), mais il n'est pas en ruine ; il ne m'a causé, il ne cause à tous qu'un plaisir relativement médiocre.

Il y a deux raisons à cela, l'une d'esthétique, l'autre de philosophie. Delacroix a donné la première, quand, après avoir traité de monstrueuses les lignes régulières, il explique le charme des choses anciennes et ruinées par cette phrase déjà citée : « La ruine rapproche l'objet de la nature, » observation d'une délicatesse exquise et que je tiens pour une des plus fines qu'un artiste de génie ait jamais faites. Victor Hugo et tous les poètes lyriques ont indiqué la seconde :

La vieillesse couronne et la ruine achève...
Hélas ! d'un beau palais le débris est plus beau.

Et cela, parce que les beautés devinées par l'œil sont toujours supérieures à celles qui sont réalisées par la main ; parce que la marque du passage des siècles est par elle seule une cause puissante d'émotion ; parce que la perfection, ne laissant plus rien à désirer, supprime par cela même les jouissances d'une imagination vagabonde ; parce que la Vénus de Milo, si demain quelque chercheur retrouvait ses bras, ne serait plus pour le grand nombre le divin idéal qu'on entrevoit aujourd'hui à travers sa mutilation.

De la magnifique polychromie d'autrefois, il n'est resté sur les monuments de l'Acropole que des traces insignifiantes. Pourtant, c'est bien ici qu'il faut venir pour comprendre la raison d'être de cette coloration des marbres, pour se familiariser avec ce système qui, là-bas, au pays des brumes et des murailles noircies, en dépit de Quatremère et de Garnier, semblera toujours étrange, sinon barbare. La lumière si éclatante du ciel, la teinte si merveilleusement lustrée de la mer, le rayonnement splendide des journées, la gloire royale (*basileüsis*) des couchers de soleil, tout cela appelle forcément la couleur, la gaieté, la peinture resplendissante des pierres. Quand les grands artistes ont disparu, la nature s'est chargée de la besogne, elle a donné aux monuments antiques leur riche teinte d'or bruni. « Quel est donc ce jeune homme qui aime tant de la blancheur des marbres ? » demandaient les Italiens à Mme Sand. Le jeune homme était Musset, un chrétien. Les Grecs d'Athènes étaient trop joyeux et trop sains d'esprit pour tant s'inquiéter de la blancheur des pierres. Leurs sens n'étaient pas dégénérés, leur rétine aimait les couleurs franches et brillantes ; il n'est pas impossible qu'ils aient tout à fait ignoré « toutes ces nuances affadies et maladives que nous avons apprises dans les boudoirs (1) », toutes ces fausses harmonies d'un art qui est sans virilité et sans force. Phidias n'a jamais travaillé que les métaux éclatants, l'or, l'ivoire et le bronze doré. Praxitèle avait pour associé le peintre Nicias qui coloriait ses morceaux de sculpture. Platon reproche à un artiste occupé à peindre des statues qu'il n'emploie pas les plus belles couleurs pour les plus belles parties du corps (2).

Ce n'est pas du premier jour que l'on atteint à l'intelligence parfaite, à la vraie conception du Parthénon ; tout préparé que soit l'esprit, il faut de longues stations sur le rocher de l'Acropole, de longues méditations et de fréquentes études pour arriver à reconnaître là « l'idéal cristallisé en marbre pentélique. » Mais quand le dernier coup d'aile a porté l'esprit à cette divine hauteur, il est impossible de regarder autre chose que lui, toujours lui. Les premiers jours, le gracieux sanctuaire d'Érechthée, dans l'irrégularité charmante de ses trois portiques, me causait le plaisir le plus vif. Aujourd'hui, il ne me produit plus que cet effet, si judicieusement deviné par Boutmy, d'un magasin de bric-à-brac. Son manque d'unité, qui m'amusait, est maintenant dans une contradiction si flagrante avec le sentiment d'harmonie développé en

(1) Beulé.
(2) *République*, livre IV, passage caractéristique qui n'a pas été assez remarqué.

moi par le Parthénon, que je crois entendre une voix fausse chanter un air mal rythmé ; la sveltesse élégante de la colonne ionique ne me semble plus que fragilité et mièvrerie ; l'adorable prostasis des cariatides me paraît gauchement et maladroitement rattachée à ce temple sans convenance et sans ensemble. De même au Louvre, quand j'ai longuement contemplé la *Vénus de Milo*, il m'arrive de trouver la *Polymnie* prétentieuse et presque sotte, la *Diane à la biche* romantique et sans divinité, la *Vénus à la coquille* indécente et vulgaire (1).

(1) Je retrouve, parmi quelques autres, cette note prise sur l'Acropole :

Depuis ce médiocre pédant qui s'appelait Vitruve et qui fit un traité d'architecture comme Boileau un *Art poétique*, on a répété partout que la colonne dorique empruntait les proportions, la force et la beauté du corps de l'homme ; que la délicatesse du corps de la femme avait servi de modèle pour la colonne ionique, et que la colonne corinthienne imitait la grâce d'une jeune vierge. Pour ma part, j'avoue franchement que la comparaison me semble très défectueuse : si le dorique est le principe de l'homme et l'ionique le principe de la femme, de quel droit les comparer et déclarer l'un supérieur à l'autre? C'est comme si l'on disait que le *Satyre* de Praxitèle est plus beau que la *Diane de Gabies*, ou, pour rendre la contradiction plus visible, que le ventre de l'*Ilissus* est plus beau que le ventre de la *Vénus de Milo*. Ce parallèle entre les deux sexes est évidemment illogique au premier chef. Pour être en droit de comparer deux ou plusieurs objets, il faut pouvoir les ramener au même principe. Ainsi, il peut être juste de dire que le *Discobole* de Naucydès est plus beau que le *Gladiateur combattant*, et la *Parque* d'Alcamène que la *Callipyge*. Ainsi encore, si l'on veut

Un seul monument soutient la comparaison du temple de Pallas; encore, pourrait-on dire qu'il en fait presque partie. Ce sont les Propylées. Les barbares ne les ont pas moins ravagés que les autres monuments de l'Acropole. Au temps où le Parthénon était une mosquée et l'Erechtheion un harem, les Propylées servaient à l'aga Iousouf de magasin à poudre et de dépôt d'armes. Une nuit, la foudre tomba sur la poudrière, et tout sauta; puis les Vénitiens complétèrent l'œuvre du tonnerre. Aujourd'hui, tous les frontons sont tombés, réduits en fine poussière; de la plupart des colonnes, il ne reste plus que des morceaux de tige; d'énormes blocs de marbre, chapiteaux mutilés des fragments de l'architrave, gisent sur le sol; pour toit, le grand ciel lumineux... En dehors du Parthénon, c'est le plus noble effet de ruine qu'aient jamais pu produire dans leur œuvre commune de destruction les hommes et les éléments. « Dès le premier jour, raconte Plutarque qui vivait plus de cinq siècles après Mnésiclès, la perfection des Propylées les faisait paraître antiques. Aujourd'hui, au contraire, on les croirait, à leur fraîcheur,

---

s'amuser à rapprocher dans un même jugement les ordres dorique et ionique, il faut — et l'on sera alors dans la vérité vraie — établir entre eux le même rapport qu'entre les deux déesses du Louvre et de la Tribune. En effet, la *Vénus de Milo* procède de l'esprit dorique, simple, sévère et chaste, et la *Vénus médicéenne* de l'esprit ionique, déjà compliqué, trop délicat et trop voluptueux.

neufs et achevés d'hier, tant y brille une fleur de jeunesse que le temps ne peut flétrir. Il semble qu'un souffle immortel anime ces ouvrages, et qu'ils aient reçu une âme qui ne sait point vieillir. » — Après dix-huit nouveaux siècles, après le passage de vingt peuples grossiers et sauvages, l'âme des Propylées n'a point vieilli, et la fleur divine de jeunesse brille encore parmi les débris des portiques profanés, des colonnes cicatrisées, des dalles herbues, des marbres émiettés par les siècles.

Qu'étaient-ce que les Propylées ? Contre Leake et contre Burnouf, ce charmant esprit, Beulé a démontré dans quelques pages de la plus élégante lucidité que c'était un monument de décoration, rien de plus. Mais cette décoration est la plus exquise, la plus noble et la moins théâtrale qui fut jamais. Elle va montant, si je puis dire, pour préparer l'esprit aux splendeurs du temple sacré. Cinq magnifiques colonnades forment ses portiques. Au centre, un mur percé de cinq portes, dont celle du milieu est la plus grande, et pour arriver à l'entrée du vestibule, un escalier en marbre, aujourd'hui détruit aux deux tiers, mais flanqué encore de deux murs de maçonnerie qui avancent comme des promontoires, portant l'un la Pinacothèque, l'autre le temple de la Victoire sans ailes. On rassemble ses souvenirs classiques et l'on devine le cortège triomphal des Panathénées qui gravit l'immense escalier, portant le voile de Pallas, brodé par les jeunes vierges de l'Érechthéion. Dans l'éther pur, on croit entendre les Muses qui chantent sur de beaux rythmes. Un souffle d'éternelle jeunesse arrive au front. Au loin, sur le golfe luisant de Salamine, glissent les voiles dorées des barques grecques, et les îles nues sortent doucement de l'eau bleue ; les grandes collines violettes encadrent la campagne grise et brûlée. On oublie sa race, son siècle, la ville tumultueuse d'où l'on vient et où l'on retourne ; on retrouve pour une heure la fraîcheur antique des sensations simples, et l'esprit, léger, heureux, pareil au papillon nourri du suc embaumé des fleurs, flotte dans l'azur et dans la lumière.

La ville, 9 octobre.

Ce qui me plaît dans Athènes, ville moderne, c'est qu'elle est toute blanche et qu'elle a la conscience du rôle qui, naturellement, lui incombe. Lutter de beauté avec les ruines de la ville antique, elle a compris que c'était chose chimérique. Elle a deviné qu'elle devait être le cadre de l'Acropole, cadre modeste et simple, sans ornement, comme il convient à celui d'un chef-d'œuvre. Aussi ses rues sont-elles larges et régulières, tracées au cordeau, sans autre ambition que d'être commodes ; le pavé de pierre blanche reluit comme du marbre, le pied glisse sans qu'on y songe sur les dalles polies. Sauf les églises, qui sont de vulgaires châsses byzantines, et le palais du roi, qui est une grande maison de campagne, tous les monuments publics sont construits sur le modèle des temples anciens, mais sans prétention, comme il convient quand on a le voisinage des originaux immortels de l'Acropole.

Autre qualité : dans Athènes moderne, le passé se raccorde sans difficulté avec le présent. Henri Houssaye a dit très judicieusement qu'elle est plus près de l'antiquité que Rome (1). Malgré tous ces barbares, les Latins, les Turcs et les Bavarois, l'esprit subtil et délicat des Grecs de Périclès et de Socrate s'est conservé un peu partout ; il flotte toujours dans l'air que nul n'a pu altérer, et l'influence de la nature environnante est toujours la même. Si les Athéniens d'aujourd'hui n'ont point de Sophocle et de Phidias, cela ne prouve qu'une chose, c'est que l'action du milieu physique sur l'esprit d'un peuple ne suffit pas pour donner naissance à un homme de génie. Mais d'ici cinquante ans, si la jeune capitale continue dans la voie de progrès où elle est entrée, Athènes sera à la Grèce contemporaine ce que Florence est maintenant encore à la Toscane. La vie y sera non seulement intelli-

(1) *Histoire d'Athènes à Athènes.*

gente et active, mais encore agréable et douce; la race, en se mariant chez elle, regagnera tout ce que lui a fait perdre le rude et grossier contact des Albanais, des Slaves, des Osmanlis; l'Athènes du passé renaîtra, et l'on ne croira pas franchir trente siècles en allant de la rue d'Éole au pied du Parthénon.

Dès aujourd'hui, ce qui sert beaucoup à raccorder étroitement le présent avec le passé, c'est la langue. En somme, elle n'a été que très peu modifiée. Jamais les Italiens ne remonteront de leur doux jargon à la sévère langue latine. Il n'est pas impossible que d'ici un siècle, grâce aux efforts des académies et des syllogues, le peuple grec ait purifié son idiome et reparle la langue même de Xénophon et d'Aristophane. Déjà le grec abâtardi d'aujourd'hui cause une joie, plaît à l'oreille comme l'écho d'une belle musique. Ceci peut sembler un enfantillage, mais ce n'est pas sans quelque émotion que le voyageur lit au coin des rues ces mots pleins de poésie : chemin d'Éole, chemin d'Hermès, chemin d'Athéné; ce n'est pas sans plaisir qu'on appelle un drogman ou un cocher de ces noms historiques : Miltiade, Thémistocle, Périclès; ce n'est pas sans amusement qu'on retrouve dans la conversation du peuple les mythes et les divinités du paganisme. Les plus sceptiques ne me démentiront pas. On se trouve transporté de la sorte au seuil même de l'antiquité païenne. Cela est bon pour voir et pour comprendre. Quand, après avoir passé toutes ses journées parmi les ruines, on passe toutes ses soirées avec des hommes politiques, l'éloignement diminue encore, car, presque autant que les pierres, les hommes que je fréquente me donnent avec une vivacité nouvelle l'intuition du génie grec. Maintenant que les Turcs sont bannis à jamais, une délicieuse harmonie se fait insensiblement entre toutes les choses du présent et du passé : l'Athènes du XXe siècle continuera l'antique Athènes ; la nature n'a pas changé, la mer voisine est toujours aussi bleue et l'éther ambiant est toujours aussi pur : pourquoi le peuple ne se retrouverait-il pas ?

C'est le matin, de bonne heure, alors que la poussière de midi n'est pas encore levée, qu'il faut errer à travers la ville. On marche, et presque à chaque pas on rencontre quelque magnifique débris de celle qui fut la cité par excellence : ici, un portique isolé dont le fronton est supporté par quatre colonnes doriques, et où les uns voient un temple de Pallas Archigetès, les autres la porte de l'Agora ; là, une file de colonnes corinthiennes dont les chapiteaux s'épanouissent joyeusement, libres du toit pesant qui fut celui de la Stoa d'Adrien. Je fais de longues stations dans une petite place, tout au pied de l'Acropole, où s'élève la tour octogone en marbre blanc qu'on appelle l'horloge d'Andronicus Cyrrhestès, ou la Tour des vents. C'est un petit édifice qui servait à la fois aux Athéniens de girouette, de cadran solaire et de clepsydre. Chacune de ses huit faces est orientée vers le point de l'horizon auquel correspond le fils d'Éole délicatement sculpté sur la frise, et le sommet était jadis couronné d'un triton de bronze qui tournait sur un pivot, indiquant la direction du vent avec une baguette qu'il tenait à la main. Dans l'unique salle de la tour, dont les derviches turcs firent plus tard un marabout, se trouvait la fameuse horloge d'Andronicus. Au-dessus du toit délabré, la masse brune de l'Acropole tranche le bleu transparent du ciel, les murs du nord développent leur longue ceinture grisâtre, où l'on reconnaît des tambours de colonnes en marbre pentélique, des pierres funéraires, tous les fragments du vieux Parthénon qu'avaient employés dans leur hâte Thémistocle et Cimon.

On continue sa route, et l'on trouve le monument choragique de Lysicrate, encadré dans une jolie cour où chante une fontaine, où des Athéniennes court vêtues mettent à sécher sur une corde des linges blancs et des vestes de couleurs brillantes. Cette toute petite tourelle circulaire est une merveille d'originalité et de grâce. On dirait une de ces élégantes cassettes à bijoux que ciselaient pour les Médicis et les Borgia les fameux orfèvres de Florence. Je ne pense pas que le marbre ait jamais été plus délicatement travaillé, tant les colonnes corinthiennes sont gracieuses, tant le triple fleuron est richement brodé et la frise joyeusement décorée par la victoire de Dionysios sur les pirates tyrrhéniens. Un pareil monument fait aimer les Athéniens. Lysicrate, chorège, ayant remporté le prix du théâtre, l'emploie à élever ce délicieux édifice; de nos jours, il serait allé droit chez les filles ou, tout au moins, aurait acheté des obligations de chemin de fer.

On sort de la ville par l'arc d'Adrien et l'on débouche dans une plaine brûlée où, du matin au soir, les conscrits sont exercés au maniement des armes. Les seize colonnes qui restent du temple de Jupiter Olympien s'élèvent là, comme un magnifique bouquet de palmiers, serrées les unes contre les autres, encore plus brunies par le soleil que les colonnes du Parthénon. Dans le lointain, on aperçoit des cyprès qui mettent une tache noire, la seule, dans ce paysage de l'Attique où toutes les ombres sont blondes, le cimetière d'Athènes, presque sur les bords de l'Ilissus, entre le stade et la fontaine Callirhoé; plus loin, les mamelons lourds, les premiers degrés de la montagne; plus loin encore, la grande masse de l'Hymette, de forme un peu molle, de couleur indécise entre le gris de la perle et le violet des cyclamens, la montagne sacrée, « où le bourdonnement de l'abeille industrieuse invite aux douces rêveries. » Athènes est dans une vasque de montagnes qui n'est ouverte que vers la mer : le mont Icare, le Parnès, le Pentélique et l'Hymette dressent autour de la plaine une muraille de marbre qui la protège contre les vents (1). A cette saison de l'année, toutes ces montagnes sont nues ou légèrement revêtues d'une maigre végétation de lentisques et de mélèzes; presque partout le roc calcaire ou le marbre se montre à la surface. Cette prédominance du minéral donne à tout le paysage quelque chose de grave et de triste ; la lumière seule est riante, et la mer lointaine, qui développe, derrière le Pirée, ses nappes azurées.

On suit le chemin qui court au pied de l'Acropole, et le temple de Bacchus, l'Odéon de Régila, le portique d'Eumène éveillent de nouveaux souvenirs. Cette pente méridionale du rocher de Pallas est moins accidentée que celle du nord ; de ce côté, celui de la mer, la garnison de la citadelle n'avait rien à craindre ; le rocher était presque droit et des murs très bas suffisaient pour assurer la défense. Pour jouir de toute la beauté sauvage de l'Acropole, c'est par le sentier du nord qu'il faut arriver, débouchant auprès d'un petit cabaret tapissé de verdure et toujours plein de clients. Des chèvres noires grimpent sur la base énorme du rocher, cherchant quelque brin d'herbe roussi ; des enfants à demi nus, coiffés de grands bonnets de pirates, jouent bruyamment et se livrent d'épiques batailles où les Turcs sont toujours

---

(1) Excepté celui du sud-ouest, qui souffle du golfe d'Égine.

vaincus. A vingt mètres environ au-dessus du sentier, la terre cesse et le rocher seul se montre, vaste muraille naturelle qui se développe en demi-cercle, composée de blocs gigantesques qui affectent des formes de tours à créneaux, de terrasses, de courtines et de bastions, tous farouches, ayant pris à travers les siècles la couleur fauve des bronzes dorés. Puis, au-dessus du rempart naturel, se dresse le mur pélasgique restauré par Thémistocle, enlevant sur le ciel clair, avec une franchise brutale, la ligne bizarre de son arête. Cela est formidable. On dirait vraiment que cette masse fantastique de rochers et de murs a le sentiment de sa force et de sa puissance, la foi dans son éternité, surtout l'orgueil du passé, la fierté d'avoir vu Hercule, Thésée, Miltiade, Périclès, Alexandre, de protéger dans sa magnifique enceinte les chefs-d'œuvre de l'art humain, pauvres ruines aujourd'hui, mais plus précieuses dans leur délabrement que tout ce qu'ont bâti depuis les jours d'Ictinus tant de peuples grossiers en comparaison du peuple de Pallas, Romains, Byzantins, Goths, Lombards, Arabes, tous les musulmans et tous les chrétiens.

Le sentier est rigide, pierreux, difficile à gravir. Les habitants de l'ancien quartier turc, celui-là qui fut tour à tour dans l'histoire la ville pélasgique et le dème de Cythardénéide, jettent d'innombrables ordures sur le chemin où passaient les cortèges sacrés. Depuis le jour de mon arrivée, une charogne de chèvre, à demi vidée, rôtie par le soleil, est étendue au beau milieu du sentier, sans que personne songe à l'enfouir dans quelque charnier. Plus loin, au tournant, à l'ombre de l'immense piédestal d'Agrippa, qu'il faudrait bien, comme la Tour génoise, jeter à bas, de grands blocs de marbre gisent sur le sol, fragments de murs et de toitures ayant glissé du haut du parapet de l'Acropole. Rien de plus imposant que cette plate-forme d'où l'œil découvre l'escalier des Propylées et plonge dans la magnifique enfilade de ses cinq portiques. Des centaines d'aloès forment tout auprès un massif d'une claire verdure métallique. Ces belles plantes, aux longues feuilles unies et effilées comme des glaives, ont je ne sais quoi de classique qui cadre à merveille avec les souvenirs antiques du lieu ; quelques-unes sont en fleur, poussent dans l'air des tiges très hautes, dont les ombelles s'évasent gracieusement, chargées de jolies clochettes d'un jaune verdâtre ou d'un rouge obscur. On se retourne, et l'on aperçoit le sombre rocher de l'Aréopage, l'ensemble majestueux du Pnyx avec la tribune de Démosthène; le vallon de la porte Mélitide, la colline des Nymphes, le grand frottis clair du bois d'oliviers de Colone. Ainsi disposé, fuyant vers la montagne lointaine de l'Icare, le sol prend une forme architecturale. Point de végétation, si ce n'est les massifs d'aloès et les bois d'oliviers ; la belle ordonnance des lignes et des plans suffisait aux Grecs. Taine a justement remarqué que « ce sont les yeux du Nord qui, pour se repaître, ont besoin de la mollesse et de la fraîcheur universelle de la vie végétative. » Des marchands albanais circulent sur cette plate-forme, essayent de débiter des lacrymatoires et des lampes funéraires dont les deux tiers ont été fabriqués en Allemagne.

Enfin, je monte sur le plateau de l'Acropole, et parfois je grimpe par le petit escalier du porticum, sur la toiture même du Parthénon. De là, je puis regarder à l'aise sous moi la frise merveilleuse qui figure les combats des Athéniens contre les Perses; autour de moi, le vaste panorama de l'Attique. Saint-Georges, sur la colline déchiquetée du Lycabette, brille comme un diamant, ayant l'arrière-plan doré du Pentélique. A droite, l'Hymette, couleur de lilas; à gauche, le Parnès aux formes sculpturales, aux teintes bleuâtres. Vers le nord, entre l'Acropole et le Lycabette, Athènes toute blanche, avec les taches clairsemées de ses jardins, tout au contraire des villes turques, dont les maisons sont perdues dans le feuillage. Je regarde vers le sud, et j'aperçois la route du Pirée, bordée de peupliers de Virginie, tirant son cordon pâle à travers la plaine, depuis le temple de Thésée jusqu'au rivage de la mer. Celle-ci, lustrée, tout unie, étincelle comme une cuirasse dans la transparence du jour. Des îlots bleus sor-

tent de l'eau, et autour d'eux, les barques, toutes voiles déployées, filent joyeusement vers la haute mer. Dans la rade du Pirée, la flotte française est à l'ancre, gardienne et protectrice de la Grèce. On reste ici des heures entières sans se douter de la marche du temps, perdu dans la contemplation de cette grande nature, pris par la mémoire des siècles écoulés. Parfois, dans le ciel profond, les aigles de l'Icare poussent des cris perçants, saluant la lumière... Aujourd'hui, je ne suis rentré qu'au soleil couchant, déclamant à mi-voix le chœur fameux de Sophocle :
« Sur cette terre fleurissent le narcisse aux belles grappes, antique couronne des grandes déesses, et le safran doré ; les eaux du Céphise, qui ne s'arrête jamais, serpentent à travers la plaine et, dans leur cours intarissable, fécondent de leurs eaux limpides le sein de la terre aux plaines fertiles ; les chœurs des Muses et Vénus aux rêves d'or chérissent cette contrée. »

L'Acropole à la nuit, 10 octobre.

J'ai passé la nuit dernière sur la terrasse de l'Acropole. La lune était dans son plein, et la ville, enveloppée de grands voiles d'argent, dormait d'un profond sommeil. Personne dans les rues, mais de distance en distance, je rencontrais quelque chien hargneux qui s'enfuyait en aboyant dès que je faisais le geste de lui jeter des pierres.

J'avais pris par les ruelles du faubourg turc, afin de déboucher auprès du petit cabaret que vous connaissez déjà par mes lettres. De cette façon, l'Acropole devait m'apparaître brusquement. Rien ne saurait égaler la profonde impression religieuse que je ressentis à l'aspect soudain de l'énorme rocher tout inondé de lumière lunaire. Au milieu de l'étonnant silence de la nuit, l'Acropole rêvait, être formidable et sacré. Il recevait tant de rayons qu'il rayonnait lui-même, environné comme d'une auréole. Des ombres gigantesques se promenaient sur les courbures puissantes des pierres et des murailles. Pas un bruit. Au loin, derrière le grand massif d'aloès, je voyais la campagne qui développait dans la vague perspective de la nuit ses ondes blanches, où s'élevaient, pareils à des vaisseaux à l'ancre, les rochers et les collines immortelles.

Cela est sacré, je ne saurais dire autre chose. Je monte sur la plate-forme et voilà les Propylées, le Parthénon, le temple d'Erechthée, la Pinacothèque, beaux d'une beauté nouvelle dans l'étrange azur de la nuit. L'air est très vif, mais la lumière est si limpide, le silence est si plein de tendresse, que quelque chose de doux, de tiède et d'amoureux se glisse dans les veines, dans l'être tout entier. A l'éblouissante clarté du jour, le paganisme en ruine semble mort. Aux rayons ondoyants d'une nuit pareille, on voit bien que Pan ne fait que dormir. Croyez-moi, il se réveillera quelque jour pour notre bonheur à tous. C'est ma race qui porte la responsabilité de ce sommeil de vingt siècles, ma race qui a donné au monde le pâle Nazaréen, le douloureux Roi des Juifs.

Jamais les ruines chrétiennes des grandes cathédrales gothiques n'auront cette divine majesté, ce calme et merveilleux mépris de tout ce qui n'est point la beauté pure. Les blocs de marbre, les fûts de colonnes, les tambours brisés, les piédestaux veufs de leurs statues, les frontons émiettés, les mille fragments inconnus qui jonchent le sol, semblent des tombeaux. Impassible, serein, sachant qu'il est l'œuvre d'un dieu, le Parthénon domine tous les autres temples. Pendant que les Propylées, grands ouverts, attendent avec confiance le retour des saintes Panathénées, lui se souvient. Cela lui suffit. Il se rappelle Périclès, Ictinus et Phidias. Ses quarante colonnes dorées par les siècles et blessées par les bombes semblent enveloppées de peaux de tigre.

Je suis entré dans le temple, dans le grand sanctuaire majestueux qui, maintenant, a pour prêtres les vents ailés. La lune versait dans toute la cella une lumière si vive que je distinguais parmi les dalles luisantes les lascrons endormis et les touffes frémissantes de folle-avoine. Devant la porte de l'opisthodome je voyais une ombre immense, ou du moins quelque chose de noir qui paraissait une ombre. Qui sait? Pourquoi la déesse aux yeux de violette ne reviendrait-elle pas la nuit dans son sanctuaire?.. Sur le fronton mutilé qui regarde l'orient, j'ai entendu une chouette qui pleurait. C'était la seule voix qui troublait le silence de cette belle nuit païenne.

Comme je m'étais assis sur les degrés du Parthénon à contempler les blondes colonnades des Propylées, tout à coup, sur ma gauche, j'ai aperçu un temple d'une grande hauteur qui se levait d'un seul élan, inondé de lumière, poussant dans l'azur pâle quatre colonnes ioniennes d'une grâce merveilleuse. Quel est ce temple? Voici sept jours que je passe toutes mes matinées sur l'Acropole, et un pareil édifice aurait échappé à mes yeux! Je m'approche. Ce monument aux proportions fabuleuses, c'est le bijou de l'art grec, le tout petit sanctuaire de la Victoire Aptère que la transparence de l'air nocturne grandit ainsi.

Ascension du Pentélique, 11 octobre.

J'ai cédé à la manie des ascensions; et je suis monté au Pentélique. On quitte Athènes au lever du soleil, et, deux heures après, on arrive au couvent de Mendéli, dans un gracieux pli de terrain, où des peupliers, fins comme dans le tableau d'un maître préraphaélite, entourent une fontaine qui est célèbre pour la pureté de ses eaux. Tout cela dort encore, et dans les bois d'oliviers, les grives commencent à peine leur gai babillage.

Devant moi, une lourde masse d'un jaune bruni et toute reluisante sous les rayons obliques, occupe l'horizon : c'est le Pentélique. Comme le mulet que j'avais commandé est resté à sommeiller sur la paille fraîche de son écurie de Cholargos, le village où naquit Périclès, je me décide à monter à pied. Le début de l'ascension est facile ; les chèvres ont tracé un sentier sur la montagne, la pente est douce, le miroitement des marbres est adouci par une maigre végétation de broussailles. Mais bientôt les verdures disparaissent et avec elles le sentier des chèvres. Je ne marche plus que sur du marbre, glissant à chaque instant sur les dalles polies, les yeux éblouis par un scintillement pareil à celui des armures ou des parures en diamant. Ce que j'avais cru impossible est arrivé : j'ai regretté le pavé de Péra.

Le marbre du Pentélique est blanc, non comme celui de Paros, mais comme celui de Carrare, presque toujours veiné d'or; le grain en est d'une extrême finesse. Les Grecs d'autrefois l'appelaient simplement la pierre blanche. Les deux carrières principales existent encore. Le roc, taillé en long, a pris la même couleur que les marbres de l'Acropole. Les monolithes, même les plus grands, étaient taillés sur place, et l'on retrouve dans ce rocher des trous circulaires où les poutres étaient encastrées afin d'aider à la descente des blocs. Puis, on les disposait sur des traîneaux qui glissaient jusqu'à la plaine, et là des chariots attendaient pour transporter les lourdes cargaisons à Athènes et au Pirée. Comme des troncs d'arbres dans une forêt ravagée, les blocs immenses sont étendus de tous côtés. La plante des pieds, déjà chauffée par la pierre ensoleillée, est sans cesse meurtrie par des cristaux aigus et des cailloux argentés. Pas une fleur, pas une mousse sur toute cette grande montée marmoréenne. Il est à peine dix heures du matin, mais le soleil darde déjà des rayons presque perpendiculaires sur la montagne, la chaleur devient intolérable, et cependant, dès que je m'assieds pour prendre haleine, le vent froid qui vient du golfe de Marathon me fait grelotter comme en plein hiver.

Je n'ai donné qu'un coup d'œil à la fameuse grotte de stalactites, où, pendant la mauvaise saison, surpris sur la montagne par les tempêtes et les pluies, les pâtres de Mendéli viennent souvent chercher un refuge. Pourtant, le lieu est des plus pittoresques ; l'entrée de la caverne, toute ouverte à la lumière, découvre à l'œil une véritable forêt de branchages cristallisés; la blancheur des stalactites luit comme l'argent le plus pur; quelques-unes des incrustations brillent des plus belles nuances de l'arc-en-ciel. A droite de la porte, les pâtres ont construit une petite chapelle de bois qu'ils ont décorée de grossières peintures en l'honneur de la Panaghia. Des amas de cendres indiquent l'emplacement des foyers éteints.

Ce qui semble incroyable, c'est que sur ce sommet où j'arrive enfin après tant de peine, les Grecs aient élevé autrefois une gigantesque statue de Pallas Athéné. Elle était tout en marbre blanc, sans doute dans le style éginétique des statues du temple de Neptune et de la Minerve d'Herculanum. Debout, coiffée du casque orné de chimères, la lance d'or à la main, toute droite dans les plis rigides de son péplum virginal, elle dominait l'Attique et la mer bleue. Du plus loin, les pâtres de la montagne et les pêcheurs de Marathon apercevaient la grande déesse protectrice. Le matin, les premiers rayons du jour naissant frappaient le marbre luisant; le soir, la dernière lueur du soleil empourpré, comme une auréole, enveloppait la déesse d'Athènes. Entre ces beaux symboles du paganisme et les tristes figures du dogme chrétien, quelle distance! quel profond abîme! Ceux-ci, mornes, maladifs, inspirant le dégoût de la vie, le mépris de la nature et de l'amour; ceux-là, joyeux, fortifiants, étant la vie dans sa fleur, la jeunesse dans toute sa splendeur et dans toute sa beauté! Au sommet de nos collines, que trouvons-nous? Des Calvaires sanglants, des gibets honteux, un Dieu crucifié, ou encore un visionnaire, nourri de sauterelles, un saint Pierre, traînant des clefs comme un geôlier, une déesse qui est mère sans être femme. Eux, les Grecs, ils trouvaient Minerve, Jupiter et Vénus, c'est-à-dire la valeur hautaine, le ciel tout-puissant, la nature bonne et aimante. Quelle était la sérénité de pareils esprits, nos cerveaux troublés et tourmentés ne peuvent plus le concevoir. Leur vie était bien « une fête perpétuelle dont une divinité couronnée de fleurs était la suprême ordonnatrice (1). » Impuissants à retrouver leurs beautés physiques, nous avons inventé des laideurs morales qui leur eussent fait pitié. Ne sachant plus aimer, les Nazaréens ont flétri la passion, condamné le désir. Ne sachant plus haïr, ils ont commandé l'obéissance servile, la dévotion à César...

Par un jeu curieux de la nature, la montagne, à son sommet, a cessé d'être de marbre; et, dans une bonne couche de terre humide, ont poussé des lauriers-roses étoilés de fleurs, des arbousiers aux grappes de boules rouges, des lentisques, nombre d'arbustes au sombre feuillage et dont j'ignore les noms. La qualité de l'air est singulière; non seulement elle accroît la saillie des choses, mais elle fait

(1) Cherbuliez.

paraître tous les objets plus grands qu'ils ne sont en réalité. Les moindres détails de l'immense panorama qui m'environne ressortent dans la belle lumière avec une netteté toute graphique ; ici, l'Attique avec ses belles collines, ses villages blancs comme l'écume de la mer, ses bois d'oliviers ; dans la plaine, une ombre qui s'appelle Athènes ; là, le champ de bataille de Marathon, avec ses tumulus, et toute la grande mer Égée, semée d'îles, depuis une tache azurée qui est l'Ida de Crète, jusqu'à une perle pâle qui est la dernière ville de l'Eubée. Ici, comme sur le sommet de l'Acropole, les aigles fauves volent autour de moi, poussant des cris, leurs ailes ouvertes au vent musical qui roule longuement ses ondes sonores.

Course à Sunium.

C'est encore d'Athènes que je vous écris. Lundi seulement, je partirai pour l'intérieur avec mes amis B..., qui sont venus me rejoindre ici. J'ai mis à profit les deux derniers jours de la semaine pour visiter les temples de Sunium et d'Égine.

Le temps est toujours très beau ; depuis six mois, il n'est pas tombé, dans toute l'Attique, une seule goutte de pluie, et je n'ai pas vu le plus petit nuage.

Vous ne sauriez croire combien cet azur introublé du ciel agit sur les sens et sur l'esprit. Sa sérénité est communicative, comme l'est, avec une influence contraire, mais sans que nous nous en rendions compte, le gris brouillé de notre ciel du Nord. Figurez-vous Joseph Delorme ayant dans sa chambre à coucher, au lieu des fameux rideaux jaunes, des rideaux bleu clair : il n'eût pas écrit un seul vers des *Pensées d'août* et des *Consolations*. Avec quelque injustice, peut-être, j'en reviens toujours à comparer les deux lumières du Bosphore et de l'Attique, et je ne saurais dire combien celle du Bosphore me semble aujourd'hui grossière, presque crue. Si l'on n'avait pas vulgarisé ce mot excellent, je dirais qu'elle manque de toute *distinction*. Celle-ci, au contraire, celle de la Grèce, est par excellence fine, délicate, d'une si exquise légèreté que, malgré sa splendeur, on cherche des comparaisons dans le monde de l'esprit, et je l'appellerais volontiers *intellectuelle*, pour marquer toute la différence qui la sépare de l'autre.

On rencontre sur la route de Sunium nombre de belles figures d'hommes, aux traits accentués et fiers, ne rappelant pourtant que dans leur ensemble le type antique ; la race a subi trop de contacts ; au sang pur et vif de la race grecque s'est mêlé le sang d'un trop grand nombre de barbares, celui des Romains d'abord, épais et lourd ; celui des Byzantins, appauvri et souvent vicié; en dernier lieu celui des Slaves et celui des Turcs. On dirait une médaille antique qui aurait été trois ou quatre fois refrappée. La dernière empreinte, celle des musulmans, est surtout sensible chez les femmes. Elles n'ont plus rien de la grâce et de la sveltesse de leurs aïeules; presque toutes sont épaisses, trapues, vulgaires de forme, avec une tendance marquée à l'embonpoint, trop potelées, évidemment molles et de tempérament lymphatique. Elles sortent peu; celles de la bourgeoisie ont adopté les modes d'Occident; les paysannes sont très vêtues, portent des voiles, s'enveloppent de chiffons sans nombre qui dissimulent et finissent par gâter les formes. On ne peut plus, comme au temps d'Homère, vanter « les beaux talons des femmes; » les musulmanes ne cachent pas leurs jambes avec plus de soin que les femmes de l'Attique. La nudité, qui était la gloire de la vieille Grèce, passe aujourd'hui pour chose sacrilège, infâme. C'est une règle invariable : plus un peuple s'habille, moins il est beau. Enlaidir, emmailloter et encrasser les Grecs de Phidias, telle a été l'œuvre plastique de Paul, le jour où l'audacieux apôtre vint prêcher la foi nouvelle sur l'Acropole, sans que les temples s'écroulassent sur lui.

Le chemin, qui est l'ancienne route des chars, traverse l'Attique dans toute sa largeur, pour gagner à Porto-Raphti le canal d'Égripos et la mer des Cyclades. Le Laurion n'est vraiment beau que la nuit, alors que ses pentes sans élégance, chargées d'innombrables scories, prennent au clair de lune des airs fantastiques de cimetière. Tout à l'entour, le pays est aride et nu; l'œil, déjà fatigué par la monotonie des teintes violettes de la montagne, n'a pour se reposer que de grandes broussailles grises et toutes brûlées; la chaleur de midi est accablante, et mon agoyate lui-même, pris comme moi de lassitude et de tristesse, cesse la chanson commencée dès l'aube et continuée jusque-là sans un moment d'arrêt. Aussi, la découverte de la mer est une joie, et mon guide pousse le cri de : « Thalatti ! thalatti ! » avec un bonheur si vif que je ne puis m'empêcher de songer à la fameuse arrivée des Dix mille sur les hauteurs de l'Euxin. Du reste, l'endroit est superbe. Devant nous, le canal d'Égripos avance ses longues nappes bleues et tranquilles sur un sable blond comme les chevelures vénitiennes, puis se prolonge à perte de vue vers la haute mer où la danse des Cyclades resplendit dans une vapeur d'or. Sur la gauche, la montagne se rapproche du détroit et déverse sur la plage une pluie de rochers et de pierres qui semblent les ruines d'une ruine immense. Parmi ces blocs, les arbousiers, dont les baies sont pareilles à des boules de satin pourpre, poussent leurs branchages rigides et déjà jaunissants. Tout ce tableau, la terre comme le ciel et comme l'eau, resplendit de lumière. Il n'y a point de bruit, si ce n'est celui des petites vagues contre la rive et du vent léger de la mer qui s'aromatise en passant parmi les buissons de lentisques. Dans le lointain, j'aperçois des bateaux de pêche aux voiles orangées. Des nuées de mouettes descendent en tourbillons sur la plage. Comment ne pas oublier toute fatigue devant ce spectacle, lorsqu'on sent venir à soi toutes les fortifiantes effluves de la vie antique et que l'harmonie de la nature transporte l'âme dans la grande eurythmie païenne?

Le rivage fait des sinuosités charmantes. Au pied des roches, dans de petites criques de pirate, l'eau a des transparences d'émeraude, aussi claire et frissonnante qu'elle est veloutée et compacte dans la pleine mer. Au petit village d'Ergastéria, je vois en passant des usines, les grands établissements métallurgiques pour les mines du Laurion, des fours de raffinage, de grandes bâtisses, un petit chemin de fer, d'immenses cheminées enfumées, une foule d'ouvriers au travail, la magnifique usine de Serpieri, et tout auprès, en grandes lettres tricolores, cette enseigne reconnaissante d'un cabaret : *Café Waddington.* Être hanté par le souvenir des plus douces rêveries de Platon, se réciter à mi-voix des vers de la *Mort de Socrate,* avoir dans la pensée tous ces immortels dialogues où les poètes ne parlent que du

beau et du bien, eux-mêmes les plus beaux et les
meilleurs des hommes, heureux dans l'épanouissement de leur radieuse intelligence, les plus affinés
de tous les païens, mais ayant déjà respiré comme
un vague parfum de l'Évangile — et, tout à coup, se
trouver en présence de l'une des bruyantes manifestations de l'industrie moderne, cela étonne plus
que je ne saurais dire ; il n'y a pas de transition possible, l'harmonie est trop violemment rompue ; c'est
être précipité d'un monde dans un autre. Taine a
judicieusement remarqué qu'un trait saillant de la
civilisation antique, c'est le manque d'industrie. Pour
un Grec de la soixantième olympiade, une ville
comme Saint-Étienne ou Manchester serait une cause
de surprise dix fois plus forte que la Néphélococcygie
des *Oiseaux*.

A partir d'Ergastéria, la route serpente à travers
une mer de broussailles et, de plateau en plateau,
monte jusqu'à la haute terrasse de Sunium. Comme
un môle immense, le promontoire se dresse au milieu des flots, entouré d'une enceinte de vastes
roches blanches contre lesquelles la mer se brise depuis trente siècles sans pouvoir ébranler leurs puissantes assises. Les blocs énormes, en se surplombant, projettent sur les parois concassées des
ombres brunes, qui reposent les yeux éblouis par la
splendeur reluisante de cette falaise d'acier. Çà et là,
de quelque graine emportée par le vent ou tombée

du bec d'un oiseau, a poussé un arbrisseau qui tremble au vent violent de l'Euripe.

J'ai passé une heure à l'ombre des colonnes du temple, regardant la mer étincelante et le collier égrené des Cyclades. La nature peut offrir des spectacles plus grands, mais aucun qui soit plus noble et plus beau. Cela est à la fois sauvage et charmant. Sous moi, les pierres gigantesques brisent les souffles déchaînés qui arrivent de tous les points de l'horizon; les colchiques d'or fleurissent dans les lézardes des rochers; j'entends à des profondeurs inconnues le sourd mugissement des vagues, pareil à un bruit de tonnerre; à l'horizon, Séripho, Zéa, Andros, reposent comme des déesses marines sur la couche tranquille de leur domaine, pudiquement entourées de grands voiles dont la teinte délicate est celle du jeune lilas aux premiers jours du printemps. Peut-on trouver des mots pour exprimer un pareil tableau? C'est ici qu'il faudrait lire le *Phèdre* et le *Banquet*.

Je ne vous parle pas du temple même, car ses ruines sont médiocres; les colonnes doriques, toutes rongées par l'action de l'air salin, manquent de noblesse et de majesté; le marbre, qui ne provient pas des carrières du Pentélique, a la couleur crue de la chaux et crie sur l'azur du ciel. C'est ainsi, auraient dit les Grecs avec une aimable allusion à la légende, que, chassé de son promontoire, Poséidon s'est vengé de Pallas.

Le jour baisse et il me reste soixante-quinze kilomètres à faire pour revenir à Athènes. Je suis parti à regret, car, à mesure que le soleil descendait, la mer changeait insensiblement de nuance, et la splendeur de ses métamorphoses successives était une fête pour les yeux ; d'un bleu transparent et doré, elle était devenue d'acier, puis couleur de violette, et elle finissait par prendre la teinte d'un vin sombre, presque noire, purpuréenne, comme la voyait le grand Homère.

Égine.

Le lendemain, je suis allé à Égine. Le ministre des finances (1) avait mis à ma disposition un petit steamer côtier, qui d'habitude porte le receveur des taxes dans ses tournées d'impôt. Avant mon départ, Mlle Tricoupi, l'aimable sœur de l'ancien ministre, me pria de ne point imiter les Anglais sacrilèges qui osent déjeuner dans le sanctuaire de la déesse d'Égine. C'est elle qui me disait un jour, d'une manière touchante : « Du temps que j'étais avec mon frère à l'ambassade de Londres, je ne pouvais me résigner à visiter au Musée britannique les frises volées au

---

(1) M. Papamichaelipulo.

Parthénon par lord Elgin; mais, le jour même de notre départ, l'amour de l'art l'emporta sur la crainte de renouveler mes tristesses patriotiques; je me cachai sous un voile épais, et j'allai admirer la frise des *Panathénées.* »

Pour moi, la divine sirène, c'est toujours l'eau; dès que j'ai quitté le rivage, je me sens si libre, si dégagé de tout lien, si joyeusement affranchi de toute contrainte, que je comprends la vie avec toute l'heureuse sérénité des Grecs d'autrefois. Nos mers du Nord, même par les plus belles journées, sont tristes, conduisent l'homme à prendre l'existence comme une lutte âpre et rude; leur azur rare est toujours brouillé de gris; jamais leurs vagues ne s'apaisent tout à fait. Ici, la terre seule est triste, étant nue, pierreuse, sans gai vêtement de verdure. La grande joyeuse, c'est la mer; c'est elle qui fait considérer la vie comme une fête, comme « un festin éternel en pleine lumière. » Comment résister à son triomphant appel? Cela est impossible; ce serait presque sacrilège de refuser un bonheur ainsi offert. Elle n'éveille que des idées riantes. Étant semée d'îles, étant toujours resserrée entre des promontoires aux belles formes, elle ne parle jamais d'infini, au contraire de nos océans qui murmurent toujours ce grand mot mélancolique, le plus douloureux de tous les vocables chrétiens, parce qu'il nous fait sentir sa terrible disproportion avec nous-mêmes, parce qu'il anéantit notre être dans l'immensité sans limites qu'il découvre. Étant calme, unie comme un miroir, si richement illuminée par le soleil que tous ses flots pétillent comme des pierres précieuses, elle chante éternellement dans la grande clarté un hymne de bien-être et d'amour; elle ignore ce que sont le flux et le reflux, le combat, la bataille, les naufrages; elle ne connaît que la beauté, la douce félicité d'être belle et toujours jeune. Elle est bleue, du bleu le plus luisant, le plus limpide, le plus mouvant qui se puisse rêver, et cette couleur exquise porte naturellement à la joie délicieuse qui est celle de l'*Iliade*, des chœurs de Sophocle et d'Aristophane, du *Phèdre*, de tous les temples et de toutes les statues antiques (1). Homère dit : « Heureux l'homme qui peut jouir de sa jeunesse florissante et atteindre au seuil de la vieillesse! » Et Renan, voyageant ici même, traduit, commente : « La vie, c'est donner sa fleur, puis son fruit; quoi de plus? » A naviguer ainsi sur le golfe azuré de Salamine, quand l'air est tiède et le ciel plein de lumière, le corps humain devient lyre, l'âme n'est plus qu'une belle et tranquille harmonie.

Je ne puis mieux comparer une pareille journée qu'à une symphonie qui aurait à la fois la largeur sereine de Beethoven et la fraîche allégresse de Mo-

---

(1) Une seule qualité physique peut conduire l'esprit qui s'en occupe à une infinité de choses diverses. (Diderot.)

zart. Trois heures après notre départ du Pirée, débarquement dans une petite anse de l'île d'Égine, sous l'oblique regard d'un troupeau de chèvres noires; déjeuner sur l'herbe, à l'ombre d'un bouquet de pins parasols; puis, ascension de la colline par un âpre sentier bordé de lentisques rabougris et de buissons aromatiques, et station sur le plateau, que couronnent encore les vingt colonnes doriques du périptère. Couché parmi les genévriers, au pied de la colonnade, un jeune chasseur de Hagia-Marina nous demanda des cigarettes et nous donna en échange un grand colchique d'or dont il avait fleuri son chapeau. Il était impossible de ne pas songer sur-le-champ à ce magnifique *Télamon* qui ornait autrefois le fronton du temple et qui a été transporté, avec les autres héros éginètes, au musée de Munich. A regret, au bout d'une heure, nous sommes redescendus à la crique, où le steamer était à l'ancre; nous avons repris la mer et nous avons longé les côtes rocailleuses de l'île jusqu'à la jolie ville d'Égine, qui brille comme une perle blanche au bord d'une rade dentelée et semée d'îlots. Le soir tombait déjà, lentement, versant sur la mer luisante de grandes gerbes obliques de rayons; les gracieuses montagnes d'Égine prirent un aspect sauvage dans le crépuscule, et le souvenir me revint du golfe d'Oban, qui est le plus beau des golfes d'Écosse, cette âpre Grèce du Nord, dont l'Homère s'appelle Walter Scott.

Un vent se lève, qui souffle de la côte voisine du Péloponèse, et nous mettons à la voile pour rentrer plus rapidement au Pirée. Peu de temps après, derrière Salamine, la lune, toute sanglante, monta au ciel et, graduellement, étala toute sa clarté sur la mer frissonnante. A cent pas de notre bateau, qui filait comme une flèche sur les vagues lumineuses, la côte d'Égine s'enlevait en relief, pareille à une grande muraille d'ébène, et quelques grandes étoiles rouges flamboyaient dans la montagne, feux de joie allumés par les bergers. Au-dessus du mât, les mouettes blanches battaient des ailes et poussaient des cris aigus. D'abord, dans cette nuit merveilleuse, je vis se dégager vaguement le corsaire de Byron, dont l'âme était libre et les pensées sans limites sur les flots joyeux de la mer sombre; puis, le romantisme superbe de Byron ne m'a plus suffi, et tout naturellement, j'ai senti que je naviguais en pleine *Odyssée*.

C'est que rien n'a changé sur les mers de la Grèce, sauf l'homme, qui a inventé la vapeur et qui est moins beau. Au bout de trente années, dans notre mobile Occident, quelle entreprise que celle de revivre le passé! Dans l'immuable Orient, on revient comme d'une heure de trente ou quarante siècles en arrière. Il ne faut pas ici grand effort pour replacer dans leur magnifique décor les hommes et les dieux d'autrefois. « Calypso posa sur le radeau deux grandes outres, l'une de vin noir, l'autre d'eau, et, de plus, un sac de cuir renfermant des provisions; elle y avait mis beaucoup de mets propres à flatter l'appétit; enfin, elle fit souffler un bon vent, doux et tiède. Tout joyeux de ce vent favorable, le divin Ulysse déploya ses voiles et s'assit près du gouvernail, qu'il dirigea adroitement. Et le sommeil n'appesantissait pas ses paupières, tandis qu'il contemplait et les Pléiades, et le Bouvier lent à se coucher, et l'Ourse, appelée aussi le Chariot, qui tourne toujours à la même place en guettant Orion, et qui seule ne se plonge pas dans les eaux de l'Océan. » Tout cela n'est-il pas d'hier? Je viens d'Occident : le christianisme, qui n'a pas deux mille ans, est déjà si vieux et si malade, que ses plus nobles prophètes se lamentent et prennent le deuil. J'ai vu Stamboul : l'islam, qui est encore moins âgé que la religion de l'Évangile, n'est plus que l'ombre d'une ombre. Le paganisme a six mille ans : il est jeune encore comme au premier jour. Ce n'est pas sans peine que je me figure Moïse, Jésus et Mahomet. Ici, je n'ai qu'à prêter l'oreille à la voix mélodieuse qui sort des choses, et, comme dans l'heure présente, je vis dans le passé païen. Les bonzes et les moines restent stupéfaits devant cette beauté immortelle qui ne sait pas vieillir; ils ne comprennent pas pourquoi Jupiter et Vénus ont gardé toute la fleur éclatante de leur jeunesse, pendant que Brahma a perdu sa dernière dent et que par vingt endroits la légende dorée montre le cuivre vil. Pourtant, cela est bien simple : c'est que tout était beau alors, parce que tout émanait de la nature; c'est que la nature ne connaît pas le temps et qu'il n'est pas de décrépitude pour ce qui tire d'elle son origine et sa cause. Pas plus que l'azur du ciel ou la blancheur de l'écume, Pallas et Aphrodite ne subissent le passage des siècles. Le christianisme dit : « Rougissez d'être homme et de faire des hommes. » Être fier de l'humanité, voilà toute la morale et toute l'esthétique du paganisme. Cette noble fierté, perdue dans les tendresses tristes de l'Évangile, une seule fois, depuis la mort de Pan, on a essayé de la rendre à l'homme; ce fut la Renaissance qui le tenta, et de ce qu'elle a produit pendant cinquante années, le monde tout entier se nourrit depuis quatre siècles. On demande parfois quel mot d'ordre il convient de proposer à l'avenir. Je voudrais proposer celui-ci : « Il faut revenir à la nature. »

Les statues.

La plupart des statues qui ornaient Athènes ont été détruites ou transportées à Rome, à Byzance, où elles ont péri, dans les capitales de l'Europe. Il n'y a ici que les cariatides et les bas-reliefs dont les barbares n'ont pas osé dépouiller les temples, les tombeaux du cimetière de Céramique, les petits musées du Parthénon et de M. Bernardakis. Cela est médiocre comme nombre, et il est triste de penser que le Louvre, Florence et Londres sont plus riches en marbres grecs que la ville même de Périclès. Ce n'est point pour elles-mêmes que les abeilles de l'Hymette ont fabriqué leur miel le plus délicieux. Les hommes du Nord en ont dérobé les plus doux gâteaux. Pourtant, ce qui reste ici prend un charme tout particulier. C'est autre chose de lire l'*Iliade* en vue des ruines de Troie ou dans un salon parisien, de voir une statue grecque dans son milieu naturel ou dans un sombre musée au pays des brumes, de manger une orange dans les bois d'orangers de Vintimille ou dans un théâtre du boulevard.

Il y a plus encore. Dans ce merveilleux coin du monde, on a souvent remarqué que toutes les circonstances sont réunies pour délier l'intelligence des habitants et pour aiguiser leurs facultés. J'observe sur moi-même que l'esprit du simple voyageur s'affine au milieu de cette nature dont la clarté est l'essence même. Je vois plus et je vois mieux, depuis que je suis à Athènes. Le corps se porte d'autant mieux que la nourriture qu'il absorbe est saine et délicate. De même, l'œil perfectionne le sens de la vision selon la beauté des formes et des couleurs qui se présentent habituellement à lui.

Les sens s'affinent, et l'esprit devient simple en proportion. Cette loi est générale : plus les sens sont grossiers, plus l'esprit a besoin, pour être ému, d'être ébranlé par des agitations violentes. Un homme ou une femme nus, les Grecs ne demandaient pas au statuaire de créer autre chose. Pourvu que leurs yeux fussent réjouis par de belles épaules, un cou bien attaché, des jambes qu'ils sentaient fortes et légères, ils étaient contents. L'élégance des courbes et la plénitude des formes suffisaient à leur bonheur d'artistes. Le *sujet* leur importait encore moins qu'aux Italiens de la Renaissance. Au contraire, les hommes d'aujourd'hui, dont le cerveau est farci d'idées, doivent livrer à leur propre nature une véritable bataille avant de pouvoir goûter une image pour elle-même, et encore n'en comprennent-ils la beauté qu'à demi ; les plus païens d'entre nous auraient passé pour des manants à Rome, sous la papauté de Jules II, à Athènes quand Périclès était le premier de la République. Partant, si vous ressuscitiez un Grec d'alors pour le transporter dans un de nos *Salons* annuels, il serait étourdi comme une hirondelle qui a donné de la tête contre une muraille ; l'affreuse complication de nos peintures historiques, religieuses, philosophiques, de genre ou de paysage, lui ferait l'effet d'un cauchemar ; il ne concevrait point l'intérêt que nous prenons à ces savantes machines ; il ne se croirait jamais dans un musée. L'impression qu'éprouve un moderne dans un musée antique est tout à l'opposé : si son esprit n'est pas naturellement porté à l'idéal païen, il ne pourra pas, dans son for intérieur, s'étonner assez du plaisir qu'avaient les Grecs à regarder la statue d'un jeune homme bien fait ; il n'est plus apte à comprendre ce merveilleux amour de la forme pour elle-même ; il est, dans toute la force du mot, le grossier barbare dont se moque Socrate (1), parce que la vue d'un homme nu lui semble un spectacle honteux et ridicule. Dites-lui que les amis de Platon suppliaient parfois Charmide, fils de Glaucus, de dépouiller ses vêtements afin qu'ils pussent admirer à l'aise toute la beauté de son corps, et sa pudeur chrétienne, assiégée de pensées grossières, se révoltera aussitôt. Dans notre siècle, je ne sais qu'un seul homme qui ait eu dans l'âme ce culte antique de la beauté (2) : il s'appelait Gœthe et il s'était surnommé lui-même le « Grand Païen. »

Maintenant, remarquez ceci : sauf en de très rares exceptions, l'artiste grec ne traduit jamais en mar-

---

(1) *République*, livre V.
(2) Un jour, dans les jardins de Weimar, Gœthe pria l'un de ses amis, qui était très beau, de se promener nu à l'ombre d'un rideau d'arbres verts. (Eckermann.) Dans ce magnifique cerveau, l'esprit de Platon revivait à côté de l'esprit de Shakspeare.

bre que la beauté. Il a l'horreur du laid; il dit :
« Haine aux difformités physiques ! » tout comme cet
admirable Henri Regnault disait : « Haine au gris ! »
Voilà ce qui l'a sauvé de la corruption où sont tombés des peuples de génie inférieur, les Indiens, les
Romains, tous les modernes. Nous devons faire un
effort sur nous-mêmes pour concevoir une pareille
civilisation. Nos Académies ouvrent des concours de
rhétorique, de poésie, de science, d'adresse, même
de vertu. Les Grecs avaient des concours de beauté,
et non seulement à Athènes, mais à Sparte, à Élis, à
Olympie, à Égestie, partout où les dieux avaient des
temples. Être beau, pour Homère, cela implique dans
un seul mot l'idée du courage, de la prudence, de la
sagacité, de la noblesse d'âme : Achille, Ulysse et Nérée
sont beaux; le poltron, l'insulteur Thersite est laid. De
même que nous trouvons une cause de blâme dans
une intelligence obtuse et un cœur sans générosité,
eux reprochaient à un rival d'avoir le corps roide et
le cou grêle (Platon). La laideur physique leur inspirait la même répugnance qu'à nous la laideur psychique. Ils avaient soupçonné l'intime corrélation de
l'une et de l'autre.

De là encore, la conception que se fait l'hellénisme
de la divinité, conception qui est à l'antipode de celle
des autres Orientaux, des chrétiens, des barbares de
l'Afrique et de l'Amérique. Il ne veut pas avoir peur
de ses dieux; il veut les aimer, et, pour les aimer, il

en fait des hommes qu'il orne de tous les attributs qui plaisent à son esprit et à ses sens, « le lien entre la divinité et l'humanité est aussi étroit que possible. » Lisez Homère : la divinité pèse à ses dieux, comme à certains rois simples et débonnaires la royauté. Être les plus beaux parmi les hommes, cela leur suffit. Voyez les statues, la différence légère qui sépare Apollon d'Achille, Vénus de Léda. Tout ce qui est formidable, énorme, monstrueux répugne à l'esprit hellénique. Jupiter lui-même, sauf le jour où son froncement de sourcils fait trembler l'Olympe, n'est guère qu'un Agamemnon un peu plus orgueilleux et plus grand. Aussi la familiarité est-elle parfaite entre les dieux et les hommes. Ceux-ci ont des déesses pour maîtresses, et ceux-là séduisent les reines, les princesses, et jusqu'aux simples paysannes. Vénus trompe Vulcain avec Anchise, et Jupiter déshonore la couche conjugale de Tyndare. Les arbres généalogiques se croisent et s'enchevêtrent. D'où cette conséquence : la vénération fait défaut aux Grecs. N'ayant point la crainte des dieux, ils n'ont pas le respect des puissants de la terre, ils bafouent Darius, ils se rient de Xerxès, et même, dégénérés, ils refusent parfois d'obéir à Alexandre. Une seule chose leur impose : la beauté.

Aussi, dans la vie comme dans l'art, tout ce qu'il est possible de faire pour la réaliser dans sa plus grande perfection, ils le font. N'en déplaise à nos délicats, c'est un magnifique haras d'hommes que la Grèce païenne. A tort ou à raison, l'espèce humaine leur semblait mériter les mêmes soins que l'espèce chevaline, et ce respect de la beauté physique était quelque chose de religieux. Être beau, sain et robuste, c'était le grand objet de leur éducation, comme celui de la nôtre d'être instruit dans la morale, dans un grand nombre de sciences, d'être lettré et sérieux. Ils se préoccupaient de l'enfant avant sa naissance : la callopédie était un art pratiqué de tous, je dirais presque, une obligation civique. Une loi, sur laquelle disserte Aristote, fixe l'âge des mariages et la saison la plus favorable. Archidamas, roi de Sparte, fut condamné à l'amende, parce qu'il avait épousé un laideron. « Lycurgue permettait à un vieillard mari d'une jeune femme d'introduire auprès d'elle un jeune homme honnête, pour qui il avait de l'estime et de l'amitié, et de reconnaître comme s'il était de lui l'enfant qui naissait d'un sang généreux (1). » Les statues des artistes les plus vantés ornent la chambre nuptiale. Les épouses rêvaient qu'elles avaient été embrassées par les dieux, et leurs enfants ressemblaient aux rois de l'Olympe. Le souci des générations futures est la base même de l'éducation. Comme chez nous on condamne à la prison de l'hospice les idiots, les malades d'esprit, les Spartiates

---

(1) Plutarque.

condamnaient à mort les enfants nés difformes, prétendant avec raison qu'ils ne pourraient jamais procréer que des êtres aussi difformes et malades qu'eux-mêmes. A Athènes, comme à Lacédémone, les garçons et les filles étaient longuement exercés dans les gymnases, nus ou vêtus d'une courte tunique, afin que beaux et forts, embellis et fortifiés, ils donnassent à la République de vrais hommes, de vrais citoyens. On les accoutumait de bonne heure à cette idée, comme dans notre société moderne on apprend aux enfants qu'ils doivent à la patrie l'impôt du sang et de l'argent. Jusqu'à la veille même du mariage, les mères chrétiennes essayent de satisfaire par des inventions saugrenues la curiosité de leurs filles. Les mères grecques mettaient au cou des vierges, qui n'en restaient pas moins chastes, des colliers auxquels était suspendu le phallus. Certain passage fameux de l'*Émile* eût semblé ridicule et presque indécent à un contemporain de Sophocle ou de Platon (1). De là aussi leur conception de l'amour. Ils eussent traité d'impie celui qui serait venu leur parler de péché, et de fou celui qui aurait voulu envelopper l'amour des brumes et des ténèbres de nos romantiques et de nos chrétiens. Ils n'ont guère compris que l'amour physique, et ils en parlaient comme du boire et du manger. Ils allaient

(1) Cette question, que j'indique au passage, toute philosophique et d'une haute gravité, mériterait d'être approfondie et discutée.

droit au but et eussent méprisé les détours, les ambiguïtés de langage, toute notre phraséologie hypocrite. Cela s'est revu lors du grand mouvement de la Renaissance italienne, et l'humanité ne s'en est pas portée plus mal.

Pour bien apprécier dans ses résultats cette éducation physique, il faut regarder une statue comme celle de l'*Apollon* ou du *jeune Athlète*, au nouveau musée. Il est bien certain que dans tous nos ateliers il ne se trouve pas un modèle aussi beau que cet Apollon, et cela n'a rien d'étonnant. Balzac prétendait qu'il faut plusieurs siècles pour faire une véritable main de duchesse. Il faut, pour produire un corps comme celui-ci, des siècles de gymnastique, d'exercice en plein air, sans vêtements, de luttes, de courses et de jeux de toute espèce. Et la preuve, c'est la différence qui existe entre cette statue, œuvre de la plus belle période de l'art grec, celle où le corps humain était le plus beau, et les héros du fronton d'Égine, encore grossiers, n'ayant qu'en germe cette fleur exquise de jeunesse qui appartient aux bêtes de race; ou, d'autre part, l'*Apollon du Belvédère*, éphèbe déjà dégénéré, trop élégant, trop délicat, n'ayant pas assez joué à la palestre et roulé dans le sable de l'arène. De l'Apollon d'Athènes, mutilé comme la Vénus de Milo, la beauté est irréprochable. Il est debout, s'avançant vers un tronc d'arbre autour duquel s'enroule un serpent. On ne peut rien imaginer de plus accompli que ce corps divin, légèrement incliné à gauche, que ce col court et puissant, que ce torse jeune dont le marbre traduit si simplement la parfaite santé, que ces cuisses qui prolongent si bien la poitrine et le ventre, que ces jambes qu'on devine agiles et comme élastiques. La tête est charmante, ni triste ni joyeuse, très calme, très satisfaite. Pour parler dignement d'une pareille statue, il faudrait un langage spécial dont celui d'un *gentleman-rider* parlant d'un cheval de race pourrait donner une idée. Les Grecs, qui vivaient au milieu du nu et qui avaient sur les corps « une multitude fabuleuse d'aperçus (1), » Homère, Pindare et Platon, avaient ce langage qui nous manque, par cette raison que les idées mêmes nous font défaut. Mais il y a plus encore : supposez que demain on découvre chez nous un modèle aussi beau que celui qui a dû poser pour cet Apollon, les plus habiles de nos sculpteurs ne sont pas assez familiarisés avec le nu pour refaire une statue comme celle-ci.

Toutes drapées qu'elles sont, ils ne referaient pas davantage les cariatides du temple d'Érechthée, car l'entente du vêtement poussé à un tel degré suppose le maximum de science du nu qu'il soit possible d'acquérir. Dans l'œuvre tout entière de la sculpture grecque, il n'existe pas cinq statues qui soient plus

---

(1) Taine, *Italie*. Le chapitre sur le musée des antiques au Vatican est une merveille de goût et de divination artistique.

belles. Elles sont plus grandes que nature, mais dans cette mesure exquise qui donne l'illusion du vrai, bien plus que la réalité elle-même. Droites, les bras tombant le long du corps, la poitrine dégagée, elles portent l'entablement du Pandrosium, comme elles portaient naguère l'amphore vide à la fontaine Callirhoé, aussi légères et non moins gracieuses. Le mouvement harmonieux des jambes n'a plus besoin d'être célébré. La chevelure forme autour de la tête un bandeau épais qui sert au chapiteau comme d'une première base, et projette sur le calme et pudique visage une ombre charmante. Mais l'inimitable merveille, c'est la draperie cannelée dont chaque pli traduit le corps, et qui en même temps cache la taille trop frêle des jeunes filles et la rupture désagréable des lignes verticales à la ceinture (Beulé). Rien ne saurait égaler l'exquise sensibilité de l'artiste qui a inventé un pareil procédé. Cette draperie est très simple, se compose uniquement d'une tunique et de deux chemises placées l'une par-dessus l'autre, la plus longue descendant du cou jusqu'aux pieds, la plus courte s'arrêtant à la ceinture et destinée à voiler davantage l'éclosion de la jeune poitrine. Tous les plis sont droits, comme il convient, d'après les principes plastiques des statuaires grecs, aux plis d'une robe virginale. Mais sous cette uniformité, on devine toute la charpente du corps, la gracieuse élégance du torse est aussi visible que celle des épaules et de la gorge qui sont découvertes, la jambe se dessine dans sa gracieuse rondeur; le pied est brisé, mais il était certainement nu.

Cette race, admirable et unique dans l'histoire du monde, aimait passionnément la vie et n'avait point honte d'exprimer l'horreur que lui inspirait, non pas seulement la laideur de la mort, mais la mort même. C'est encore le christianisme qui, après avoir condamné l'amour terrestre, s'est avisé — je ne puis trouver d'autre expression — de *mettre à la mode* l'amour de la mort. Il faut toujours dans un musée antique avoir Homère présent à la mémoire. Aux Champs Élysées, au milieu de toute sa gloire, l'ombre d'Achille regrette de ne pouvoir revenir sur terre pour être le serviteur d'un homme « sans héritage, et qui aurait de la peine à se nourrir. » Tout l'esprit grec est dans ce regret. L'existence est jugée bonne, et nous ne pouvons disconvenir qu'elle l'ait été, quand nous reconstruisons dans notre pensée l'Athènes de Périclès et d'Alcibiade. Quelqu'un(1) a dit judicieusement que la plénitude de l'être étant atteinte pour les Grecs sur la terre et dans cette vie, ils ne pouvaient considérer la mort que comme une déchéance et une diminution. A de rares exceptions, toutes les statues de ce temps, comme aussi les livres, sont joyeuses, bien épanouies au beau soleil. Ces corps

(1) Stapfer.

sont florissants de santé, robustes et élégants à la fois. Nulle ombre de tristesse ne voile ces fronts sereins, un peu courts et fuyants. La légèreté est leur signe distinctif. Les plus belles parmi les statues romaines sont lourdes. On les reconnaît au premier coup d'œil. Comme leur corps, l'esprit des Grecs était libre, sain et, pour tout dire, « d'une seule venue. » Aucune pesanteur. Rien de moins considérable, même chez les plus instruits, que le bagage littéraire, scientifique, philosophique. Après de bonnes études, un de nos bacheliers de seize ans en sait davantage que n'en ont jamais su Thémistocle, Alcibiade et Cimon. Mais s'ils savaient moins que nous autres, ils comprenaient mieux ; ils avaient l'intelligence plus ouverte, l'imagination plus fraîche ; ils voyaient mille choses qui nous échappent totalement, et pourtant ils ne subtilisaient pas, ne divisaient pas les questions à l'infini ; ils avaient toujours en eux quelque chose d'ailé. Après une heure passée à regarder les statues du musée ou de l'Hagia-Trias, à écouter « la musique muette » de ces corps de marbre, on se rend compte à merveille des conditions de cette belle et jeune civilisation, de la rayonnante splendeur de ces intelligences que j'appellerai virginales, et l'on a vraiment honte et de son siècle et de soi-même.

En effet, c'était chose superbe que la qualité de ces esprits neufs. Pour se les figurer, il faut les comparer aux belles aiguières de cristal qu'on fabriquait en Italie pendant la Renaissance, et qui, remplies d'eau claire, reflètent avec une netteté parfaite toutes les formes colorées du paysage. Au contraire, nos esprits sont pareils à des vases d'un métal vulgaire dans lequel le monde extérieur n'est jamais réfléchi que vaguement, en lignes indécises et troublées. Chez les Grecs, « toute pensée était image. » Chez nous, la plupart des pensées n'évoquent pas d'images, et la plupart des images sont violentes, bizarres, dépourvues et de grâce et de logique. *Nous vivons au milieu des idées.* Eux, ils vivaient au milieu des formes, et ces formes étaient les plus belles qui furent jamais.

Promenez-vous à Paris ou à Londres, même à Florence, dans une galerie de sculpture, et observez le gros des visiteurs. Vous ne tarderez pas à vous rendre compte qu'ils ne comprennent rien à ce qu'ils ont sous les yeux. Une statue les amuse ou les ennuie, leur plaît ou leur déplaît par le sujet et par l'intention ; mais de sa beauté, si elle est nue, ils n'en ont pas la plus faible idée. D'ailleurs, comment l'auraient-ils ? Le monde où ils vivent est habillé depuis le col jusqu'aux pieds, et les rares nudités qu'ils peuvent voir sont déformées par les vêtements compliqués de nos froids climats. Ils vous diront à merveille si tel habit est d'une bonne coupe et telle robe d'un bon faiseur (Taine). Mais devant une statue antique, ne leur demandez pas si l'épaule a la rondeur voulue, si la poitrine est bien charpentée, si le dos est d'une bonne structure, si les jambes sont proportionnées au corps. Ils n'en savent rien, ils admirent sur la foi de la tradition reçue, et nous-mêmes, les plus raffinés, comment jugeons-nous ?... De l'incessante vision des corps nus, les Grecs ont dégagé leur idéal. Nous avons accepté cet idéal et c'est d'après lui seul que nous jugeons.

Idéal tranquille et calme, voilà ce qu'on n'établira jamais assez. A l'appui des impressions que je vous transmets dans le désordre où elle me viennent, il faut pourtant nommer quelques statues, quelques morceaux célèbres :

La *Sirène ailée*, une jeune femme à figure très douce et qui n'a pas besoin de chanter pour séduire tous les hommes qui l'approchent. Le torse est d'un modelé très simple ; l'attache délicate de l'épaule et du sein montre que cette statue appartient au plus bel âge de la sculpture. « Il n'est pas possible, disait Ghiberti en parlant d'une œuvre semblable à celle-ci, d'en exprimer avec des mots toute la perfection ; car elle a d'infinies suavités que l'œil seul ne comprend pas et que la main seule découvre par le toucher. »

Le *Chien molosse*, au cimetière du Céramique : il est couché sur une tombe qui est vraisemblablement celle de son maître, la tête levée vers le ciel avec un regard douloureux. On pense aussitôt au chien Argus qu'Ulysse avait nourri lui-même, « mais dont il n'avait tiré aucun profit, car il était parti auparavant pour la sainte Ilion. Jadis les jeunes gens l'emmenaient à la chasse contre les chèvres sauvages, les cerfs et les lièvres ; mais alors il gisait abandonné de tous. » Ce molosse a quelque chose d'humain. Les chiens de nos sculpteurs modernes sont des machines.

Une petite statue de Vénus, à demi drapée ; le travail est très délicat, trop fini pour le grand siècle de Périclès. Elle est debout, le bras gauche appuyé sur un tronc d'arbre, dans l'attitude d'une femme qui avançait et qui vient de suspendre sa marche. Comme celui de la déesse de Milo, le torse nu s'entoure aux hanches d'une draperie d'où la déesse semble sortir comme d'une conque marine. Le col, les épaules, la poitrine, modelés par un ciseau digne de Cléomène, ont une souplesse, une grâce et une fraîcheur extrêmes. C'est doux et charmant comme la cadence d'un vers des *Géorgiques*.

Une *tête de Pallas* ; c'est, à mon sens, le plus beau morceau qui soit au nouveau musée. Le corps de la statue est perdu, la chevelure est brisée, le bout du nez et le menton sont mutilés, peu importe ; on se sent en présence de l'œuvre d'un Praxitèle. Les yeux, grands, plus profondément enchâssés que dans la nature, pour donner à l'os frontal plus de saillie et à la pensée plus de concentration (1), sont tournés

(1) Observation admirable de Winckelmann.

vers le ciel. La bouche sourit, « discrètement épanouie, se joignant au cartilage du nez par cette ligne élégante et décidément concave » qui caractérise si bien, comme on l'a remarqué, l'époque la plus pure de l'art. Le menton est rond, énergique, projetant une ombre fine et transparente sur le cou élevé, très ferme, légèrement marqué de ces plis voluptueux qui portent le nom de Vénus et qui manquent à la déesse de Milo. L'oreille, très petite, est traitée avec un sens exquis. Mais ce qui reste à jamais inimitable, c'est le travail de la joue et du front ; il est certain qu'on n'a jamais rien achevé de plus divin, de plus parfaitement noble. Je vous rappelle encore le précepte de Ghiberti : pour comprendre toute la beauté d'un pareil marbre, à la caresse de l'œil il faut joindre la caresse de la main.

Une dizaine de bustes qui peuvent passer pour des portraits : un philosophe, qu'on dit Métrodore, tête ample et très noble, le front haut, pensif, celui d'un homme qui vit en dehors du monde ; pourtant la lèvre est arquée, les oreilles sont d'un satyre ; — une femme dont la tête est enveloppée de crêpes, ayant avec la Joconde une étrange ressemblance, la bouche moqueuse et cruelle, les yeux profonds ; elle étonne par sa modernité, mais n'en est pas moins très belle et d'une excellente époque ; — une autre femme, statue dont la mutilation a fait un buste, type simple et majestueux, tel qu'on aime à se figurer la sœur de Cimon ou l'épouse de Thémistocle.

Mais ce qui appelle la plus religieuse admiration, ce sont les bas-reliefs de l'Acropole et les statues en haut relief qui ornent les tombeaux du Céramique. Vous pouvez voir à notre école des Beaux-Arts les moulages de la *Victoire aux sandales,* de la *Victoire au taureau,* des deux *Danseuses du théâtre de Bacchus* qui ne le cèdent en rien à la fameuse *Danseuse de la villa Albani;* j'ai acheté une lampe funéraire qui reproduit, avec une légère variante, la *Léda* du nouveau musée. Le motif est toujours très simple : dans la *Victoire aux sandales,* l'artiste a représenté une jeune femme qui se tient en équilibre sur la jambe gauche et qui de sa main droite relie les bandelettes dénouées de son pied droit gracieusement relevé; dans la *Danseuse,* il nous montre une femme demi-drapée qui vole à travers l'air vers l'autel du dieu, la ceinture dénouée, soutenant à peine la tunique et le voile que le vent sacré fait voltiger autour d'elle. Point d'autre intérêt que celui-ci : le jeu harmonieux des draperies humides sur un jeune corps dont la beauté reluit sous les plis des étoffes légères. Mais est-il un intérêt plus grand pour l'œil et pour le cerveau d'un artiste? Vous conviendrez aisément que non. Pour moi, je donnerais volontiers toute la dramatique galerie de Versailles en échange du pied nu ou de la poitrine frémissante de la Victoire. L'art n'est jamais allé et n'ira jamais plus loin. L'homme qui a fait cela avait dans son esprit toute la fleur exquise du paganisme ; il aimait la forme pour elle-même ; il était, si je puis dire, harmonieux dans tout son être ; il unissait à une science infaillible une suavité, une tendresse toute féminine ; comme plus tard Raphaël (1), il prenait ses personnages dans une de ces minutes dont parle le Faust de Gœthe, et où l'on crie au moment : « Arrête-toi, tu es parfait. »

Deux grands bas-reliefs sont fameux. L'un est peut-être le chef-d'œuvre de cette sculpture archaïque qui a servi de lien entre l'art de l'Égypte et celui d'Égine. C'est une stèle funéraire qui figure un guerrier debout, et qui est signée de l'artiste Aristoclès. On appelle ce guerrier le *Soldat de Marathon*, mais sans aucun motif plausible. La pensée est déjà toute païenne : le statuaire de Sicyone cherche la forme humaine sous l'armure, la poitrine est charpentée à merveille, l'attache des bras et celle de la cuisse sont d'une étonnante vigueur, le cou plein et uni ressemble à une belle colonne. Il y a dans ce seul bas-relief plus de sentiment du corps animal que dans tout l'œuvre du moyen âge. Le temps a donné au marbre une couleur rosée qui est presque celle de la chair. — L'autre morceau appartient au contraire au grand siècle. Je ne sais rien de

---

(1) Taine, *Italie*, p. 188.

plus beau que ce bas-relief (1) où Triptolème reçoit
le blé des mains de Cérès, en présence de Proserpine. Les deux déesses sont drapées, et leurs
longues chemises tombent jusqu'aux pieds, les plis
du vêtement étant droits et serrés, pour conserver
aux divinités d'Éleusis un caractère hiératique, mais
les pieds sont nus. Elles sont debout, se faisant face
à droite et à gauche du bas-relief ; Proserpine, toute
virginale, une palme dans la main, les deux seins
soulevant l'étoffe d'une draperie délicate et presque
diaphane, la chevelure très fouillée et retroussée en
nœud derrière la tête, de manière à faire voir la
courbe adorable d'un cou de cygne ; Cérès, plus
grande que sa fille, presque sévère, vêtue d'une
robe aux tuyaux symétriques comme les cannelures
d'une colonne, conçue dans un style légèrement
archaïque qui lui donne, par un délicat artifice, plus
de noblesse et plus de majesté. Entre les deux
déesses, les yeux levés vers Cérès, Triptolème
s'avance, tendant la main pour recevoir le grain
de vie. Il est nu ; la santé, la gaieté de la jeunesse triomphante éclatent dans ce jeune corps de
quinze ans ; ses membres souples ont conservé un
dernier reflet des grâces presque féminines de l'enfance ; il y aura de l'Achille en lui, mais il y a encore du Chérubin ; visiblement, le tissu de la chair

---

(1) Découvert à Éleusis en 1860 par M. Lenormant.

est solide, d'un ton luisant et rosé; les épaules sont rondes, très détachées du corps; les bras et les jambes sont un peu maigres; la chute des reins, indice de la science anatomique de l'artiste, est très marquée. L'harmonie de ces trois figures est parfaite; intentionnellement, le sculpteur n'a point fait sentir de perspective, comprenant à merveille que le bas-relief n'est point une imitation de tableau, bien qu'il puisse en donner l'illusion (1). Toute la jeunesse de l'antiquité païenne rit et s'épanouit sur ces trois têtes : Proserpine fait songer à une fiancée ; elle est émue; la tendresse du regard dont elle enveloppe le bel éphèbe n'est pas sans regret ; il semble qu'elle voudrait se pencher vers lui, « comme une fleur s'incline vers la fleur voisine qui doit la rendre féconde. » Triptolème a le même attendrissement dans le regard, mais son œil grand ouvert ne voit que Cérès, la mère qui lui paraît plus belle que la fille, étant tout éclose, se montrant à lui dans toute la splendeur d'une femme qui a été aimée et à qui les amours passées font comme une couronne de gloire. Seule, Cérès n'a mis que de la bonté dans son sourire ; elle est heureuse du bienfait qu'elle accorde à la race des hommes et un souffle de bonheur charmant passe sur son front. Elle parle et, de sa main

(1) La différence de saillie entre les figures et le fond du bas-relief est de *deux centimètres*. « Autant vaudrait dire que la surface est plane comme la toile d'un tableau. » (Vitet.)

levée, accompagne les recommandations que prononcent ses lèvres. On passe des heures entières à la contempler, et l'on trouve que le temps s'est écoulé trop vite.

Je vais très souvent à la chapelle de l'Hagia-Trias, qui s'élève au pied du temple de Thésée, à l'un des coins du carrefour que fait la voie Sacrée avec les routes d'Éleusis et du Pirée. C'est dans les jardins qui l'entourent que se trouvent les plus beaux tombeaux d'Athènes, soigneusement redressés à la place même où ils ont été découverts (1). D'abord le bas-relief des deux sœurs Démétrie et Pamphile, puis celui de Charon, celui d'Hégéso et de Proxène, le monument de Dexilée; bien d'autres, qui n'ont pas de nom et qui n'en réjouissent pas moins les yeux. Il faudrait pouvoir consacrer à chacun d'eux un de ces petits tableaux antiques qu'André Chénier appelait des *quadros*, et que les éditeurs ont réunis sous le titre de *Fragments d'idylles :*

> Ne reviendra-t-il pas ? Il reviendra sans doute.
> Non, il est sous la tombe; il attend, il écoute.
> Va, belle de Scio, meurs! il te tend les bras;
> Va trouver ton amant, il ne reviendra pas.

Les tombes grecques ne sont pas plus tristes que ce délicieux quatrain; ce sont de grandes fleurs où per-

---

(1) Une vingtaine d'autres tombeaux, découverts ailleurs, ont été transportés au Nouveau-Musée.

lent quelques larmes sous forme de gouttes de rosée. Tout naturellement, devant cette adorable collection de bas-reliefs, on pense aux *Stanze*, aux divines fresques de Raphaël. L'esprit de sérénité est le même; le ciseau du statuaire, comme le pinceau du peintre, ne connaît que la grâce, la force, la joie et la jeunesse. Oublieux de la solennité du lieu, il ne retrace que des scènes de vie, de lutte, de plaisir, d'éclosion. Le cheval de Dexilée, qui se cabre au-dessus d'un guerrier renversé, est de la race admirable des chevaux du Parthénon ; les deux sœurs, Démétrie et Pamphile, sont gaies et souriantes; Hégéso a la douceur grave de Cérès, et Proxène la tendresse virginale de Proserpine ; les passagers de la barque de Charon semblent voguer en chantant vers quelque île embaumée de la mer Egée. Amoureux de la vie, les Grecs avaient trouvé moyen de la prolonger au delà du tombeau. Le squelette n'apparaît nulle part (1). La forme, de l'autre côté du Styx, continue à régner. Autour des tombeaux, comme autour des autels, circulent de grandes guirlandes de fleurs et de fruits, s'évasant parfois pour recevoir les images riantes des Amours, des faunes et des nymphes. Dans l'intérieur de la tombe, ils plaçaient des joyaux précieux, des statuettes, des armes et des parures, des lampes funéraires dont le plateau, presque toujours, retraçait

(1) Gautier.

des scènes amoureuses, Léda embrassant le cygne, des danses d'ægipans et de bacchantes, Daphnis déchirant la tunique virginale de Naïs, un jeune garçon et une jeune fille sacrifiant à la déesse d'Idalie...

On ne reverra jamais un pareil peuple. Il est et il restera unique dans l'histoire. Il a connu toutes les joies, et il a réalisé toutes les beautés. Je dirai de lui, en paraphrasant ce qu'écrivait Vasari de Raphaël : « Si l'on veut voir clairement combien parfois le ciel peut se montrer libéral et large, en accumulant sur une seule nation les infinies richesses de ses trésors et toutes ces grâces et dons particulièrement rares qu'en un long espace de temps il disperse entre beaucoup de races, il faut contempler le peuple grec. »

Nauplie, 11 octobre.

Nous voici à Nauplie, logés dans un misérable khani qui s'intitule pompeusement *hôtel d'Agamemnon*. Nous avons fait la route par le plus beau temps du monde, sur un petit paquebot grec qui, du Pirée à Nauplie, n'a guère mis plus de huit heures. Sauf mes amis B... et moi, tous les passagers étaient Grecs. J'ai plus d'une fois regretté la foule pittoresque des bateaux du Bosphore, les femmes voilées qui se couchaient ou s'accroupissaient sur le pont avec des poses exquises, les Turcs aux haillons pleins de lumière, l'amusant pêle-mêle des Circassiens, des Arméniens et des Druses. Les Grecs sont aujourd'hui dans une période intermédiaire entre la barbarie et la civilisation. C'est l'âge déplaisant d'un jeune homme dont la voix mue et dont la barbe commence à fleurir.

Je pars en d'excellentes conditions pour ce voyage dans l'intérieur des terres. Pendant la semaine si bien remplie que j'ai passée à Athènes, je me suis mis au point de vue; mes yeux sont accoutumés à la lumière éclatante de la Grèce, je me suis replongé dans les ondes bienfaisantes de l'antiquité païenne. Il me sera facile de bien regarder et de bien graver au fond de ma mémoire tout ce que je verrai. Le côté politique des choses n'est guère moins intéressant que le côté pittoresque; mais je ne veux rien brouiller et, de retour à Athènes, je ferai de mes observations sociales et politiques le sujet de quelques lettres spéciales. Je ne vous parlerai donc que de la nature, et encore ne pourrai-je vous envoyer que des notes sommaires, de courtes impressions. Quand on est réduit à écrire sur un méchant coin de table ou sur ses genoux, la pensée qui dicte n'est pas beaucoup plus à l'aise que la main qui tient la plume.

Ce matin, au départ, le Pirée dormait encore; l'air était très vif, le ciel tout marbré de grands nuages rouges qui planaient, comme des oiseaux de proie, sur le Pentélique et sur l'Hymette. Nous avions sous les yeux et nous allions parcourir toute la magnifique étendue du golfe Saronique, lumineuse et caressante à l'œil comme une belle pièce de velours, et que sillonnaient déjà les barques matinales de Salamine et d'Égine. Les côtes voisines d'Éleusis et de Mégare étaient splendides sous le feu des premiers rayons du jeune soleil, et des flaques de clarté s'étalaient sur les grandes ondes de la mer, comme des cygnes blancs sur un lac uni. Je vous ai souvent vanté le charme de ces navigations sur les mers du Levant ; c'est le golfe Saronique qui me laissera les plus radieux souvenirs. On a beau le traverser, comme nous l'avons fait aujourd'hui, sur un bateau à vapeur où l'on joue aux cartes et déjeune à table d'hôte, c'est en plein paganisme que je crois voguer. Les îles et les promontoires portent des noms si doux et présentent des formes si gracieuses que la vieille image des Océanides couchées sur un lit d'azur en est toute rajeunie. La sérénité du ciel affine toutes les sensations, répand dans tout le corps quelque chose de sa parfaite harmonie. Cela est grand et cela est doux plus que je ne saurais dire. On récite des vers d'André Chénier, et on évoque les plus fraîches comparaisons d'Homère. On s'oublie, on regarde « les mouettes qui, en poursuivant les poissons à travers les immenses sinuosités de la mer inféconde, mouillent leurs ailes épaisses dans l'onde amère(1); » on trouve que les barques qui glissent sur les flots ont bien fait de dorer leurs voiles, comme les temples de l'Acropole ont ambré leurs colonnes de marbre; on suit d'un œil charmé les papillons qui traversent d'un bord à l'autre le détroit de Poros. Nous tournons la presqu'île élégante de l'Argolide. Il n'y a pas un nuage autour de son arête étincelante; les montagnes d'Hiéron sont d'un violet pâle qui est celui des cyclamens, et qui se fond délicieusement dans les teintes attendries de l'horizon. Le ciel change de couleur à chaque heure du jour, passe graduellement du bleu éclatant des saphirs à la nuance délicate de la mauve. Une heure avant le coucher du soleil, les collines lointaines étaient devenues toutes roses, avec un léger mélange de gris, et la même comparaison nous est venue à tous : leur couleur était celle de la peau des pêches à demi mûries.

Nous avons aperçu tour à tour les trois villes héroïques des guerres de l'Indépendance, Poros, Hydra et Spezzia. Ces rudes ennemies des Turcs ont l'aspect oriental des cités musulmanes, blanches comme la jeune neige au bord des détroits éternellement bleus. Toutes les maisons sont en terrasse; on dirait à Hydra trois mille dés superposés dans un pittoresque

(1) *Odyssée*, V.

désordre. L'île tout entière n'est qu'un immense rocher; la terre manque; il faut aller la chercher sur la côte de Morée, quand on a la fantaisie de créer un jardin; d'eau, il n'y en a pas non plus : « On recueille précieusement dans de grandes citernes celle qui tombe du ciel, et, lorsque les pluies ne sont pas assez abondantes, ce sont encore les marins qui vont remplir, aux aiguades de la côte, de petits tonneaux longs et étroits, qui se distribuent ensuite dans l'île à l'égal des plus précieuses cargaisons (1). » Imaginez à présent ce que doivent être les habitants de pareils rochers : tous matelots, et, quand une guerre éclate, tous corsaires. Pendant les guerres de la Révolution et de l'Empire, ils furent les maîtres de la Méditerranée. Quand la Grèce se souleva contre ses tyrans, ils lui donnèrent Tombazis et Tzamados, surtout Miaoulis qui brûla à Modon la flotte égyptienne. Rien d'étonnant si l'on ne retrouve pas chez eux la sérénité légère des Grecs de la plaine. La dure marâtre qui les a engendrés ne les porte pas à prendre la vie comme une partie de plaisir. Les traits sont rudes, énergiques; les yeux sont vifs, presque sauvages, « sondent sans cesse les présages du ciel ou de la mer, comme si leur île flottait sur l'onde et devait être guidée vers un port voisin. » Du premier coup d'œil, on les reconnaît pour être de la race

---

(1) Henri Belle, *Voyage en Grèce*, II.

même de ces pirates homériques « qui exposent leur vie et apportent le malheur aux étrangers. » Ces corsaires d'Hydra et de Poros sont les Tziganes de la mer. Ils m'inspirent, pour une heure, un même désir de vagabondage fou à travers le monde.

A six heures, nous avons traversé le pertuis de Palamède et nous avons débarqué à Nauplie. Tous les gamins de la ville attendaient sur le quai l'arrivée du bateau. Notre caravane exotique les a mis en joie, et ils nous ont conduits en procession à l'hôtel choisi par nos guides. Puis ils ont envahi l'escalier branlant du khani; alors, notre drogman s'est mis en fureur; il a appelé à son aide Hélène, la fille de l'hôtesse, et ce noble couple, s'étant armé de balais, a mis en déroute toute cette indiscrète marmaille.

Notre khani est situé à l'extrémité de la ville, au pied d'une grande montagne rocheuse, que couronne le fort de Palamède, et séparé seulement par un pâté de vieilles maisons turques d'une jolie place plantée de platanes et de palmiers. Nous avons d'un côté la vue de la route de Tirynthe, de l'autre celle du golfe qui, lentement, s'endort sous les voiles violets de sa robe nocturne. La faucille de la lune luit seule au milieu de l'azur vaporeux du ciel. Les barques attardées des pêcheurs d'éponges rentrent au port où s'allument de rares fanaux. A l'entrée du golfe, le rocher blanc de Boutzi dresse dans l'air transparent la sombre forteresse des Vénitiens, toute pareille à la prison fameuse de Chillon. On se noie dans le silence idéal d'une pareille nuit, puis, tout à coup, quand on voudrait, comme doña Sol, entendre s'élever une voix dans l'ombre, la musique militaire entonne sur la place des Platanes le duo d'*Othello* et la cavatine de la *Traviata*. L'ombre de Ménélas ne comprend qu'à demi la fureur sanguinaire du More de Venise, et l'Argienne Hélène reconnaît une sœur dans la dame aux Camélias.

A la halte, près de Mycènes, 15 octobre, deux heures.

Nous venons de traverser, dans toute sa largeur, le royaume d'Agamemnon. De Nauplie à Argos, nous avons fait le trajet en voiture, sur une belle route que longent de riches plantations de coton et de tabac ; à la sortie d'Argos, nous sommes montés à cheval et nous avons dit adieu à toute espèce de route carrossable. Même temps qu'hier ; pas un nuage au ciel, et dans l'air une limpidité admirable.

La plaine d'Argos a passé, dès l'antiquité, pour une des plus belles de toute la Grèce. Géographiquement, elle est fermée à l'ouest et au nord par les hauteurs de l'Artémision ; à l'est, par celles de l'Arachnæon.

Homère lui donne deux épithètes différentes : tantôt il l'appelle *Hippobotos*, c'est-à-dire celle qui compte de nombreux troupeaux de chevaux, et tantôt *Poludipsion*, « très altérée, » parce que les deux rivières qui la traversent sont généralement à sec. Vous saurez cependant, à propos de cette dernière épithète, qu'Aristote affirme dans sa *Météorologie* que le sol d'Argos, très marécageux à l'époque de la guerre de Troie, était devenu de son temps une bonne terre arable. Faut-il conclure de cette étrange contradiction que le sol d'Argos est naturellement sujet à de fréquentes variations? Je serais assez disposé à l'admettre. En effet, pendant la guerre de l'Indépendance, la plaine était si humide que le mûrier et l'oranger y prospéraient partout et que les collines qui l'entourent étaient couvertes de bois d'oliviers (1). Aujourd'hui, la terre est redevenue aride et l'on ne peut récolter de coton que dans les parties basses de la plaine.

Quoi qu'il en soit de ce problème, il est certain que l'Inachos et le Charondas ne nous ont apparu ce matin que comme des sentiers pierreux. C'est ainsi que les avait vus Pausanias, et il raconte à leur endroit une gracieuse légende. La plaine d'Argos était si belle que Neptune et Junon s'en disputèrent un jour la possession. Comme ils ne pouvaient tomber

---

(1) Schliemann.

d'accord, ils se décidèrent à prendre pour arbitre le fleuve Inachos, son fils Phoronée, les dieux Astérion et Céphise, et ceux-ci adjugèrent la plaine à Junon. Mais Neptune fut si irrité de cet arrêt, qu'il fit disparaître toutes les eaux de l'Argolide, et, depuis lors, l'Inachos et les autres rivières n'eurent plus d'eau que quand Jupiter leur envoya de la pluie.

Maintenant, une observation d'artiste, et je reprends mes notes de route à la porte de Nauplie. Décidément, la couleur noire n'existe pas en Grèce. Ici, comme en Attique, tous les tableaux se composent sans la moindre teinte de noir d'ivoire. Vous ai-je dit qu'il n'en est pas de même sur le Bosphore, où les cyprès ont la couleur du bois d'ébène et où les ombres manquent de transparence? Ici, toutes les ombres sont blondes, et je ne sais même si cet adjectif, tout délicat qu'il soit, ne dénature pas un ton qui n'est, suivant une heureuse expression de Fromentin, « qu'une apparence. » Imaginez, si vous le pouvez, quelque chose comme un reflet qui ne perdrait rien de sa limpidité pour être projeté sur une matière solide et suivant une teinte uniforme. Ces ombres grecques sont aussi lumineuses que mainte lumière du Nord. En effet, les figures qui s'enlèvent avec tant de netteté sur les fonds ensoleillés y flottent dans une transparence vague. C'est de toute finesse, charmant comme la teinte que donne un fond de sable d'or à une rivière cristalline.

Tirynthe, la patrie d'Hercule, est la première ruine que nous ayons rencontrée ce matin, une heure environ après notre départ de Nauplie. Déjà, du temps de Pausanias, il ne restait de Tirynthe que le mur d'enceinte cyclopéen. « Il se compose de pierres non taillées, disait le voyageur grec, et ces pierres sont si grosses, qu'un attelage de mules ne suffirait pas pour faire bouger seulement la plus petite d'entre elles ; on a intercalé de petites pierres entre les grosses pour les consolider. » Aujourd'hui encore, la muraille est fort bien conservée. Pourtant cette ruine prodigieuse ne m'a que médiocrement ému : cela est grand, mais cela n'est que grand. Au premier abord, le travail de l'homme se soupçonne à peine ; on dirait un éboulement de rochers qui serait maladroitement symétrique. Pour admirer, il faut rassembler toutes sortes de souvenirs classiques, se faire archéologue. Alors, on trouve étonnant un si redoutable assemblage de pierres, on se demande par quel miracle les célèbres galeries se sont conservées presque intactes à travers les siècles. Aucun ciment, aucun crampon de fer pour relier ces masses énormes ; rien que des blocs de pierre se maintenant par leur propre poids. Puis on rêve à cette race formidable et presque inconnue des Pélasges ; on ne peut se les figurer que comme des géants farouches, vivant de guerre et de rapine, indignes de fouler cette terre créée pour l'art et pour la beauté; on se félicite, après quarante siècles, que les Hellènes les aient vaincus pour tendre la main, par-dessus les mers, à la Phénicie et à l'Egypte.

Le vrai tableau, c'est celui de la plaine d'Argos. Imaginez un pays moitié de gravier et moitié de marécages, inondé de lumière d'or et rafraîchi par les brises de la mer voisine; une terre gracieusement ravinée, tantôt luisante à l'œil comme les bruns fragments de poterie qui jonchent l'acropole de Tirynthe, tantôt verte et pâle comme sont les eaux des rivières près des berges; de loin en loin, quelques bouquets de peupliers qui se dessinent dans l'azur clair, comme sur les fonds limpides des tableaux primitifs; vers l'extrémité de la vallée, au delà « de l'enfoncement d'Argos, où l'on élève les chevaux (1), » des collines bleuâtres qui s'élèvent en gradins de théâtre jusqu'au mont Eubœea, dont les deux pics aigus dominent le rocher triangulaire de Mycènes; au milieu de la plaine, une large chaussée blanche où courent, parmi des nuages de poussière, de légères carrioles chargées de ces paysans rieurs dont Théophraste célébrait les ancêtres comme les hommes les plus joyeux de la Grèce; et toute cette plaine semblant prolonger la mer qu'on voit de partout, reluisant au soleil comme un grand bouclier de bronze doré.

Quant à Argos, dont le nom éveille dans nos mé-

---

(1) *Odyssée.*

moires plus de souvenirs que Babylone et Persépolis ensemble, c'est un gros village où quelques centaines de maisons et de jardins s'étalent à l'ombre d'une colline que couronne une vieille forteresse. Les rues sont à peine pavées, bordées de boutiques à la turque, où l'on débite des fruits, du tabac et des cotonnades. Des popes à longue barbe fument leur pipe de jasmin à la porte de l'église. A travers la fenêtre ouverte de l'école, on entend le bruit des enfants qui lisent en chœur, pareil à un gazouillement d'oiseaux. De grands dindons violets vaguent dans les rues, ayant seuls gardé quelque chose de l'insolente et magnifique fierté du Roi des Rois. Rien à dire du théâtre, dont les ruines délabrées manquent de caractère. Mais les lentisques embaument, et, dans un coin d'ombre, deux jeunes filles auprès d'un puits à margelle de marbre composent un admirable tableau du Poussin.

Nous allons visiter un petit musée de fragments antiques, découverts à l'Héræon, et qui sont réunis à la mairie (1). Quand nous sommes entrés, le conseil municipal délibérait, en manches de chemise, autour d'une table de cuisine. En nous voyant, ces modestes successeurs des Atrides se sont levés et nous ont fait gracieusement les honneurs de leur

---

(1) On m'écrit d'Athènes que la place de la mairie d'Argos vient de recevoir le nom de place Gambetta. (Mars 1879.)

musée. J'ai été vivement frappé par une petite statue en marbre dont l'attitude est la même que celle de la Vénus de Milo, un peu plus droite, comme dans la savante restauration de Ravaisson. L'époque est évidemment la même. Le pied gauche, admirablement conservé, repose sur un oiseau mutilé qui semble une colombe. On reconnaît, à un développement plus prononcé des seins, que la Vénus d'Héræon était de quelques années plus âgée que la Vénus de Milo. Aussi, comme le ventre devait nécessairement être moins beau, la draperie aux plis larges a pris soin de s'arrêter en glissant à mi-chemin des hanches, juste au-dessus du nombril. Toute la délicatesse de l'art grec est dans un pareil détail (1).

Nous avions mis cinq heures à traverser la plaine d'Argos et, en sortant du village, nous nous trouvâmes presque aussitôt en face des premières collines qui forment comme le piédestal du cycle rocailleux de Mycènes. Un étroit sentier succède à la belle chaussée royale, et il fallut monter à cheval. Comme ce nouveau paysage, le ciel de midi était luisant et grave, presque métallique; un vent froid commença à souffler, et ce vent avait quelque chose de sacré, comme s'il venait à travers l'histoire pour

---

(1) J'ai appelé l'attention de M. Tissot, ministre de France, sur cette remarquable statue que la société archéologique devrait transporter à Athènes et dont la direction du Louvre devrait prendre un moulage. Hauteur approximative : $1^m,15$.

nous apporter la vivante impression des mythes terribles chantés par les poètes.

Le paysage est prodigieux. Le contraste avec tout ce que l'on a vu jusque-là est si violent qu'on ne se sent plus en Grèce, qu'on se croirait volontiers transporté dans quelque entonnoir farouche des Alpes de Suisse ou de Scandinavie. Les montagnes n'ont plus ces belles formes ondulantes qui font songer à des femmes couchées ; elles sont brisées, dentelées, déchiquetées, hérissées, rugueuses, avec ce je ne sais quoi que nous avons pris l'habitude, faute de mot meilleur, d'appeler romantique. Rien de vivant ; seulement, au-dessus des rochers lustrés, dans les traînées poudreuses des rayons d'or, quelques aigles bruns qui planent. La montagne est nue ; pas un arbre, pas une touffe d'herbe. Des murailles de roc se dressent partout, jaunâtres, couleur de peau de lion. Au milieu, un formidable amas de pierres ; ce sont les ruines qui restent des remparts cyclopéens « élevés jusqu'aux cieux. »

Dans ce cycle tumultueux de montagnes, on se figure aisément ce Hamlet grec qui a nom Oreste. Le décor explique et commente la tragédie. L'âpreté farouche de la nature justifie l'implacable cruauté des âmes. Hamlet serait monstrueux au bord de la mer bleue de Sorrente ; il est *logique* dans Elseneur, en pleine harmonie avec la tristesse rude des solitudes danoises. C'est ici, et non dans la plaine riante

d'Argos, qu'il faut entonner le chœur des Choéphores :
« La terre enfante bien des fléaux, bien des objets
de douleur et d'effroi ; des monstres, ennemis des
mortels, remplissent les antres de la mer, et, dans
les airs, on voit apparaître, flamboyer d'ardents météores. Monstres qui volent, monstres qui courent sur la terre, courroux des vents et des tempêtes, on peut tout dépeindre. Mais qui dira toute
l'audace de l'homme superbe, tout l'emportement
d'une femme impudente ? Qui dira les amours effrénés des mortels, les malheurs, inséparables compagnons de la passion assouvie ? Oui, l'amour, dans
le cœur d'une femme, ce n'est plus l'amour ; c'est un
délire où n'atteignent jamais, aux jours de l'accouplement, les bêtes sauvages et les brutes. » C'est ici
que l'on comprend Oreste, l'un des seuls héros grecs
dont l'âme soit triste, perdue en de mornes rêveries. Il est de la famille de ceux contre lesquels s'acharne « la pensée, comme un démon. » Il est presque chrétien, à demi moderne, proche parent de
Manfred, d'Obermann, des grands désespérés. Voilà
ce qui lui donne un si étonnant relief dans l'antiquité païenne. Au milieu des âmes sereines et gaies,
son âme agitée et lugubre fixe l'attention par le contraste. On se demande d'où vient un pareil monstre.
Alors, on voit l'affreux amphithéâtre de Mycènes, et
l'âpreté de la terre explique l'âpreté de l'homme.

Nous avons déjeuné dans la grande salle souterraine qui fut un jour le trésor des Atrides, mais que les Grecs de l'Argolide ont toujours appelée le tombeau d'Agamemnon. La découverte du véritable tombeau par Schliemann a dû singulièrement brouiller leurs idées. Cet étrange monument a été très souvent reproduit, et vous devez en connaître déjà une dizaine de gravures. La chambre du Trésor a la forme d'une ruche immense, et les murailles, comme la voûte, sont bâties en blocs de brèche dure, sans ciment ni mortier. Leake a démontré que cette masse, comme celle des murs cyclopéens, ne doit sa force et sa cohésion qu'à l'énormité même de son poids. Toute la chambre était jadis couverte de plaques d'airain. Mais c'est le *dromos* ou chemin d'approche qui mérite le plus d'attention. Il est bordé de murs en pierre de taille et figure un triangle, que la porte du Trésor coupe en son milieu selon une ligne parallèle à la base. La porte elle-même affecte une forme pyramidale et présente un linteau colossal que supportent trois blocs de pierre jadis revêtus de bronze, et qui est surmonté par une niche triangulaire. Cette niche est vide, mais devait être remplie à l'origine par quelque bas-relief de style persépolitain, comme celui de la porte des Lions. Aujourd'hui, dans une fissure du linteau, un petit arbousier a trouvé une pelletée de terre tombée de la montagne, et le courageux arbuste pousse dans le vide de la niche de maigres branchages étoilés de ses fruits de velours rouge.

Rien à dire de l'acropole de Mycènes, après Schliemann. Je ne sais pas de travail plus oiseux que celui qui consiste à démarquer une description parfaite en son genre. Du reste, je ne me sens pas aujourd'hui d'humeur archéologique. J'ai été tellement saisi par la beauté grandiose du paysage que les tombeaux, les galeries, les tours circulaires, les milliers de poteries brisées qui jonchent le sol ne m'ont paru que d'un intérêt fort secondaire. C'est un tort et je m'en accuse sans peine. La *porte des Lions*, surtout, vaudrait la peine de quelques phrases admiratives. Quel sens symbolique présentent ces deux lions héroïques debout, en face l'un de l'autre, le ventre gracieusement allongé, les pattes de devant appuyées sur la table d'un autel qui sert de piédestal à une colonne richement ornée? Les savants ont fait sur ce point bien des conjectures. Je croirais volontiers avec Schliemann que ces deux lions sont le symbole de la race des Pélopides et que la colonne est un autel de feu, symbole d'Apollon Agyieus, gardien de la citadelle de Mycènes.

Sous cette porte, il y a quelque trente siècles, Cassandre, en proie au délire divin, prédisait au chœur des vieillards argiens le meurtre de leur roi Agamemnon. Les vieillards ne comprenaient pas les paroles de la prophétesse, et le monde n'a pas entendu davantage sa dernière plainte désespérée : « O néant des choses humaines! Pour mettre le bonheur en fuite, la vue d'une ombre suffit. Quant au malheur, le frottement d'une éponge humide en fait disparaître l'empreinte, oubli qui m'inspire plus de pitié que la perte même du bonheur. »

Condostavlos, 15 octobre, au soir.

Par la route que nous suivons, on compte vingt kilomètres de Mycènes à Condostavlos ; mais, pendant toute une moitié du trajet, la route des chars que vante Pausanias n'est plus qu'un étroit sentier qui court, comme une couleuvre, sur les flancs escarpés de l'Hagios-Sosti. Nos chevaux ont la sûreté du pied des mulets ; nos agoyates (guides-loueurs de chevaux) marchent sur les rochers d'un pas aussi léger que les sultanes sur les tapis de Smyrne. Parfois nous passons des gués ; alors, de pierre en pierre, s'aidant à peine de leurs bâtons, ils sautent avec la gracieuse agilité des chèvres noires qui broutent dans la montagne. Ils n'arrêtent pas de chanter : c'est toujours, sur le mode mineur, une douce chanson très triste, une chanson peu rythmée dans laquelle on entend l'eau courir et le vent du soir pleurer parmi les buissons de rosiers. Ils sont grands, bien bâtis, élégants, de cette beauté sans âme qui ne dit rien aux modernes. Ils ont le sentiment poétique développé, s'arrêtent à chaque instant pour cueillir des fleurs. Ils portent la fustanelle nationale ; mais elle n'est pas ici, comme à Athènes, une lourde crinoline gonflée et gauchement évasée en cloche à melon ; c'est la partie inférieure d'une draperie antique, une espèce de *chiton* qui descend jusqu'au genou et forme des plis perpendiculaires comme dans la frise des Panathénées. Leur veste, presque toujours brodée d'or ou d'argent, est un mélange de la chlamyde et de l'hémation. La calotte rouge qu'ils portent sur la tête est un fez plus élargi que celui des Turcs et qui a gardé quelque chose du pétase. Enfin, les antiques crépides ont été remplacés par une grande pantoufle en cuir bruni dont le bout se recourbe en col de cygne pour porter un pompon de laine rouge ou bleue.

A la halte que nous avons faite en sortant de Mycènes, un exprès d'Argos est venu m'apporter une dépêche du président du conseil qui me proposait une escorte militaire pour notre voyage. J'ai consulté notre petite caravane, et l'offre gracieuse du ministre a été refusée à l'unanimité pour donner une double preuve de notre courage et de notre confiance en la Grèce contemporaine. Ceci soit dit entre nous : il ne nous déplairait pas de rencontrer le roi des montagnes. En attendant, faute de grives, il faut nous contenter de merles. Faute de brigands, nous avons nos deux drogmans. Le plus âgé ressemble à S. M. le roi de Prusse; le plus jeune aux amis équivoques dont parle Boileau. Bien rançonner les voyageurs étrangers est le fin mot de leur patriotisme hellénique.

Le défilé que nous traversons est un des paysages les plus grecs qu'on puisse voir. Figurez-vous, entre deux chaînes de montagnes, une petite vallée où coule le plus capricieux des torrents. Son eau claire, sautillant sur les pierres blanches qui jonchent son lit, chante dans l'air qu'elle rafraîchit une mélodie plus douce encore que celle des agoyates. Les pentes rocheuses de la montagne sont semées de broussailles, et de petits bois de chênes verts et d'arbres résineux couronnent les sommets que fréquentent les troupeaux de chèvres. Ces jolies bêtes à demi sauvages ont des poses charmantes, soit qu'à l'arrêt sur une pointe de rocher elles regardent curieusement notre caravane, soit qu'elles s'étendent nonchalamment à l'ombre des lentisques et des arbousiers qu'elles mordillent, soit encore que, descendant de la montagne par bonds désordonnés, elles viennent boire à la rivière parmi les touffes odorantes des myrtes et des lauriers-roses. Nous avancions en silence, rendant les rênes à nos chevaux, fumant des cigarettes. Il faisait chaud; le ciel, d'un bleu implacable, rayonnait sur les grandes pierres. Par moments, la plainte amoureuse d'une tourterelle résonnait près de nous dans les bosquets de mûriers et d'oléandres; des perdrix se levaient sur notre passage ; au milieu du sentier, de grosses tortues se chauffaient au soleil et, surprises par les chevaux, ne savaient où trouver un refuge. Nous ne nous arrêtions que pour cueillir des framboises d'arbousiers un peu cotonneuses, mais aussi bonnes pour la soif que les célèbres poires de la route d'Iéna. Les agoyates nous apportaient des fleurs, des marguerites, des cyclamens, des asphodèles, des colchiques, dont la coupe bulbeuse rayonne comme la robe d'or de Salomé.

Le laurier-rose (*nerium oleander*) est l'arbre classique de la Grèce. Il est rameux ; ses branches et ses nombreux rejets présentent souvent l'aspect d'un buisson ; il s'étoile pendant toute l'année de fleurs délicates dont la couleur est celle des joues d'une vierge rougissante. Je ne connais aucune ressemblance entre cet arbre charmant et le misérable arbrisseau qui, décoré du même nom, paraît dans des caisses de bois vert aux portes de nos marchands de vin. Les feuilles, tantôt opposées, tantôt verticillées par trois ou par quatre, aiguës, persistantes, paraissent de cuivre bruni. Elles sont plus odorantes que les fleurs elles-mêmes, rappellent le parfum de la vanille. Le laurier d'Apollon me semble moins beau ; je voudrais supposer Daphné métamorphosée en laurier-rose. Quand il est isolé, l'arbre tranche sur le ciel ou sur le fond pâle de la montagne avec une netteté précise à la fois et délicate. Les oiseaux aiment à nicher dans son feuillage touffu ; les chèvres le fuient, ont deviné l'âcre poison de son suc laiteux. Les agoyates prétendent qu'à l'ombre du laurier-rose, le sommeil peut ne point avoir de réveil.

La température est ardente ; bien que déjà à la mi-octobre, elle est de 15° à 20° à l'ombre ; on pourrait cuire des œufs au soleil. Pourtant, on la supporte sans peine, car le fond de l'air reste sec et très léger. Seuls, les yeux souffrent parfois de la réverbération des pierres et des nudités de la terre ; presque toujours inutile sur le Bosphore, le parasol est ici un indispensable instrument de voyage.

Le passage du défilé d'Hagios-Sasti restera l'un de mes plus doux souvenirs de Grèce. Tout naturellement, à remonter le cours du torrent musical, la pensée se reporte vers Platon, au dialogue admirable de *la Beauté*. « Par Junon ! la belle retraite ! comme ce plateau est large et élevé ! Et ce gattilier, que de magnificence dans son tronc élancé et dans sa tête touffue ! Il semble fleuri à souhait pour embaumer ces lieux. Est-il rien de plus charmant que cette source qui coule sous ce plateau ?... Cette retraite est sans doute consacrée à quelque nymphe. Ne te semble-t-il pas que la brise a quelque chose de suave et de parfumé ? Il y a dans le chant des cigales je ne sais quoi de vif et qui sent l'été... » Pour n'avoir fait que passer, je prévois qu'il me restera dans l'esprit, tant que je vivrai, un souffle de joie et d'aimable poésie. Trois fois heureux ceux qui sont nés sur cette terre aux jours rayonnants du paganisme !

Le défilé franchi, nous sommes entrés dans la vallée de Némée. C'est un petit cirque entouré de collines mélancoliques. Quelques haillons de bruyère rose voilent mal la nudité de la terre. Au milieu se dressent les trois dernières colonnes du temple de Jupiter. Deux d'entre elles, appartenant au pronaos, sont encore unies par leur architrave. La troisième est isolée, et son chapiteau branlant tombera au premier tremblement de terre. Elles sont gracieuses, très légères, marquent la transition de la mâle époque dorique à l'époque ionique, plus élégante et plus délicate. Du stade fameux où tous les deux ans les cavaliers et les athlètes célébraient la victoire d'Hercule, il reste à peine quelques traces. Mais nous pensons à Pindare : « Souvent les rapsodes, enfants d'Homère, préludent par le nom de Zeus à leurs chants savamment arrangés, et c'est dans le bocage fameux de Némée que ce héros a posé dans ces combats sacrés les premiers fondements de ces victoires. » Dans vingt siècles d'ici, quels seront les vers que rediront les voyageurs d'Australie en traversant la plaine de Longchamps ?

Maintenant, nous voici à Condostavlos, petit village, j'allais écrire oasis, qui se cache à l'ombre d'un bouquet de hêtres dans le désert rocailleux de l'antique Cléones. Les maisons sont blanches, veinées de rose ou de brun. Un ruisseau coule auprès, très maigre, où fleurissent pourtant une douzaine de lauriers et de myrtes, et qui chante dans le soir en bondissant sur les cailloux de marbre dont son lit est semé. Au coucher du soleil, les montagnes prennent des teintes métalliques, et l'horizon reste pendant longtemps marbré des plus riches couleurs, depuis le rouge sang jusqu'au nacre doré. A deux cents mètres du village, une caverne, qui passe chez les agoyates pour celle du lion de Némée, ouvre sa gueule noire comme pour un éternel bâillement. Je soupçonne ce lion, le seul dont parle la mythologie hellénique, de n'avoir été qu'un pauvre échappé de ménagerie (1). Quand nous sommes arrivés à Condostavlos, tout le village est venu à notre rencontre; les chiens aboyaient, et les ânes, attardés à la fontaine, brayaient gaiement de leur voix profonde et sonore.

Les deux granges préparées pour nous recevoir ont conservé une bonne odeur de foin et de fleurs séchées. Nous avons rapidement soupé. La nuit était splendide, pleine d'étoiles. Quelques souffles passaient. Les poutres de notre toit sont à peines jointes.

(1) La Grèce n'a jamais produit de lions. On se demande si le lion de Némée n'est pas simplement l'emblème d'une forteresse primitive, semblable à Tirynthe et à Mycènes, qu'Hercule aurait soumise. (Beulé.)

Je vois par une fente un coin du ciel et une étoile qui reluit au-dessus de mon lit.

Corinthe, 16 octobre.

La promenade d'aujourd'hui marquera dans mon voyage ; je viens d'avoir sous les yeux la vraie Grèce, celle dont l'image nous hante quand, devant un paysage de Provence ou d'Italie, nous disons qu'il est grec. Le village que nous avons quitté ce matin est à quatre heures de l'Acrocorinthe ; à regarder la carte, on dirait qu'il est au pied même de la montagne. Ce sentier, rude, est très capricieux ; tantôt il court en zigzag sur le flanc des collines, entre deux murailles de rochers où les aiglons lissent leurs plumes dorées et d'où les éperviers s'élancent, comme d'un tremplin, pour leur vol circulaire ; tantôt il descend dans de petites vallées, semées de buissons odorants et revêtus de ces fleurs sauvages dont les nymphes de Diane se tressaient des couronnes. Çà et là, on rencontre quelques arbres, des poiriers sauvages, des sureaux, des oléandres et le roi de la faune grecque, l'olivier « au tronc rageur (1). » Puis tout à coup, à

(1) Henri Regnault.

droite et à gauche de l'Acrocorinthe, on aperçoit la mer, toujours bleue et sereine : ici, le golfe arrondi de Corinthe, avec le lointain horizon du Cyllène, de l'Hélicon et du Parnasse ; là, le golfe Saronique, plus pâle, avec son écollier grené de voiles blanches et d'îles presque roses. La délicatesse des nuances défie le plus riche des dictionnaires ; la teinte générale de la vallée est grise, mais les variations en sont innombrables. Tantôt une maigre couche de verdure fait songer aux eaux dormantes d'un marais ; tantôt, sous les rayons obliques du soleil, on dirait un grand étui de nacre aux reflets mobiles ; parfois, la plaine grise rougit et sa couleur est à peu près celle de la chair. Pas un nuage ; l'air est tiède ; le soleil est si bon qu'il serait impossible d'imaginer un autre dieu. Des ombres légères flottent dans le fond des gorges ou traînent, comme des voiles détachés, sur les flancs des collines. Les passants sont rares. De petites filles, à demi sauvages, conduisent dans la montagne des troupeaux de chèvres ; quelques chasseurs, presque tous beaux comme des statues, battent les buissons pour tirer des grives et des cailles. Dans ce paysage idéal, on rêve paganisme, on rêve meute aboyante d'Artémis et satyres à l'affût parmi les sorbiers.

Est-ce un pays pour un peintre ? Non. Pas un tableau n'est possible, car les premiers plans manquent partout, et presque toujours les seconds. On ne pourrait faire ici qu'une admirable collection d'horizons, de ces fonds de tableaux bleus et transparents que recherchaient les peintres de la Renaissance. Mais quel pinceau pourrait rendre une telle légèreté d'éther? Les cieux de Florence les plus doux, les cieux de Sorrente les plus purs, ceux du Pérugin, de Léonard et de Raphaël sont durs en comparaison de celui-ci...

Nous montons à l'Acrocorinthe. Il est près de midi. Les rayons du soleil tombent perpendiculairement sur le sentier blanc, bordé d'énormes rochers. Nous sentons cet accablement de lumière crue et de chaleur étouffante que Joseph de Nittis a si puissamment rendu dans ce tableau, son chef-d'œuvre, la *Route de Brindisi*. D'un côté, à une profondeur qui ne dépasse pas cinq cents mètres, mais qui dans la limpidité de l'air semble prodigieuse, l'isthme de Corinthe apparaissait, avec ses verdures rôties par l'été, comme un grand étang à demi desséché. De l'autre, la plaine volcanique de Sicyone, toute de jaspe sanguin, dressait ses mille mamelons, à forme de cratère, qui reluisaient pareils à l'acier poli. Aucun grand souvenir n'est là. Pas une ombre héroïque ne se dresse dans la plaine corinthienne. Les souffrances des peuples morts nous émeuvent. Leurs voluptés nous laissent indifférents.

Le sommet de l'Acrocorinthe est couvert de

ruines; mais, au milieu des mille débris romains, byzantins, vénitiens, francs et turcs, les débris grecs sont si rares que l'archéologue, qui sommeille en nous, se trouve peu récompensé de la rude montée. Parmi les fondations du temple de Vénus, nous trouvons un petit fragment de marbre doré avec un commencement d'inscription. De ce sommet élevé, l'œil embrasse un vaste panorama très beau, mais qui se présente trop, à mon gré, comme un plan topographique. Je cherche à me figurer la procession de prêtresses délicates de Vénus gravissant ce rude rocher pour sacrifier à la déesse, pour lui offrir des fleurs, des parfums et des bijoux.

Les sources sont abondantes sur l'Acrocorinthe. Les paysans de la plaine assurent qu'il en existe autant que de jours dans l'année, et les savants n'ont pas réussi à en expliquer la présence à une telle hauteur. J'ai goûté l'eau de Pirène, la source où Pégase fut saisi par Bellérophon pendant qu'il s'y désaltérait. Elle est fraîche et limpide, digne des Muses à qui elle était consacrée.

Le soir était presque venu quand, enfin, notre caravane atteignit Néa-Corinthe. Pour la ville ancienne, il n'en reste plus que quelques pierres et sept colonnes d'un temple dont la divinité est restée inconnue. La plaine de Corinthe est charmante. Elle est toute tapissée d'arbres et colorée d'un blond plus doux, à mesure que l'année décline. De partout, on voit la belle eau luisante du golfe et les montagnes de la rive phocidienne qui sont si légères, on dirait du cristal. Dans un pli de terrain, un gros rocher jaune verse goutte à goutte une eau claire dans un bassin circulaire qui fut autrefois les bains de Vénus, et où résonne aujourd'hui parmi les grands roseaux le bavardage provocant des martins-pêcheurs. Quelques lavandières sont là, battant du linge. J'ai remarqué que les Néa-Corinthiennes sont généralement laides. Cinquante générations de courtisanes ont épuisé le sein de la grande mère Rhéa.

De Corinthe à Delphes, 17 octobre.

Presque toutes les villes grecques se ressemblent. Ce sont d'ordinaire de grands villages, aux rues tirées au cordeau, où les jardins sont peu nombreux, et où les comptoirs abondent. La seule différence à Corinthe, c'est que, reconstruite depuis la guerre de l'Indépendance, elle ne présente aucune trace de la domination des Turcs, et ce que j'ai observé sur les quais, sur les places, dans le large boulevard qui traverse toute la ville, quelque chose de particulièrement actif et de bruyant, m'avertit que la grosse bourgade d'aujourd'hui se sent prédestinée à un rôle plus grand, à être un jour le Suez ou le Port-Saïd de la Morée.

Il faudra pour cela reprendre l'œuvre toujours abandonnée du vieux tyran Périandre, de Démétrius Poliorcète, de César, de Caligula et de Néron, il faudra percer l'isthme. M. de Lesseps m'a dit maintes fois qu'il avait étudié le terrain, que l'entreprise serait facile et peu coûteuse. Pourquoi ne pas donner ce canal à la Grèce, à notre France cette nouvelle gloire ? Hier, du haut de l'Acrocorinthe, comme je regardais cet isthme étroit, qui n'a pas sept kilomètres de long, j'ai regretté de ne pas être ingénieur, de ne pouvoir attacher mon nom à une pareille œuvre. Les Grecs sont trop pauvres et trop peu audacieux pour la tenter. Ayons ce courage pour eux ; une vingtaine de millions suffirait. Une bataille coûte plus cher, la moindre fête royale.

Partis ce matin de Néa-Corinthe, nous avons traversé le golfe, et vers deux heures de l'après-midi, nous avons débarqué à l'échelle de Salona, l'antique Amphissa. Ce golfe, gracieusement arrondi, me rappelle les fiords de l'Ecosse. La navigation ne vaut point celle du golfe Saronique, mais combien charmante encore ! On est doucement étendu sur le pont ; on fume, on boit un café exquis ; sur la mer tranquille, on ne sent le mouvement du bateau que comme un bercement. A gauche, l'Achaïe développe ses belles plaines au pied de la pyramide trop lourde de l'Acrocorinthe, ses grands vergers qui regorgent de fruits, ses champs de figuiers aux larges feuilles, pays riche et gai, dont Vénus était naturellement la souveraine. En face, la terre d'Apollon, la Phocide, dont la vague bat sourdement les falaises sonores. Quelques sombres forêts tachent les flancs du Parnasse et de l'Hélicon, et l'on voit briller dans les gorges des montagnes des cailloux blancs qui sont Arakhova et Delphes. Plus je prolonge mon voyage en Grèce, et moins je comprends la lutte chrétienne de l'âme et du corps. Ici, l'harmonie de l'être est exquise. On est un. Le corps n'est plus qu'une grande fleur dont l'âme est le parfum.

Salona sort brusquement du sein des flots. Les roches rouges de sa rade profonde forment un rempart qui abrite le port contre la houle de l'Adriatique. Elles brillent de loin comme un collier de rubis, et des ondulations sombres roulent autour d'elles avec le miroitement féerique des armures frappées par le soleil. A l'arrivée, notre bateau se trouve immédiatement entouré d'une vingtaine de barques qui viennent chercher les voyageurs. Les barcarols nous interpellent gaiement et se battent entre eux à grands coups de rames. On décharge les bagages comme on peut, jetant tout, réclamant à grands cris les chevaux pour la rude montée de Delphes.

Au bout d'une grande heure, nous nous mettons en marche à travers un pays extraordinaire. Je n'en connais pas de plus puissamment construit, de plus violent dans ses explosions de colère, mais en même temps de plus délicat dans ses nuances et de plus rythmique dans ses formes.

Figurez-vous d'abord une grande route blanchâtre, pleine de poussière, qui oblique à travers de vastes champs de roseaux, et d'où l'on voit, en se retournant, le golfe bleu qui scintille comme un velours semé de pierreries ; puis une immense forêt d'oliviers qui couvre toute la base de la montagne, et dont la tonalité claire et grise s'harmonise merveilleusement avec la nudité presque fauve du Parnasse. On rencontre bon nombre de voyageurs albanais, des nomades valaques et turcs ; parfois des caravanes, des chameaux tartares qui beuglent quand on leur met la charge sur le dos et qui marchent avec un dandinement plus prononcé que celui des chameaux d'Afrique. Les oliviers sont superbes, les plus beaux de la Grèce, plus vigoureux que ceux du bois sacré de Colone. Khrysso, l'antique Krissa, est au centre de la forêt, village farouche, où les hommes ont le rude aspect des clans montagnards, et dont les dogues, rangés en bataille aux deux côtés de la rue, poussent de furieux aboiements sur notre passage. Le soir tombe, et à mesure que nous avançons le sentier devient plus âpre, tournant sur lui-même comme un serpent autour d'un arbre. La montagne semble déchiquetée à coups de hache par une bande de Titans qui, l'œuvre de destruction achevée, auraient engagé, à coups de pierres, une grande bataille et jonché de rochers la montée du Parnasse. Cinquante mètres au-dessus de la forêt d'oliviers, toute espèce d'arbres disparaît. A peine si quelques petites fleurs essayent vaillamment de lutter contre la dureté de la nature, cherchent et trouvent une pincée de terre entre les fissures du roc, veulent vivre, réussissent encore à resplendir et à embaumer.

On monte encore, et tout à coup on se trouve sur une vaste plate-forme circulaire qui, d'en bas, présente l'aspect d'un gigantesque autel. Bien que le village de Delphes ne soit éloigné que de deux cents pas, on se dirait dans un immense désert. Autour de nous, si ce n'est le vent qui mugit avec un bruit de cascade, rien n'est vivant. Ce pays sauvage semble celui de la mort. De tous les côtés, sauf vers l'est, des massifs énormes de rochers avancent l'un vers l'autre leurs sombres promontoires, comme des bataillons pétrifiés. Dans les lourds cauchemars dont le souvenir est resté, on cherche en vain un assemblage de formes plus fantastiques. Mais ce qui rend plus imposante encore la beauté farouche de cet amphithéâtre de montagnes, c'est que toute cette grandeur n'écrase pas, c'est qu'on ne se sent pas sur la poitrine le poids formidable qu'imposent en Suisse tous ces colosses de glace et de neige éternelle, le mont Blanc et le Gothard. A Chamounix, je ne pouvais respirer, j'étouffais, j'avais sur moi toute l'oppression de la montagne. Ici, l'âme reste libre, s'envole fièrement à la suite des grands aigles; elle est plus que jamais légère, jeune, je voudrais dire aérienne. A quoi tient cette différence de sensation? Ou je me trompe fort, ou elle dépend tout entière de la forme même des montagnes. Celles de la Suisse sont des monstres, le Parnasse et ses fils sont de beaux géants.

La perspective est immense. Devant nous, depuis Krissa jusqu'à la mer, se développent en éventail vingt-cinq ou trente lieues de Phocide, et, derrière le golfe, le Péloponèse sort doucement des flots assombris, étage, comme dans un cirque, les gradins sans nombre de ses belles collines. Tout ce paysage, d'un bleu douteux, presque noir, était, comme le ciel, éclairé çà et là par une lumière singulière, car la nuit descendait très lentement, comme un oiseau de proie qui plane sans bruit au-dessus du troupeau qu'il va ravager. Nous approchons du bord de la plate-forme, et au-dessous de nous, à je ne sais quelle redoutable profondeur, apparaît le défilé delphique, qui fut le tombeau de vingt invasions barbares. Encaissé entre les assises énormes du Parnasse et de l'Hélicon, il a l'étroitesse d'un torrent, et le sentier qui le traverse reluit comme une eau écumeuse. Puis, on relève la tête, et les sommets assombris se confondent avec les voiles de la nuit, en sorte que toute borne semble avoir disparu entre le ciel et la terre.

Nous sommes logés chez un vieux soldat, dont la maison occupe à peu près la place où se dressait jadis le pronaos du temple d'Apollon. Sous le plafond de la chambre à coucher, une vingtaine de cordes sont tendues comme pour une harpe éolienne et balancent sur nos têtes des grappes de raisins dignes de Chanaan. Contre la muraille, au milieu d'un véritable arsenal de fusils et de sabres, deux couronnes de fleurs desséchées entourent le portrait d'une jeune fille et une carte de Grèce.

Delphes, même date, la nuit.

Les lumières sont éteintes partout. La nuit est fraîche, très pure; le ciel, un moment chargé de nuages, est de nouveau semé d'étoiles. Le vent est fort, mais il souffle du golfe de Corinthe, bon signe à pareille époque. Sauf les longs aboiements des chiens d'Arakhova et de Krissa, on n'entend pas un bruit. Tout le monde dort, tranquille, confiant, comme si le dieu à l'arc d'argent protégeait encore la ville sacrée de Delphes. Les habitants que nous avons vus ce soir, à l'arrivée, ont des statures de géants, moitié chasseurs et moitié bandits. Les femmes sont aussi grandes que les hommes. Leurs amours doivent être pareils à ceux des lions et des ours. Il y a du granit chez les Delphiens, le surplus de la montagne.

18 octobre, le matin.

Je me suis levé avec le jour ; j'ai poussé la porte de bois, que l'on tient fermée pendant la nuit au moyen d'une grosse pierre sculptée, fragment d'autel où deux cavaliers grecs sont attaqués par un tireur lydien. J'ai regardé d'abord la vallée delphique et la mer qui reluisait au loin entre la côte superbe de Phocide et les clairs horizons de la Morée ; puis je me suis retourné vers le Parnasse.

Toute grande qu'elle soit, la magie des noms n'entre jamais dans mon plaisir que pour une part très minime. Aucun spectacle de montagnes ne m'a causé une telle impression. Le massif du Parnasse a un caractère que je n'ai trouvé ni au mont Blanc ni aux Highlands ; c'est une montagne noble et solennelle comme le nom qu'elle porte, c'est bien le nombril du monde ; c'est le mélange de la majesté des masses et de la beauté des lignes et des contours ; c'est une cime qui est aux cimes des Alpes ou de l'Apennin ce que sont les dieux de l'Olympe aux dieux des autres religions, quelque chose de grand qui n'est pas énorme, quelque chose de formidable qui est resté harmonieux. Les Grecs avaient fait de cette montagne le séjour favori d'Apollon ; il semble que le dieu de la lumière y réside encore, tant le soleil inonde de clarté sereine les flancs admirables du Parnasse. On dirait un immense autel ayant pour piédestal tout le massif des autres montagnes. On s'attend à voir, comme dans les *Euménides*, avancer la Pythie souveraine pour prononcer sa grande invocation : « A la Terre mes premiers hommages; avant tous les autres dieux, elle rendit ici ses oracles. »

Hier, vu de la mer, le Parnasse me semblait violet. Ce matin, sa couleur est celle de la topaze brûlée. Je ne voudrais pas me servir du mot brun, qui est brutal, qui exprime quelque chose de sombre, tandis que le ton du Parnasse est d'une finesse extrême. Des sentiers étroits serpentent sur ses flancs et rayonnent dans la transparence de l'air ; çà et là, des amas de rochers qui semblent des temples écroulés, quelques bois de sapins qui se détachent nettement sur la masse de la montagne comme les figurines noires des vases grecs sur leurs fonds d'argile. Tout cela est en pleine lumière, fait valoir la teinte sombre et comme veloutée du val delphique qui court entre l'Hélicon et le Parnasse, depuis Arakhova jusqu'au bois d'oliviers de Kirrha. Je ne sais pas si un peintre pourrait composer ce tableau ; comme en Argolide, les premiers plans font défaut et la profondeur des horizons paraît défier toute traduction. L'affirmation peut sembler étrange : cela est surtout sculptural, non que je croie possible l'interprétation en marbre d'une pareille scène, car la statuaire ne doit s'attaquer qu'aux formes vivantes, mais parce que l'harmonie des lignes et des contours est si parfaite que l'esprit jouit comme devant l'œuvre bien rythmée d'un Phidias ou d'un Praxitèle. Mais les mots me manquent, comme les couleurs manqueraient au peintre...

C'est sur l'emplacement même du temple d'Apollon que s'élève Kastri, le village moderne de Delphes. Ainsi, telle maison occupe la place des Propylées, telle autre celle du pronaos ou de l'opisthodome. Les rares débris que le temps a respectés ne sont intéressants que pour l'archéologue. Une petite fontaine consacrée à saint Nicolas figure la source Cassotis. La fontaine de Castalie est dans une gorge étroite et profonde qui sépare les roches Phœdriades. A l'ombre d'un immense platane, une douzaine de femmes étaient là qui faisaient la lessive, rieuses, leurs jupes rouges relevées au-dessus du genou. Elles portent toutes de grands colliers de menue monnaie et, en guise de faux cheveux, de longues nattes de laine noire qui tombent jusqu'à hauteur du rein.

Arakhova, même date, le soir.

Journée passée à courir dans les montagnes, tantôt parmi les rochers dont l'effrayante âpreté n'arrête pas nos petits chevaux de Thessalie, tantôt sous des sapinières embaumées où nous avons retrouvé les bonnes senteurs forestières des Vosges. Parfois, le sentier était presque perpendiculaire; nous mettions pied à terre, et le méchant début de l'*Art poétique* nous revenait à la mémoire. La grotte Corycienne, tant vantée par Foucart, est médiocre. Celle du parc Monceaux est aussi poétique et moins glaciale.

Vers cinq heures, nous sommes arrivés au village d'Arakhova, l'antique Anémoréia, « la crête où le vent souffle avec violence. » Les vignobles donnent un raisin délicieux, et les femmes sont plus grandes encore que les Delphiennes.

Livadia, 19 octobre.

Nous sommes partis au petit jour. Malgré l'heure matinale, les belles Arakhoviennes se promenaient déjà dans les rues du village, filant du coton et chantonnant les mélodies doucement sauvages de la montagne. Je ne saurais dire tout le charme que je trouve à notre vie de nomades. Tous les jours notre mémoire s'enrichit de sites nouveaux, de figures nouvelles, et je m'attache tellement à tout ce que je vois dans ce voyage de Grèce que dans dix ans d'ici mes souvenirs n'auront pas pâli d'une teinte. La maison que nous avons occupée la nuit dernière était très pauvre, tressaillait comme un berceau au moindre souffle du vent. Du balcon en bois, on apercevait tout le village et les collines couleur de soufre qui encerclent l'Hélicon. A nous cinq, nous n'avions que deux petites chambres, point de vitres aux fenêtres, rien qu'un mauvais volet de bois de sapin. C'était charmant. Jamais je ne me suis assis à repas plus gais que les nôtres. Nous causons du matin au soir comme les oiseaux chantent. En Phocide ou en Béotie, c'est un plaisir particulier que de parler des choses parisiennes, du dernier poème de Sully-Prudhomme, du dernier tableau de Bastien Lepage ou de Henner, voire des nouvelles données par le dernier journal que nous avons lu avant de quitter Athènes. Je me rappelle avec plaisir tel sentier où nous avons parlé de *Dominique*, telle halte, sous un pin-parasol, où nous avons récité des vers de Musset ou de Chénier.

En sortant d'Arakhova, nous prîmes la direction

de Davlia, l'antique Dôlis, et toute la matinée a passé à tourner la base de l'Hélicon. C'est l'esprit illogique des Romains qui a fait de l'Hélicon et du Parnasse le séjour des Muses. Jamais les poètes grecs n'ont meurtri sur ces âpres rochers les pieds légers des neufs Sœurs. Ils n'ont chanté ces montagnes que comme les séjours sacrés des Ménades, des Thyades et des Bacchantes. Ce sont les deux *Brocken* de la Grèce. Mais quelle différence entre la Walpurgis immonde et les danses orgiaques de Dionysios! Sur la chauve colline de l'Allemagne, celle qui conduit la danse, c'est la vieille Baubo, toute nue, montée à califourchon sur une truie. Ici,

C'est le dieu de Nyso, c'est le vainqueur du Gange,
Au visage de vierge, au front ceint de vendange,
Qui dompte et fait courber sous son char gémissant
Du Lynx aux cent couleurs le front obéissant.

Je rêve parfois d'un nouveau Faust que quelque dieu toujours adolescent de la Grèce prendrait par la main, comme fit Méphistophélès du docteur allemand, et qu'il ramènerait à travers les siècles vers le paganisme, source éternelle de toute vérité et de toute lumière.

De la Phocide à la Béotie la transition est lente et bien graduée. Peu à peu la route devient moins pierreuse, les ravins se peuplent d'arbres de toute espèce, de petits ruisseaux commencent à chanter entre deux haies d'aubépines et de figuiers, l'air s'attiédit, un grand adoucissement se fait dans toute la nature. Nous passons par le carrefour où Laïus fut tué par Œdipe. Les paysans sont gais, ils ont perdu toute la sauvagerie des chasseurs delphiens. On dirait presque de riches fermiers de la Beauce ou de la Touraine. Les filles sont jolies, gracieuses et, pour la moindre plaisanterie d'agoyates, montrent joyeusement deux rangées de perles blanches.

A midi, nous faisons halte au village aimable de Davlia. Ses cent maisons, toutes pâles, s'étagent sur un coteau, au pied même de l'Hélicon. Il y a un jardin autour de chaque maison, et tous les murs sont tapissés de lierre, de vigne et de clématite. L'église, très coquette, est entourée d'un grand cimetière plein de fleurs et d'oiseaux. Vis-à-vis du porche, une petite fontaine chante sous un bouquet de platanes. L'eau, très limpide, est la plus légère dont il me souvienne d'avoir bu. L'arrivée de notre caravane appelle toutes les femmes sur les seuils et tous les hommes sur la place de l'église. Les Davliennes sont aussi frêles et gracieuses que les Arakhoviennes d'hier étaient robustes et farouches. Une troupe de bambins qui se rendait à l'école, gravement, sac au dos, se range sur notre passage, nous adresse le salut militaire. Une grande douceur est dans ce ciel de Béotie, quelque chose de florentin. Pourtant, ce n'est pas à la Toscane que fait songer cette grasse et bonne Béotie, mais bien à l'Alsace. La terre est également féconde, donne en riant tous les trésors de son sein. Le gibier abonde, « tout ce qu'il y a de bon, dit Aristophane (1), de l'origan, du pouliot, des mêches, des canards, des geais, des francolins, des poules d'eau, des roitelets, des plongeons. » Les anguilles du lac Copaïs ne sont pas moins vantées que les écrevisses du haut Rhin. Ici, comme là-bas, on se sent dans une atmosphère de bonté, de douceur et de gravité. L'esprit ne bondit pas de rocher en rocher, comme la chèvre de Phocide ou de Provence. Il est sage, sérieux, bien équilibré. Il a la marche noble, lourde, sénatoriale du bœuf. Ce génie ailé, Pindare, est une exception sur cette terre. Celui qui la représente, c'est le bon maître d'école de Chéronée, c'est Plutarque. Ne lui trouvez-vous pas quelque chose d'un *pfarrer* ou d'un *rabbi* d'Alsace ? Je m'imagine son portrait peint par Holbein, sa vie contée par Erckmann-Chatrian. Dans ce cadre de Béotie, nous le devinons gras et rose, l'air paterne, la lèvre toujours prête à sourire aux belles filles, coiffé d'une casquette de loutre et s'attablant sous les tonnelles pour fumer sa longue pipe de porcelaine et boire de la bière mousseuse dans une chope immense.

(1) *Acharniens.*

Vers deux heures, on s'est remis en marche et nous avons traversé le champ de bataille de Chéronée. Une telle étendue de plaines est si rare dans la Grèce montagneuse que les armées anciennes s'y donnaient rendez-vous pour le combat, tout comme les duellistes du XVIe siècle au Pré-aux-Clercs. La perspective est grande, mais sans beauté. Devant nous se développent quatorze ou quinze lieues de terrain plat. La plaine, d'un vert clair, un peu brûlé, renvoie sans pitié les rayons perpendiculaires. Cela est monotone, sans charme, sans poésie. De temps à autre on rencontre un ruisseau, un bouquet d'arbres, un hameau. De grosses tortues se chauffent au soleil, quelques grives babillent dans les buissons grisâtres. Les aigles ont disparu.

Au gros village de Kapréna, nous avons estampé une inscription assez curieuse. Les ruines du théâtre sont intéressantes; comme celui d'Argos, il était adossé à la colline qui protège encore le village contre les vents du sud et de l'ouest. Les gradins sont taillés dans le rocher qui se dresse à pic. Pas d'escalier au milieu ; mais les premières places sont nettement séparées des secondes par un mur de séparation qui s'élève à hauteur d'homme. — A quelque distance, dans un fossé, les débris du fameux lion thébain ; la tête est bien conservée, les flancs mutilés sont d'une rare noblesse.

A la nuit tombante, arrivée à Livadia. La vieille

cité, vaste cirque de maisons élevé sur une hauteur à l'entrée de la gorge sauvage de l'Hercyne, se montrait confusément à l'extrémité d'une large chaussée bordée de peupliers, comme une tache violette un peu plus claire que le fond théâtral des montagnes, un peu plus foncée que la plaine, où les étangs sans nombre reluisaient pareils à des plaques d'argent. Lentement, l'une après l'autre, quelques étoiles s'allumaient dans le ciel, quelques vitres s'illuminaient dans la ville. Tout est charme : la pureté de l'air, la fraîcheur de la brise, le vague du paysage, délicatement estompé ; les voix mystérieuses qui passent à travers les peupliers, le chant triste des agoyates, le grincement des chariots qui rentrent, le mugissement des bœufs qui reviennent des pâturages. Des aboiements de chiens venaient de la ville encore lointaine, et, dans la plaine, le chant des cigales se mêlait aux coassements des grenouilles bavardes. Bientôt, un autre bruit plus harmonieux encore se mêla à ce concert du soir. C'était celui des eaux vives qui descendent de l'Hélicon, de la source chaude de Mémoire (1) et de la froide source de l'Oubli (2). Aussitôt, nous avons tous pensé à Brousse, à la ville musicale des fontaines.

Du reste, de toutes les villes grecques, Livadia est

---

(1) Chlia (chaude), l'ancienne Mnémosyne.
(2) Krya (froide), l'ancien Léthé.

restée la plus turque. A la vérité, ses mosquées ont été décorées d'images et ses minarets ont été surmontés de croix. Mais n'était ce détail, on pourrait se croire dans un gros village d'Anatolie ou du Bosphore. Les boutiques ont gardé leurs grands auvents et les fenêtres leurs mouscharabiés; les portes sont basses, les balcons sont couverts; les femmes, à demi voilées, sortent peu et, comme dans Stamboul, se glissent silencieuses le long des murs. Partout, sur les bords du torrent tempétueux de l'Hercyne, dans les cimetières, autour de l'église, je retrouve les grands cyprès des champs de Péra et de Scutari. Les cafés sont remplis de monde. En passant à cheval à travers les rues, nous entendons l'eau de rose chanter dans les narguilés de cristal, les beaux Palikares causer bruyamment des affaires de Grèce, de l'Europe qui a les yeux sur Livadie. On fume et on discourt aussi dans les *barberies*. C'est demain dimanche, tout le monde vient se faire coiffer et raser; le barbier n'a pas assez de ses deux mains pour suffire à tant de besogne, et sa boutique, emplie depuis le matin, est jonchée de mèches innombrables, noires et blondes, qui semblent les mailles luisantes d'un grand tapis déchiré.

Il est onze heures; nous venons de parcourir la ville illuminée après avoir soupé avec notre hôte de ce soir. Constantin Christidis est le plus riche agriculteur du district et le roi des élégants de Livadie.

Il est impossible de recevoir une hospitalité plus aimable; sur ce chapitre, le Grec ne le cède ni à l'Écossais ni à l'Arabe; Zeus Xénios est toujours son dieu. Constantin est un homme d'une trentaine d'années, Palikare par excellence et de la tête aux pieds un héros de roman. C'est une belle tête, ambrée par le soleil, très fine et très fière, les yeux ardents, et les lèvres rouges comme des fraises d'arbousier; la taille est d'une élégance toute féminine. Il porte le costume national avec tous les raffinements d'un luxe exquis. Sur un gilet de velours bleu, la veste fait briller ses deux longues manches richement brodées d'or, pendant qu'une chemise de toile blanche modèle le buste et laisse aux bras toute leur liberté. Il n'est pas facile de porter ce vêtement un peu théâtral; il faut à la fois beaucoup d'élégance naturelle et une grande simplicité d'allure; il s'agit d'unir dans un juste milieu de crânerie une majesté princière et une sauvagerie de chasseur. Ajoutez maintenant à ce costume une fustanelle qui s'arrête au genou et qui tient du péplum par la rigidité des plis et de la jupe des danseuses par l'évasement, des guêtres de laine rouge toutes pareilles aux antiques cnémides, des babouches à bout recourbé ou des escarpins de cuir verni; enfin un fez allongé, qu'il est de bon goût de porter négligemment, sur l'oreille; telle était la tenue de notre hôte. Constantin est le Rastignac de Livadie, un don Juan palikare, ayant ce rayonnement glorieux des hommes qui ont été beaucoup et souvent aimés. Les moindres gestes sont d'un vainqueur. Il sait quelques mots de français, nous montre une vieille femme ridée, sa tante, et l'appelle avec un plaisir enfantin : *mon oncle*. Grâce à quelques bribes de grec et à notre pratique déjà longue dans le langage des signes, nous nous entendons à merveille. Naturellement, il demande que la France parte en guerre contre la Turquie, et serve sur un plat au roi de Grèce les provinces de Thessalie et d'Épire.

Thespies, 20 octobre.

Même temps qu'hier ; mêmes paysages, mais encore moins variés. Toujours la plaine à perte de vue, grasse, fertile, très mamelonnée. Il faut venir ici pour comprendre les antiques représentations de la déesse Terre, de Cybèle la Bérécynthienne aux mille seins.

Pas un motif de tableau, si ce n'est, à une demi-heure environ de Livadia, un ruisseau avec des lauriers-roses en abondance et des ruines d'arcades toutes tapissées de plantes grimpantes. Les bois de sapins de l'Hélicon fuyaient dans le lointain laiteux au-dessus du cours farouche de l'Hercyne, et la ville ensoleillée envoyait dans l'air pur de petites fumées argentées, toutes pareilles aux flocons de coton que les vieilles dévotes déposent, près d'une lampe allumée, dans les chapelles rustiques de la panagia.

Nous avancions en silence, par une chaleur torride, nos parasols ouverts au-dessus de nos têtes, nous arrêtant parfois aux rivières pour faire boire nos mules. Dans les fourrés, les perdrix bavardaient avec les cailles. Par moment, dans la direction d'une grande lande verdâtre qui miroitait à l'horizon et qui figurait le lac Copaïs, la décharge d'un fusil de chasse éclatait avec un bruit sonore et les agoyates nous vantaient le riche gibier des fameux marécages. C'était dimanche, et tous les villages étaient en fête. A chaque hameau que nous traversions, toute la population accourait sur notre passage, les chiens et les canards en première ligne, puis les enfants joyeux et farouches, les femmes aux longues nattes de laine noire, charmantes dans leur chemise brodée du dimanche et sous le miroitement de leurs bijoux ; enfin, les hommes basanés, au front développé, « aux yeux profonds comme des trous. » Les filles de Koutoumoula sont les plus jolies. Elles sont grandes, très sveltes, aussi respectées par les garçons que libres d'allure. Déjà, le doux Anacréon vantait la beauté des Béotiennes. Elles ont les yeux pers de la déesse d'Athènes et cette teinte luisante des cheveux que célébrait Dicéarque. On pense tout naturellement, en les voyant, aux admirables statuettes de Tanagra. Compatriotes de Corinne, elles passent leurs longues heures de loisir à chanter.

Jolie vue sur la vallée des Muses. Je n'essayerai pas de vous donner comme de l'*Anthologie* ces strophes écrites au crayon sur mon cahier de notes :

>   Un soir, en ce sacré vallon,
>   Comme se levaient les étoiles,
>   Tirésias, roi d'Hiéron,
>   Aperçut Athéné sans voiles.
>
>   Or, à peine la nudité
>   De l'incomparable déesse
>   Eut resplendi dans la beauté
>   De sa lumière vengeresse,
>
>   Qu'à jamais de l'audacieux
>   Qui surprenait Athéné nue,
>   Pâles, se sont clos les deux yeux
>   Aux douces clartés de la nue.
>
>   Mais, tandis que cet œil de chair
>   Perdait une indiscrète flamme,
>   Allumé comme par l'éclair,
>   Immense s'ouvrait l'œil de l'âme,
>
>   Et Tirésias, aveuglé
>   Par cette splendeur invincible,

Lisait l'avenir invisible
Comme en un livre déroulé.

Comme hier, nous n'arrivons à la halte que deux heures après le coucher du soleil. La route solitaire de Thespies n'est pas moins belle que celle de Livadia. Cette dernière partie de l'étape se fait à travers une grande plaine semée de bouquets de lauriers-roses et de figuiers, au-dessus de petits ruisseaux qui murmurent dans les ombres violettes du soir, et avec de vagues perspectives sur les fonds pâles et vaporeux d'un pays déjà endormi. Fatiguées, les mules ralentissent le pas, mordillent chaque buisson. Les agoyates chantonnent en marchant. Tout à coup, parmi les roseaux, vibre une première note d'or. Les agoyates se taisent. Ce sont les cigales.

Avant ce soir, je n'avais jamais compris toute la beauté du mythe de Platon. « On raconte que les cigales étaient des hommes avant la naissance des Muses. Quand les Muses naquirent et le chant avec elles, il y eut des hommes que leurs accents transportèrent de plaisir, à tel point que la passion de chanter leur fit oublier le boire et le manger, et ils passèrent de la vie à la mort sans même s'en apercevoir. De ces hommes naquirent les cigales, et les Muses leur accordèrent le privilège de n'avoir besoin d'aucune nourriture; mais dès le moment de leur naissance jusqu'à leur mort, elles chantent sans manger ni boire; et, après cela, elles vont annoncer aux Muses quel est celui des mortels qui rend hommage à chacune d'elles. Ainsi, en faisant connaître à Terpsichore ceux qui l'honorent dans les chœurs, elles rendent cette divinité encore plus propice à ses favoris. A Érato, elles redisent les noms de ceux qui cultivent la poésie érotique, et aux autres Muses elles font connaître ceux qui leur accordent l'espèce de culte qui convient aux attributs de chacune; à Calliope, la plus âgée, et à Uranie, la cadette, ceux qui, s'étant adonnés à la philosophie, cultivent les arts qui leur sont consacrés. Ces deux Muses, qui président aux mouvements des corps célestes et aux discours des dieux et des hommes, sont aussi celles dont les chants sont les plus mélodieux. »

Thespies n'est qu'un hameau, le plus triste, sans contredit, de la route, au pied d'une colline médiocre et sans le moindre vestige de son ancienne gloire. Nous recevons l'hospitalité du démarque qui, pour nous faire place, a relégué dans l'étable sa femme et sa fille; les deux chambres que nous occupons sont petites, sans meubles, très sales, l'une empestée par l'odeur de vingt fromages empilés dans une armoire, l'autre, celle du vote et des actes officiels, recevant à travers les fentes du plancher les senteurs et les grognements de la *porcaria*.

Au dehors, nuit splendide, ciel semé d'étoiles.

De Thespies à Thèbes, 21 octobre.

Ce matin, en errant dans le village, pendant que les agoyates chargeaient les mules, je me suis rappelé que Thespies, consacré à Éros, avait été la patrie de Phryné. L'église grecque contient quelques fragments de colonnes du temple de l'Amour. Au ruisseau de Kanavari, où, dès l'aube, babillent les lavandières, qui sait si Phryné, enfant, n'a pas plongé son beau corps ?

Journée monotone. Nous avons visité sans grand intérêt les ruines de Platées et de Leuctres, au milieu d'une plaine ensoleillée, parmi des herbes rôties et des broussailles épineuses. La plupart des tumulus écroulés et des sarcophages renversés sur le sol n'ont rien d'authentique.

Thèbes sera notre dernière étape. Si rapprochés du terme, nous nous sentons attristés, comme le serait un lecteur arrivé aux dernières pages d'un beau livre qu'il ne devrait jamais relire. Aussi, nous sommes en humeur de flânerie, nous faisons des haltes fréquentes au bord des ruisseaux et sous les bouquets d'arbres de Judée et de sapins. Notre vieux coquin de drogman s'impatiente, essaye de nous effrayer par de lugubres histoires de bandits. Comme Voltaire au banquier genevois, je lui dis : « Et moi aussi, je sais une histoire terrible de brigands. Il y avait une fois un drogman grec..... »

De Thèbes, je n'ai rien à dire. C'est un gros village où quelques centaines de maisons s'entassent aux côtés d'une large chaussée pleine de poussière. Les cochons noirs vaguent dans les rues. Les habitants sont pauvres et malpropres. Pas une ruine. A l'horizon, le Cithéron développe sa lourde masse semée de rochers sombres qui luisent comme de l'airain. Dans cette vilaine bourgade, comment rêver d'Œdipe, d'Antigone et des Épigones semblables aux dieux ?

Retour à Athènes, 22 octobre.

J'ai quitté Thèbes sans regrets. Hier soir, nous avons dit adieu à nos bons amis les agoyates, et comme une large chaussée royale succède aux gracieux sentiers de Béotie, nous avons loué une grande berline dont les chevaux courent ventre à terre dans un nuage de poussière. Pendant deux heures environ nous avons contourné la base du Cithéron. La montagne est triste, vêtue d'une maigre végétation qui lui donne une apparence misérable et vulgaire, comme de sales haillons enlaidissent une femme qui, nue, serait divinement belle. Les ruines d'Éleuthère sont médiocres. Rien de vivant, pas un oiseau, pas un lézard.

Sensation à la fois puissante et délicieuse que celle de revoir, près d'Éleusis, la belle mer bleue. Tranquille, reluisante de mille feux, pleine de soleil, elle avance sur le sable ses grandes nappes sans écume, et, caressée par la brise, elle chante dans la lumière un hymne de joie qui pénètre l'être tout entier. Flattée par la teinte admirable du golfe d'azur, la rétine jouit, mais l'âme aussi reçoit une impression de bonheur; elle se sent plus jeune que dans les plaines trop grasses de la Béotie, plus gaie que sur les âpres montagnes de Phocide. La vue de la mer est pour l'homme une cause continuelle de noblesse morale. Si vous voulez que je sois fort contre la vie et toujours amoureux de la beauté, — tous les ans, pour quelques semaines, donnez-moi sur un golfe quelconque de la Méditerranée une plage comme celle de Salamine, ou un rocher comme celui d'Éza.

Courte station à Éleusis. Le village est presque désert et sent la mort. Partout les ruines tristes du temple de Cérès. On distingue encore les emplacements du naos des Propylées. L'escalier est presque intact; quelques fûts de colonnes sont restés debout. Dans une fosse, un chapiteau merveilleux dont des Chimères ailées supportent les angles. Tout auprès, on montre un gros bloc de marbre, *la pierre sans rire,* sur laquelle Déméter s'assit pour pleurer sa fille. De tous les coins du village, on aperçoit le golfe bleu, l'île de Salamine qui sort tout ensoleillée du sein des eaux.

Au moment où nous repartons, un cabaretier albanais m'apporte un admirable bas-relief qu'il a découvert dans la cour de son auberge. C'est évidemment un fragment d'autel. Le dieu Pan, appuyé contre une colonne, sourit à trois jeunes filles qui viennent à lui en dansant. On ne peut rien imaginer de plus charmant comme composition, de plus exquis comme travail. Le cabaretier en demande un prix exorbitant pour nos bourses allégées.

A partir d'Éleusis, la route serpente en corniche au bord de la mer. C'est l'ancienne voie sacrée, celle des processions de Cérès. De grandes roches blanches ont roulé sur la grève et jusque dans les flots qui leur tressent une éternelle frange d'écume. Sur la gauche, la montagne de Corydelle dresse à pic sa rude muraille de pierre, ses flancs dénudés où se tordent quelques sapins brûlés par le soleil. Parfois, dans l'ombre des rochers, on voit reluire les eaux vertes des étangs sacrés de Proserpine. Le soleil descend derrière nous, vers Mégare. Une bonne senteur aromatique sort des buissons épineux qui bordent la route. Le bleu du golfe, si délicat tout à l'heure, devient pareil à la couleur d'un vin sombre ; et de la roche Pharmacousse, où s'élevait le tombeau de Circé, il semble, dans le silence du soir, qu'on entende résonner la voix mélodieuse de la magicienne, quand, dénouant sa ceinture, elle disait au divin Ulysse : « Viens, remets ton épée au fourreau, et montons tous deux sur la même couche, afin de nous unir d'amour et d'avoir confiance l'un dans l'autre. »

Enfin, des hauteurs de Daphné, nous avons revu l'Acropole, les oliviers de Colone qui pâlissaient à son pied, et sur son faîte les ruines du Parthénon qui rêvait. Nous sommes restés muets d'admiration pendant près d'une heure. Il est certain qu'il n'existe rien au monde de plus beau.

LA
GRÈCE CONTEMPORAINE

LA GRÈCE CONTEMPORAINE

La *Grèce contemporaine* d'Edmond About, 11 octobre.

J'ai rendu visite ce matin à un vieil Épirote qui, dans Athènes même, passe pour le prototype achevé du chauvinisme hellénique. Gamin de seize ans, il a fait le coup de feu contre les Turcs aux côtés de Colocotroni et de Maurocordato ; il a vu Byron à Missolonghi et il a été aide de camp de Capo d'Istria. Aussi passionné pour toutes les idées occidentales qu'épris des souvenirs républicains de la Grèce antique, il fut, dès le premier jour, l'adversaire acharné du roi Othon, et il a employé à conspirer les trente années du règne bavarois. Étant un héros, il a nécessairement son grain de folie. C'est un Barbès grec, ayant dans les veines toute la chaleur du soleil d'Orient.

Quand il parle de ses premières campagnes de la sainte guerre d'Indépendance, ou quand il raconte ses ténébreuses « révolutions, » ses grands yeux profonds brillent comme des charbons ardents, ses narines frémissent comme celles d'un cheval de race, et ses derniers cheveux blancs s'agitent sur sa forte tête que sillonnent des cicatrices : il est superbe. Mais, l'instant d'après, il développe ses projets de réforme sociale et politique, dont les deux principaux sont la suppression des gants, luxe pervers que Thémistocle avait ignoré, et la proclamation d'une république grecque, avec Gambetta ou Gladstone pour président ; et alors, il faut se mordre les lèvres pour ne pas ébaucher un ironique sourire. Il déteste le roi Georges comme un ennemi personnel, et il se plaint de l'ingratitude de ses concitoyens qui, depuis dix ans, ont cessé de l'envoyer à la Chambre. A soixante-douze ans, il est plus jeune que la plupart des beaux élégants qui vont cavalcader au coucher du soleil sur la route de Patissia. Ses loisirs lui pèsent. Son dernier-né, un gros garçon, qui a été baptisé Harmodius, a dix-huit mois. On m'assure que sa femme est, pour la dixième fois, enceinte. Mais comme les journées n'en restent pas moins longues, il s'est mis à écrire, à l'imitation de Plutarque, les vies parallèles des héros de la Grèce antique et de la Grèce moderne. Il publie, tous les ans, une demi-douzaine de brochures dont il envoie des exemplaires à tous les républicains fameux des deux mondes. Il est sincèrement persuadé qu'Athènes est le nombril de la terre et que les yeux de tous les peuples civilisés sont sans cesse fixés sur la Grèce. C'est un homme de grand cœur et, parfois, un homme de grand sens.

Quand il eut achevé de lire la lettre d'introduction que je lui présentais, le vieux Kouvas déposa pour un instant sa longue pipe de jasmin, me donna l'accolade classique et me pria de considérer sa petite maison comme mienne, et sa nombreuse famille comme toute à mes ordres. L'une de ses filles, une jolie brune de quinze ans, qui lui sert de secrétaire, m'offrit une soucoupe de confitures et, m'ayant salué, s'agenouilla respectueusement aux genoux de son père, dans une pose de statue. Alors, le héros épirote toussa et, ayant repris sa pipe, commença un long discours. Il me raconta sa vie, ses iliades et ses odyssées, ses batailles, ses complots, ses fuites, les belles heures de triomphe populaire et les heures tristes de persécution et d'abandon, ses deux mariages, ses rêves pour l'avenir de la patrie hellénique. Cette autobiographie dura plus d'une heure, toujours vive et animée, parfois émouvante et parfois risible. Il parlait le français avec une grande facilité, citait fréquemment la *Grèce* de Lebrun et les *Messéniennes* de Casimir Delavigne. Pendant qu'il discourait, sa fille le regardait avec admiration, et je lisais dans ses yeux grands ouverts qu'elle considérait son père comme un héros issu de la race des dieux.

Après m'avoir entretenu de son glorieux passé et de l'avenir dont il ne doute pas, le docteur Kouvas (car il est à la fois docteur et colonel) me questionna sur mon voyage et sur les affaires d'Occident. Tour à tour, il s'informa de nos principales illustrations, de Victor Hugo, de Grévy, d'Émile de Girardin, de Gambetta qu'il respecte comme un demi-dieu protecteur de la Grèce. La causerie se prolongeait, aimable, charmante, me révélant à chaque instant chez ce vieux soldat des études sérieuses et une rare justesse d'appréciation. Puis, tout à coup, il prononça le nom d'About, et, à ce nom, je me dis que le cap des Tempêtes était proche, que le farouche patriote allait appeler sur le téméraire auteur de la *Grèce contemporaine* la foudre du dieu de l'Olympe. Kouvas remarqua cette impression et, souriant, me tint un petit discours que je veux essayer de vous rapporter fidèlement.

« Mon cher ami, me dit-il, vous imaginez, n'est-ce pas? que, si M. Edmond About s'aventurait jamais à Athènes, il y serait écharpé par une foule furieuse. Eh bien! vous vous trompez. M. About s'est fort moqué de nous, cela est vrai; il nous a malmenés de la plus belle sorte; il n'a pas eu la générosité de jeter un manteau de Japhet sur notre nudité, par

considération pour notre jeunesse sans expérience
et pour la gloire de nos ancêtres. Mais, en toute sincérité, je ne le considère pas moins comme un véritable ami de la Grèce, et ses âpres mais judicieuses
critiques nous ont fait plus de bien que tous les panégyriques ampoulés de ces imbéciles de philhellènes. Pour moi, j'ai toujours demandé qu'on lui
élevât un buste au carrefour de la Belle-Grèce, avec
cette inscription : « La caricature est une grande
moralisatrice. » Les Grecs intelligents — et tous les
Grecs le sont — partagent mon avis sur le compte
de M. About. On ne le dit pas bien haut, à cause des
Turcs et des Anglais. Mais sachez bien qu'il ne déplaît pas aux Grecs qu'on leur dise franchement la
vérité; c'est même le seul moyen de nous prouver
que l'on s'intéresse réellement à nos destinées futures. Du reste, je me suis souvent dit que si vos
philhellènes ont mis à l'index la *Grèce contemporaine* avec tant de fureur, c'est qu'ils ont jugé le
livre sur quelques phrases satiriques qui n'exprimaient qu'une partie de la pensée de l'auteur. Il est
telle page d'About sur notre intelligence, sur notre
activité, sur notre patriotisme, sur notre soif d'instruction, qui, franchement, ne détonnerait pas dans
un nouveau panégyrique d'Athènes. Mais les Français n'aiment, en général, que les jugements absolus, et, quand un jugement ne l'est pas, ils s'amusent malicieusement à le rendre tel. Étudiez-nous

de près ; vous reconnaîtrez sans peine que M. About ne s'est pas rendu coupable à notre égard de la moindre calomnie, et qu'en résumé nous ne sommes, comme tous les autres peuples, qu'un composé de bien et de mal. Seulement, si vous parlez de nous à vos amis de France, souvenez-vous qu'on peut faire deux portraits de Cicéron très ressemblants l'un et l'autre, et cependant très peu semblables l'un à l'autre ; c'est selon que l'on met ou non en pleine lumière la verrue du célèbre orateur. M. About a mis la verrue au grand jour ; si vous la mettez dans la pénombre, nous vous serons reconnaissants de cette preuve de sympathie et votre portrait n'en sera moins fidèle. »

Le temps me manquera pour vous envoyer un portrait ; il faudra vous contenter d'une esquisse.

Les hommes.

Selon que le voyageur vient de Marseille ou de Constantinople, selon qu'il a dans l'esprit l'image rayonnante que les poètes ont laissée de l'antique Hellade ou le triste tableau qu'a tracé Chateaubriand de la Grèce réduite au rang de province turque, il éprouvera à son arrivée à Athènes une impression toute différente. Dans le premier cas, il donnera au confort moderne et à la poésie classique un profond soupir de regret; dans le second, il se dira, non sans plaisir, qu'il a passé d'Asie en Europe, de la barbarie à la civilisation. L'une et l'autre impression sont justes, mais la seconde seule est légitime.

Tout d'abord, une constatation : c'est l'Orient et non pas l'Occident que visent les ambitions helléniques; c'est sur la mer Égée, et non sur la mer Tyrrhénienne, que la Grèce prétend promener sa flotte; les peuples à qui la Grèce dispute la souveraineté du Levant, ce sont les Slaves et les Osmanlis. Donc, il importe peu de savoir si les Hellènes sont ou non inférieurs aux Italiens; mais il importe beaucoup de reconnaître qu'ils sont supérieurs aux Bulgares et aux Serbes. Maintenant, est-il très rationnel de leur opposer la force, l'admirable culture et la gloire splendide de la Grèce antique? Est-ce que « jamais peuple est descendu plus avant dans la mort (1) » que le peuple hellène sous le régime ottoman? « Il faut du temps, a dit le poète, pour que l'aiglon devienne aigle. » Je compte vous montrer que les Grecs modernes, quoi qu'on ait dit, sont bien les petits-fils des Grecs de Périclès et de Platon; mais, dans l'ordre politique, dans la nouvelle ère nationale, on doit toujours se souvenir qu'ils ne comptent

(1) Quinet.

qu'une génération d'hommes libres et que tous les vieillards d'Athènes et de Sparte sont nés dans la servitude. Ainsi, pour juger la Grèce avec équité, du moins en tant que société et en tant qu'État, il faut se reporter en 1830 et non à la soixante-seizième olympiade ; il faut chercher des points de comparaison, non sur la Tamise ou la Seine, mais sur le Bosphore et sur le Danube.

Que les Grecs modernes aient usé et abusé de leur illustre origine, cela est manifeste. Si cette même Europe, qui est restée insensible à l'héroïsme du Serbe Kara-Georges, est partie en guerre pour Canaris et les Palikares, la Grèce ne le doit qu'aux magnifiques souvenirs que son nom seul évoque. Brûler Karanovatz ou Nitsch n'était qu'un délit ; brûler le village qui porte le nom d'Athènes a semblé un crime. Le vieux Caton disait que la gloire d'une belle action dépend beaucoup de l'endroit où elle se passe. Un haydouk de Silnitza n'est qu'un haydouk ; mais un Klephte de Sparte ou de Mycènes est un héros. Nous servons des pensions à une arrière-petite-nièce de Corneille qui se trouve dans la gêne, et il nous arrive de refuser un sou à une mendiante quelconque qui meurt de faim. Cela prouve simplement qu'on ne s'acquitte jamais de la reconnaissance qui est due au génie.

Mais ce magnifique avantage de s'appeler Grèce n'a pas été sans inconvénients, et, dès le lendemain de leur libération, les Hellènes ont commencé à souffrir de leur glorieuse descendance. A peine eurent-ils secoué leurs chaînes qu'on s'étonnait déjà en Europe qu'ils n'eussent pas produit une demi-douzaine de Périclès, de Sophocle et de Praxitèle. Quand on se nomme Dupont ou Durand, on peut être impunément un imbécile ; dès qu'on s'appelle Richelieu ou La Rochefoucauld, il semble qu'il soit ridicule et presque coupable de ne pas avoir un mérite transcendant. Ainsi, après avoir bénéficié d'un enthousiasme poétique où la légende, plus que l'étude de l'histoire, avait une part dominante, la Grèce contemporaine a souffert d'une réaction prosaïque qui ne témoignait pas chez nos Prudhommes d'une connaissance plus sérieuse de l'antiquité et des lois de la formation des États.

Pour moi, je voudrais examiner les Grecs avec plus de sang-froid et étudier ces hommes comme il convient, c'est-à-dire scientifiquement. Je crois donc, et nombre de mes amis d'Athènes concluent comme moi, que les Grecs modernes ressemblent aux Grecs anciens à la fois plus et moins qu'on n'a supposé à deux époques différentes par une seule et même cause : l'ignorance de la véritable histoire des anciens Grecs tels qu'ils étaient réellement. Ne voir dans le passé que le côté de lumière, et dans le présent que le côté d'ombre, cela manque également de logique. A mes yeux, en bien comme en mal, les sujets du roi

Georges sont vraiment les héritiers des concitoyens de Périclès. En bonne justice, il faut savoir faire remonter aux contemporains d'Aristophane quelques-uns des vices qu'About a reprochés si vertement aux Grecs modernes. En bonne justice, il faut savoir reconnaître chez ceux-ci les beautés que nous admirons chez leurs ancêtres. « Notre nation, me disait Paparrigopoulo, le plus grand historien de la Grèce moderne, notre nation a cette singulière vertu de savoir se plier sans difficulté apparente aux habitudes des étrangers; mais elle reste toujours la même. Le Grec a parlé français au xiiie siècle, italien au xve, turc au xvie; il a vécu avec ses maîtres et il s'est fait à leurs usages; mais il n'a perdu aucun des traits caractéristiques de sa nature. Il a le don des travestissements : il accepte le costume que demandent les circonstances, mais il le quitte comme il le prend. »

La race d'abord et les types. Il est certain que les premiers visages qu'on aperçoit en débarquant causent quelque déception, mais il est certain aussi que les motifs de cette déception sont presque tous indépendants de la race elle-même. En premier lieu, les voyageurs s'attendent si bien à trouver en Grèce la famille de la *Vénus de Milo* et du *Discobole*, que fatalement ils se croient mystifiés lorsqu'ils arrivent à Athènes (About). En second lieu, le vêtement moderne, le pantalon et la redingote qui semblent plus laids au pays de Phidias que partout ailleurs, et le costume des Palikares, qui est « aussi surabondant que le nôtre, » contribuent fortement de leur côté à dérouter toutes les idées qui nous sont venues dans les musées de sculpture. De plus, il n'est pas niable que le mélange avec tant de races barbares n'ait détruit la pureté primitive du type hellénique, que l'allure générale soit moins noble et que les attaches, signe distinctif, se soient alourdies. Or, cet alourdissement est la première chose qui frappe les yeux. Mais, après quelques jours d'observation attentive, après quelques courses dans l'intérieur des terres, alors que vos yeux auront appris à voir et que votre esprit aura retrouvé l'équilibre de son jugement, si vous cherchez à déshabiller par la pensée ces élégants Athéniens, ces rudes Hydriotes et ces Laconiens superbes, vous retrouvez, sans trop de peine, les hommes de l'*Iliade* et du Parthénon. A coup sûr, les trop nombreux croisements ont porté atteinte à l'harmonie physique, comme l'eau du baptême a troublé celle des esprits. Mais les éléments sont restés. Rien de plus aisé que de dégager les traits généraux d'autrefois, la tête ovale, le profil droit d'un maigre visage, le front haut, les yeux vifs, le nez presque sans inflexion, la taille élancée et fine, le corps nerveux, les épaules franches, les jambes sèches, le pied petit et bien cambré. L'Athénien a gardé toute la belle souplesse des cavaliers de Phidias « et, comme jadis, semble n'avoir en propre que sa pensée (1). »

Voilà pour les hommes. La femme, pâte plus molle, a naturellement subi davantage l'action de l'étranger. Les nombreux époux que la fortune lui a imposés ont détruit chez elle la beauté forte et fière des vierges doriennes, la noblesse gracieuse et délicate des femmes d'Athènes; ce qui frappe surtout, c'est la pesanteur des formes, la disparition de cette ligne droite et régulière qui dessinait jadis le profil de ses aïeules. Pour retrouver l'ancien type, il faut visiter les îles et les montagnes, les retraites heureuses que les invasions n'ont pas profanées, Tinos, Hydra et surtout Mégare. Qui n'est point allé à Mégare n'a pas vu de belles Grecques. C'était l'avant-veille de mon départ. Après avoir assisté au lever du soleil sur la baie resplendissante de Salamine et poussé une pointe jusqu'à la Kakiscala, je fis halte à Mégare comme il était environ midi. Mlle..., qui venait de quitter Athènes, m'avait prié de lui acheter une de ces vestes brodées à manches ouvertes que portent les paysannes élégantes de l'Attique et dont Mégare a la spécialité. J'aborde la première femme qui vient puiser de l'eau à la fontaine et je lui présente ma requête, pendant que mon cocher allait de porte en porte faire la même demande.

(1) Thucydide, livre I, 60.

Au bout d'une demi-heure, le bruit de ma venue s'était répandu dans tout le village et toutes les Mégariennes, ayant vidé leurs coffres, faisaient cercle autour de moi, m'offrant des broderies. La procession des Panathénées était descendue de sa frise et m'entourait. Elles étaient toutes plus belles les unes que les autres, de vraies statues antiques et d'adorables oiseaux jaseurs. Le type grec n'est qu'égaré, il n'est pas perdu.

Tout ceci est essentiel à noter. La terre étant restée la même, et Cypris ayant continué comme aux jours d'Euripide à puiser les vagues de l'Ilissus pour rendre l'air frais et léger, le physique de la race, malgré vingt conquêtes, n'a pu subir que des modifications secondaires. Les Grecs que nous voyons aujourd'hui sortent à peine de l'esclavage; ils portent encore les empreintes des fers et leurs dos sont voûtés. Dans un siècle, quand ils auront appris à être libres et quand les mariages, tous grecs ou roumains, auront chassé des veines les dernières gouttes du sang barbare, combien la ressemblance avec le type ancien sera devenue plus frappante! comme la race se sera véritablement retrouvée! Le régime alimentaire, conséquence des nécessités du climat, n'a point varié. Ils n'ont ajouté à celui des anciens que le café et le tabac, deux choses qui ne sont pas faites pour alourdir l'intelligence et le corps. Dès lors, n'est-il pas à présumer que, de leur côté, les choses de l'esprit n'ont guère changé, et qu'au moral, comme au physique, on retrouvera la filiation des Hellènes ?

Je commence par les vices qui leur ont été le plus amèrement reprochés : « Ils ne sont pas honnêtes, a-t-on dit, et ils sont menteurs. » Je crois, pour ma part, que ce blâme, mais seulement dans sa grande généralité, n'est guère réfutable. Où l'on s'est trompé, c'est quand on a voulu, sur ce chapitre, distinguer entre leurs ancêtres et eux-mêmes ; quand on a tout rejeté sur la longue oppression turque, l'accusant d'avoir perverti les générations et de les avoir courbées au vice de fausseté. La vérité est que les Grecs anciens, tout comme les Grecs modernes, ont toujours placé le mérite moral à mille pieds au-dessous du mérite intellectuel (Paparrigopoulo), admirant celui-ci comme la plus éclatante des beautés, regardant l'autre comme le propre d'un esprit inférieur. On tient en haute estime pour sa finesse et pour sa ruse le Génois, l'Arménien et le Juif ; mais le Turc, mais, sur son propre territoire, l'Acarnanien véridique et le Maïnote « lent à promettre, fidèle à tenir, » semblent au Grec de bonne race des rustres bizarres. Comme les palmiers en France ou les chênes dans l'Hindoustan, le sens de la justice n'a jamais été en Grèce qu'une plante exotique.

Remarquez maintenant que je n'ai dans ces notes qu'un seul objet : constater, chercher, sans autre préoccupation, la vérité sur les hommes et sur les choses. Or, quand je demande quelle est pour la race hellénique l'idéal de l'homme, l'histoire, les témoignages de mes amis d'Athènes, les faits que j'ai pu vérifier par moi-même, tout concorde à donner la même réponse. Dans la Grèce moderne comme dans la Grèce païenne, ce que l'on exige de l'homme, c'est d'être « un bel animal, dispos, sobre, brave, endurant, complet » (1); c'est d'être fort de corps et d'esprit, c'est-à-dire doué d'une intelligence souple et déliée; c'est de savoir, d'être curieux et inventif : des vertus morales proprement dites, des vertus qu'on a appelées chrétiennes, il est à peine question. Quand Socrate exhala comme un parfum avant-coureur de l'Évangile sa délicieuse poésie de la justice idéale, il ne fut pas compris. Plus tard, le christianisme ne s'imposa que par sa légende, par les habiles variantes qu'il vint apporter au paganisme. Mais sa morale trouva l'instinct de la race tout à fait rebelle.

Demandons-nous, cela est essentiel, quel est le héros national de la Grèce. Est-ce Hercule? Non. Hercule est la plus haute personnification de la force brutale; il appartient un peu à tous les peuples, et, si vous interrogez la chronologie mythique, vous verrez qu'il n'est venu en Grèce qu'après avoir par-

---

(1) Taine. — Lisez dans les *Nuées* le discours *du juste*.

couru le monde presque en entier. Est-ce Achille? Non encore : il est Thessalien, « il a l'âme droite, il ne calcule pas, il n'a rien gagné à la guerre de Troie que la mort et l'immortalité; » par la race comme par l'esprit, « Achille n'est Grec qu'à demi (1). » Le héros grec par excellence, c'est Ulysse, l'ingénieux Ulysse, le guerrier diplomate, le roi qui cache toujours un marchand et le marchand qui cache toujours un fripon; l'homme toujours avisé, artificieux, fertile en feintes, le plus intelligent des mortels ; et c'est par là, par son intelligence, par son adresse, par son sens pratique, qu'il est devenu si cher à la race des Hellènes. Il promet à Dolon de lui faire grâce s'il révèle le secret des Troyens, et quand Dolon a parlé, il le fait assommer par Diomède. Revenu sous un déguisement, il conseille à la vertueuse Pénélope de se faire donner par les prétendants des colliers et des bracelets, et il ne les massacre qu'après cette spéculation. Il est inépuisable en mensonges, digne petit-fils de cet Autolycus qu'Homère vantait pour avoir surpassé tous les hommes dans l'art de dérober et de tromper, et c'est pour cela que Pallas Athéné, la déesse de la Sagesse et la grande protectrice de la Grèce, l'a pris en si profonde affection. A peine débarqué à Ithaque, Ulysse rencontre Pallas qui, sous la figure d'un jeune homme, l'aborde

---

(1) About.

et l'interroge ; et aussitôt le patient et divin Ulysse, qui « roulait toujours dans son esprit de bonnes pensées, » de forger sa centième histoire et d'inventer avec un grand luxe de détails toute une biographie fabuleuse. « Il dit ; et Pallas, la déesse aux yeux étincelants, sourit et lui adressa ces paroles ailées : Il serait fin et subtil celui qui te surpasserait en ruses de toutes sortes, fût-ce un dieu qui luttât avec toi ! Mais allons, ne parlons plus de cela, puisque aussi bien nous nous connaissons tous deux en ruses ; car, si tu l'emportes de beaucoup sur tous les mortels par la sagesse et par l'éloquence, moi, je suis renommée entre tous les dieux par la prudence et l'astuce. » Tels les dieux et les héros ; et tels ont été les ancêtres, malgré Platon qui s'en indignait, tels sont maintenant les fils, malgré l'Évangile. Aujourd'hui, quand un bambin athénien a su tromper son père, celui-ci, s'il découvre à la longue que son fils lui a menti, ne se tient pas de joie ; ses yeux s'illuminent, tout comme ceux de Minerve ; il va trouver ses amis, il leur raconte l'histoire, il se frotte les mains : « Ah ! quel enfant intelligent le ciel m'a donné » et tous les voisins d'envier l'heureux père. Mes amis m'ont conté deux cents traits du même genre. Il n'existe au monde qu'une bureaucratie plus malhonnête que celle des Turcs, c'est celle des Grecs. Presque partout, comme jadis à Sparte, le plus grand crime est de se laisser prendre. Ils ont toujours honoré les pirates habiles (Thucydide). Rien n'est plus admiré que les larcins furtivement et adroitement faits. S'il revenait à la vie, Socrate s'évertuerait en vain, tout comme autrefois, à leur faire comprendre que la justice ne consiste pas dans l'art de dérober pour le bien de ses amis et pour le mal de ses ennemis (1). Pour la plupart, ils ont continué à raisonner comme le Polémarque de la *République*. Je n'en finirais pas, si je voulais vous conter tous les actes d'improbité administrative et commerciale qui m'ont été certifiés sans le moindre déguisement. Les mots d'adresse, de finesse, de ruse, d'intelligence excusent toutes les indélicatesses et toutes les friponneries. Au dire d'un diplomate qui les connaît beaucoup et qui ne cache pas ses sympathies pour eux, About n'a donné sur ce chapitre que la moitié de la vérité. Qu'ils adorent Pallas Athéné ou la Panaghia, peu importe, le sens de ce qui est juste et droit leur fait également défaut.

Si la conscience est pauvre, le cœur ne l'est pas moins, et cette pauvreté, non plus, ne date pas d'hier. Elle aussi est naturelle à la race. Le cœur de l'homme est presque toujours semblable à la terre qui l'a vu naître : à Naples, il est brûlant comme le sol même du Vésuve ; il est de granit en Suisse et en Norvège ; dans les Flandres, il est gras et joyeux ; il est léger en

(1) *République*, livre Ier.

France, il est d'amadou en Castille. La terre de Grèce est aride et nue. Le cœur des Grecs est sévère et dépourvu de chaleur. Cela se devine au premier abord. Dans les grands yeux humides des Napolitains et des Hongrois, la passion éclate; on devine des ardeurs folles, des élans superbes, des trésors d'amour ou de haine. Ici, rien de tel. L'œil est brillant, mais sec; il darde un regard perçant comme le glaive et froid comme l'acier. Interrogez l'histoire : vous ne trouverez pas en Grèce, sauf au siècle d'or de la mythologie, un seul grand amour, et encore ces amours n'étaient-ils que d'épiderme. Méthodiques et raisonnables en toutes choses, ils divisaient les femmes en trois classes qui furent nettement séparées : les épouses, qui ont pour mission de donner des citoyens à la république; les hétaïres, qui sont les amies; les courtisanes, dont le rôle est de satisfaire les exigences du corps. Rien de plus pratique. Pour avoir une idée de la brutalité de cette vie, il faut lire Aristophane, et, ce qu'il y a de plus étrange, c'est que cette brutalité, que je ne puis commenter, n'était pas malsaine. Aujourd'hui, les choses n'ont guère changé, sauf que la vie plus occupée ne permet pas de donner au simple plaisir la place qu'il avait dans la vie oisive des Athéniens d'autrefois, et que le christianisme cache ce désir que le paganisme jugeait aussi beau et aussi avouable que la pudeur même. A peine revêtu de la robe virile, le jeune Grec se marie; de cette façon, il a son foyer à lui, il affirme son indépendance, et il écarte de soi le danger de perdre son temps avec les vierges folles. Impossible aux Italiens du Sud de penser à autre chose qu'à l'amour; les Athéniens n'y songent qu'après avoir terminé toutes leurs affaires. L'adultère est rare : il coûte trop cher et prend trop de temps. En revanche, les mariages d'argent sont très fréquents. L'idéal ne les attarde jamais. Pour nos grandes passions, ils ne les comprennent pas; Héloïse et Abailard, Paolo et Francesca, Werther et Charlotte, Roméo et Juliette sont pour eux des sujets de stupéfaction. Le sentiment de l'éternel féminin leur échappe.

« Rien de trop, » disait à leurs aïeux la Pythie de Delphes, et la sentence leur est restée présente à l'esprit. Toutes leurs idées sont nettes. Ils émondent avec une serpe sévère tout ce qui est vague, débordant, sans utilité pratique. L'universel n'est pas leur fait, et, pour eux, enthousiasme et folie sont des mots synonymes. Il n'y a de fous qu'aux îles Ioniennes, c'est-à-dire sur une terre qui n'est qu'à moitié grecque. On n'a pas assez remarqué leur ressemblance avec les Anglais, positifs comme eux, et comme eux n'en ayant pas moins donné à l'humanité ses plus grands poètes et ses plus grands philosophes. Les superbes défauts des races au sang chaud leur sont étrangers : point de bruyantes colères, mais de lentes rancunes; point de haines robustes, mais la quintessence de la jalousie et de l'envie. Tout Grec cache un Græculus. « Alcibiade, tu m'as mordu comme une femme ! — Non, comme un lion. » En réalité, c'était comme une femme.

A cet égard, considérez leur courage. Les philhellènes, qui en ont fait des héros romantiques, et les turcophiles, qui les ont traités de poltrons, se sont également trompés. Seul, About a été dans le vrai en disant qu'ils ont un courage prudent et réfléchi. De tout temps, ils ont su se battre avec bravoure, mais, au contraire des Hongrois ou des Serbes, ils n'ont jamais recherché les occasions de combat, aspiré à la bataille. L'amour de la guerre est le propre des peuples à demi barbares; eux, les civilisés par excellence, ils ont toujours adoré la paix, et, tant qu'a duré le paganisme, ils n'ont jamais cherché à s'en cacher, comme d'une honte. A chaque instant, pendant la guerre de Troie, ils sont las de batailler, trouvent qu'ils ont reçu assez de flèches et de rochers pour les beaux yeux d'Hélène, poussent des cris de joie quand Agamemnon, pour les éprouver, leur propose de fuir. A Salamine, il fallut, au dire d'Hérodote, toute l'éloquence de Thémistocle et l'intervention miraculeuse du dieu Pan pour qu'ils se décidassent à tenir tête au barbare. Pendant la guerre du Péloponèse, ils ne cessent de réclamer la paix ; lisez dans Thucydide leurs violentes récriminations contre Périclès, et dans Aristophane la scène d'ivresse bachique qui termine la comédie des *Acharniens*, la prière de Trygée : « Que ton visage est beau, Théoria ! que ton haleine est douce ! quelles suaves odeurs s'exhalent de ton sein, *suaves comme l'exemption du service militaire*, suaves comme les parfums les plus exquis ! » Ou encore, le chœur des laboureurs athmonéens (1) : « Non, je n'ai pas la passion des combats ! ce que j'aime, c'est de boire avec de bons camarades au coin du foyer où pétille un bois bien sec coupé au cœur de l'été ; c'est de faire griller des pois sur les charbons et des glands de hêtre sur la cendre ; c'est de caresser la jolie Thrace pendant que ma femme est au bain. » Jamais les délices de la paix n'ont été célébrées avec moins de vergogne. — Cinquante ans plus tard, cet amour de la vie, et de la vie bonne, facile, voluptueuse, car ce n'est pas autre chose, menace de tourner à la lâcheté, et Platon, qui s'en aperçoit, cherche un remède, demande, dans la *République* (2), qu'on cesse de dépeindre l'autre monde comme un lieu plein d'horreurs, qu'on efface les noms odieux et formidables du Cocyte et du Styx, qui font frissonner ceux qui les entendent prononcer ; qu'on supprime tous les vers d'Homère où la mort est déplorée comme la plus affreuse calamité. Le fond de leur caractère n'a guère varié ; ils sont restés aussi

---

(1) La *Paix*.
(2) Livre II.

peu belliqueux. Tout récemment, ils ont fait grand étalage de leurs aspirations guerrières. A lire leurs journaux, ils ne rêvaient que batailles et massacres ; ils allaient se ruer sur les Turcs, et l'épée dans les reins, les chasser de l'Épire et de la Thessalie ; mais quand les cabinets du quai d'Orsay et de Saint-James ont arrêté le général Soutzo à la frontière, ils ont été enchantés, et, s'ils ont protesté, ce n'a été que pour la galerie. Au fond du cœur, ils désirent que nous fassions pour eux tous les frais d'une campagne contre les Turcs.

Mais tout cela, je l'ai déjà dit, ne les empêche pas de se battre comme des hommes, quand la lutte est devenue inévitable, quand il est devenu impossible de reculer sans honte. Seulement, là encore, ils n'oublient pas que la vie est le plus précieux des biens et qu'il est sot de risquer inutilement la guenille qui leur est justement chère. L'audace les a toujours étonnés, et ils n'ont jamais eu que du mépris pour les téméraires. Dans leurs batailles, aujourd'hui comme autrefois, jamais rien de fou, de désordonné, de violemment héroïque. Déjà, dans l'*Iliade*, Homère oppose à la fougue tumultueuse des Troyens (les barbares) le bon ordre des Argiens allant à la bataille. « Les Lacédémoniens, dit Thucydide(1), marchaient lentement au combat, aux modu-

---

(1) IV, 70.

lations d'un corps nombreux de joueurs de flûte, institué non dans un but religieux, mais pour imprimer à la marche une cadence régulière et empêcher les rangs de se rompre. » Au contraire des anciens Romains, des héros du moyen âge, des Castillans et des Hongrois, ils n'ont jamais pensé que « le vaincre par force est moins glorieux que par fraude, » et tenant avec Montaigne « celui avoir l'honneur à la guerre qui en a le profit, » ils ont toujours suivi le précepte de Lysandre, « que, là où la peau du lion ne peut suffire, il faut y coudre un lopin de celle du renard. » — « Pendant la guerre de l'Indépendance, raconte About (1), ils ont surtout combattu en tirailleurs, derrière les buissons. On n'aura pas de peine à me croire lorsqu'on saura qu'ils appuient volontiers leur fusil sur un arbre ou sur une pierre pour assurer le coup. Les chasseurs ne tirent guère de gibier au vol, ils tirent les perdrix au posé et les lièvres au gîte. » Pour un chasseur psychologue, ce dernier trait en dit davantage que tous les commentaires.

Ainsi, ç'a toujours été une race au cœur froid, il faut le constater ouvertement, et il ne faut pas s'en plaindre. A quoi donc a servi aux Polonais, aux Madgyars d'avoir un volcan dans la poitrine ? Rien qu'à exciter l'enthousiasme et l'amour des femmes, ce qui

---

(1) *Grèce contemporaine,* p. 54.

ne suffit pas pour vivre. Ce n'est pas Ajax qui s'est emparé de Pergame, c'est Ulysse. Plaise aux dieux qu'Ulysse reste encore longtemps le héros national de la Grèce !

Et maintenant, j'arrive à ce qui fait aujourd'hui comme jadis la beauté remarquable de cette race, à son intelligence. J'ai dit la rayonnante splendeur des cieux de la Grèce. Or toute cette splendeur, qui n'a pas pâli, est dans les cerveaux. Lumière plus vive et plus claire n'existe pas au monde. Il est impossible de ne pas être ébloui et charmé par un semblable éclat ; nul ciel n'a été plus favorisé, nulle race n'a été plus richement douée par la nature.

Joubert disait qu'il y a des âmes où il fait chaud et des âmes où il fait clair. Dans l'âme de la race hellénique, il fait clair, et cette clarté n'a pas son égale. Tous ces gens-là comprennent vite et bien, ne sont jamais plus joyeux qu'en apprenant, que par le savoir. Le plus humble agoyate est aussi amoureux de vérité et de lumière que le furent jadis les disciples de Pythagore ou de Socrate. Le soleil est leur dieu. Leur cœur est sans passions violentes, comme leurs mers sont sans vagues ; mais leur esprit est pareil à leur ciel : il est sans nuages. Jamais rien de douteux n'y flotte. Les formes de la nature se présentent à leurs yeux comme si leur contour était tracé au burin, nettes, fermes et franches. Les idées s'offrent à leur esprit avec le même relief. L'horizon de leurs paysages est toujours borné, circonscrit. Dans le domaine psychique, ils ont toujours ignoré les préoccupations chrétiennes de l'*au delà*. Ils sont positifs comme les Anglais, mais ils sont délicats comme presque tous les peuples de l'Orient, comme les Italiens, les Turcs et les Persans. Comme celui de l'air, le grain de leur intelligence est d'une admirable finesse. Mais, en même temps, cette intelligence est d'une rectitude parfaite, et, dans ce pays où domine la forme géométrique, leur esprit a quelque chose de mathématique et leur logique est souveraine.

C'est à cette logique et à cette rectitude, c'est à cette soif incessante de lumière qu'on voit bien qu'ils sont les petits-fils des grands Hellènes d'autrefois. Sur la terre de Grèce, l'influence du climat sur l'homme est tellement puissante, que, malgré les conquêtes des barbares, il n'a pas eu de peine à se retrouver avec ses traits distinctifs. Du reste, toutes les circonstances physiques sont si bien assemblées ici « pour délier les intelligences et aiguiser les facultés, » qu'en ce merveilleux pays l'esprit même du voyageur s'aiguise et s'affine, que les Romains, les Avares, les Slaves et les Albanais ont été hellénisés ; la subtile vaincue a toujours fini par prendre le féroce vainqueur.

On ne peut pas aimer la lumière sans aimer ces hommes. « Ils pensent pour penser, a dit Taine de leurs ancêtres (1), et c'est pour cela qu'ils ont fait les sciences. » Ce jugement n'a pas cessé d'être vrai. Comme autrefois Prométhée, ces voleurs continuent à dérober le feu de Jupiter, et, comme autrefois Pygmalion, ils savent encore animer les marbres. A chaque instant, dans les rues d'Athènes et dans la campagne, je m'arrête pour regarder ces beaux fronts, admirables de puissance et de volonté. Leur esprit n'est jamais endormi. C'est toujours ce peuple de questionneurs et de curieux qui réjouissait Socrate. Ils raisonnent de tout. Sauf celle de quelques Parisiens, je ne connais pas de conversation qui soit à la fois plus charmante et plus nourrie que la leur. Ils voudraient tout savoir, tout éclaircir. Quand ils causent avec un étranger, presque toutes leurs phrases finissent par un point d'interrogation. Nul spectacle n'est plus noble que celui de ces intelligences toujours en éveil.

Ce qu'on ne saurait assez admirer, c'est la trempe de leur caractère. Leurs ennemis d'aujourd'hui, Turcs et Slaves, en parlent dans les mêmes termes que leurs ennemis d'autrefois : « Les Athéniens (lisez les Grecs) sont novateurs, prompts à concevoir et prompts à exécuter ce qu'ils ont conçu. Ils sont entreprenants au delà de leurs forces, audacieux jusqu'à l'irréflexion, pleins de confiance dans les périls. Vain-

(1) Dans son admirable *Philosophie de l'art de la Grèce*.

queurs de leurs ennemis, ils poussent aussi loin que possible leurs avantages; dans la défaite, personne ne se laisse moins abattre. Ils dévouent leur corps à la patrie comme s'il leur était étranger; leurs pensées ne leur appartiennent en propre que pour les consacrer à son service. Ne pas atteindre l'objet de leur poursuite, c'est pour eux être dépouillés d'un bien qui leur appartenait; l'obtenir, c'est n'avoir rien fait, en comparaison de ce qui reste à faire. Une de leurs espérances a-t-elle été déçue, une autre la remplace, et la mesure n'en est pas moins comblée. A peine jouissent-ils de ce qu'ils possèdent, occupés sans cesse d'acquérir. Ils ne connaissent d'autre fête que l'accomplissement du devoir et font consister le malheur bien plutôt dans une molle oisiveté que dans l'activité laborieuse. On les peindrait bien d'un seul trait en disant qu'ils sont nés pour ne connaître aucun repos et n'en point laisser aux autres (1). » A ce superbe portrait, il n'y a pas une ligne à changer.

Leur vie est pleine de pensées; mais comme ces pensées sont fortes, toujours saines et robustes, il en résulte que la gaieté est restée le fond de leur caractère. « Quoique le monde ait entrepris, comme dit Montaigne, d'honorer la tristesse de faveur particulière et d'en habiller la sagesse, la vertu et la conscience, sot et monstrueux ornement, » eux, ils ont

---

(1) Thucydide, I, 70.

persisté dans les sentiments de leurs aïeux ; « la belle humeur et la joie de vivre sont restées choses grecques par excellence (1). » Leur pays est bon, leur ciel est le plus beau du monde, ils vivent très bien de quelques légumes et de quelques fruits; pourquoi chercheraient-ils sur les terres chrétiennes la plante exotique de la mélancolie? Chez eux, pas de suicide. Ils vont en chantant à la bataille de la vie. Aussi longtemps qu'il garde l'usage de ses bras, un Grec ne désespère point. Si j'osais, je dirais que ce qui double le prix de leur intelligence, c'est l'élasticité de leur nature. On croit les avoir terrassés, mais, comme la balle, quand ils touchent terre, c'est pour rebondir. Même aux plus mauvais jours de leur histoire, ils n'ont jamais douté de l'avenir. Ils ont le pressentiment de la victoire finale; mais ils ne se sont pas laissés atteindre par le fatalisme musulman, et ils savent tous que le triomphe est au prix d'une lutte acharnée. Aussi, il n'existe pas de peuple qui, depuis un demi-siècle, ait plus travaillé que celui-ci. Nul n'a marché à pas plus rapides dans la voie du progrès.

A peine libres, ils ont commencé par fonder des écoles. L'éducation de la jeunesse, tel a été leur premier souci. Je ne sache rien de plus beau que l'enthousiasme avec lequel ils ont entrepris cette lutte contre

(1) Renan.

le passé. Dès que les Turcs furent partis, on vit de tous côtés surgir des écoles, des collèges, des bibliothèques. Ce fut comme une magnifique végétation spontanée. Hier Palikares, pirates, aujourd'hui maîtres d'école, semeurs d'idées. On a conservé quelques-uns des noms de ces vaillants disciples de Coray : Doukas, Œconomos, Gazis, Vambas, Coumas, Gennadios ; il faudrait les inscrire en lettres d'or sur le fronton du Nouveau-Musée. Ce qu'il y eut peut-être de plus remarquable, c'est que le gouvernement (Capo d'Istria, Othon) n'eut à s'occuper de rien ; il n'avait qu'à laisser faire la nation. L'Académie, l'École polytechnique, l'Université, l'Arsakion furent fondés par de riches marchands d'Athènes. Ce sont les fils de ces marchands qui payent aujourd'hui les professeurs, entretiennent les classes et les cours. Tout l'admirable génie de la nation est dans la grande statistique de l'instruction publique, récemment publiée. Aujourd'hui, l'Université d'Athènes compte soixante-quatorze professeurs et quatorze cents étudiants. Les lycées de l'État, au nombre de dix-huit, ont cent vingt-huit professeurs et deux mille quatre cent soixante élèves ; il y a cent trente-six écoles helléniques, avec deux cent quatre-vingts maîtres et sept mille six cent quarante-cinq élèves. Les écoles primaires sont plus nombreuses que les communes. Le plus petit village a son école. De jeune Grec qui n'ait pas appris à lire et à écrire, je ne sais personne qui en ait vu. Comme au temps de Plutarque (1), Grec et écolier auraient dû rester deux mots synonymes. Les communes dépensent pour l'instruction primaire le seizième de leur revenu, et cette instruction, obligatoire, est entièrement gratuite. Le maître d'école est le premier dans le village ; le parèdre et le pope lui cèdent le pas. La seule école qui soit inconnue, c'est l'école buissonnière. Comme naguère About, nous avons vu dans maint village de la Béotie et de l'Attique des classes en plein air ; les enfants étaient accroupis devant la porte de l'école et écoutaient le maître, sans prendre plus garde à notre caravane qu'aux mouches qui volaient et qui eussent fixé toute l'attention d'écoliers français. Ce n'est pas une chose ridicule que l'étudiant domestique ou même l'étudiant mendiant. « Celui qui ne connaît pas les lettres, dit un proverbe maïnote, n'est pas un homme. » A cinquante ans, Canaris s'est mis à apprendre à lire.

Leur intelligence éclate partout ; et de même qu'elle brille dans les yeux du moindre agoyate comme au front de l'homme d'État et du savant, elle se manifeste dans toutes les branches de l'activité humaine : dans la politique, dans la littérature, dans les sciences, dans le commerce, dans l'industrie naissante, dans la jeune société qui se forme. Ils sont aptes à tout. Sur quelque voie qu'ils débarquent,

(1) *Vie de Cicéron*, ch. II.

ils ne tardent pas à devenir les maîtres. A Constantinople, à Salonique, à Smyrne, à Trieste, à Marseille même, ils sont les premiers. Ils ont promené leur flambeau dans le monde entier, et, à côté de chaque comptoir, ils ont élevé une école. Ils commencent avec rien, avec une cargaison de raisins de Corinthe ou d'olives, et ils meurent millionnaires, fondant par testament des établissements d'instruction publique. Un de mes amis a connu à Smyrne une vieille Grecque qui pour toute fortune n'avait qu'une vache : en mourant, elle l'a léguée à l'Université d'Athènes. Quand on veut bien les juger, il faut poser, comme premier trait de leur caractère, la volonté précise et déterminée; chacun a son but marqué dès le début de la vie; ce but se dresse devant lui, clair et net, et il l'atteint, à moins qu'il ne meure avant l'heure. Ils savent, mieux que les juifs eux-mêmes et les Arméniens, se plier aux circonstances, et ils ne rompent jamais. Pareille force de vouloir ne se trouve nulle part. Les tentations n'existent pas pour eux. Ils ressemblent aux matelots d'Ulysse, qui, au passage de l'île des Sirènes, s'emplirent les oreilles de cire pour ne pas entendre la mélodie séductrice. Les chevaux grecs ne sont pas rapides comme ceux de la Normandie ou du Yorkshire; mais ils ne s'emportent jamais, et, lentement, sûrement, calculant chaque pas, ils arrivent au sommet de l'Hélicon ou de l'Olympe, là où des chèvres ne grimpent qu'avec peine.

Je vous parlerai une autre fois, avec des détails, de leur vie politique, de leur patriotisme, de leur amour de la liberté et de l'égalité.

Ils n'ont jamais cessé d'être un peuple d'artistes et d'aimer le beau. Même aux jours de la servitude, l'homme du peuple a toujours eu les yeux ouverts sur ce que Léonard appelle, d'une expression admirable, *la bellezza del mondo*. Ils n'ont jamais perdu le culte de la nature, n'ont jamais méconnu les formes pures de leur montagne, la clarté de leur ciel, la teinte magnifique de leurs mers. Les chants nationaux sont semés des plus exquises descriptions. Ils prononcent le mot *kallos* avec cet accent amoureux qu'ont les Italiens pour dire *bella, dolce gentile*. Dans les campagnes, ils s'habillent avec une élégance exquise, et, comme jadis, ils pensent qu'être richement vêtu et se montrer dans les plus beaux ajustements, c'est chose digne d'envie par excellence (1). Ils sont tous musiciens. Dans deux ou trois siècles, quand la grande idée aura triomphé, et quand les loisirs leur seront venus avec la victoire, ce sont eux qui, pour la troisième fois, alimenteront notre vieille Europe avec leurs œuvres d'art, qui des lèvres desséchées de nos petits enfants approcheront

(1) Platon, *Ion*.

des urnes de cristal pleines d'une onde de poésie fraîche et pure.

Ils redeviendront la nation de Phidias et de Sophocle; ils ont toujours été la nation d'Aristophane. Hommes à la taille de guêpe, toujours gais, joyeux, ayant toujours le mot pour rire, les plus fins observateurs de l'Europe (1). Leurs plaisanteries sont toujours délicates; « leur vin, pour parler le langage d'Eschyle, est toujours parfumé... » Les Athéniens d'aujourd'hui ne sont pas beaucoup moins spirituels que leurs ancêtres, complètent la coquetterie du corps par la coquetterie de l'esprit; l'ironie fine et légère, la grâce moqueuse, le flegme impertinent sont cadeaux que la nature a mis dans chaque berceau. Partant, aux jours d'oppression, le Grec devient trop facilement Græculus : bouffon et parasite à Rome, « premier ancêtre des Scapins, des Mascarilles et de tous les ingénieux drôles qui, n'ayant que leur esprit pour héritage, s'en servent pour vivre aux dépens d'autrui » (Taine); entremetteur à Byzance, valet qui recevait des volées de bois vert et gouvernait l'État entre deux bastonnades ; pis encore à Stamboul, et cela pas plus tard qu'hier. On m'a cité nombre de pères grecs qui, ayant deux fils et voulant tenter la fortune, avaient fait de l'un un chrétien et de l'autre un musulman; le chrétien était devenu

(1) About.

évêque, savant, millionnaire, général, ministre; le musulman, ayant plu à quelque vizir amateur de jolis garçons, trônait quelque part comme pacha, comme vali. J'en sais un qui a été grand vizir, et dont le frère est pope dans les Cyclades... Mais cela me ramène à leurs défauts, qui ne sont, en somme, que ceux de leurs qualités.

Je résume ces notes : Dans le monde païen, c'est par leur lumineuse intelligence qu'ils ont été les premiers de tous. Dans le monde de l'Orient dont la formation se prépare, c'est par cette même intelligence qu'ils triompheront de tous les obstacles. Quant à leur léger bagage de moralité, qui sait si ce n'est point une chance de succès de plus? Ainsi lestés, ne vont-ils pas d'un pas plus vif à l'assaut de l'avenir que s'ils traînaient après eux tout le lourd fardeau des doctrines *germaniques* du devoir? Et puis, quand ils auront remporté la victoire, quand la Grèce sera l'Hellade et quand le souvenir de l'adversité ne sera plus qu'un rêve, ne sont-ils pas assez intelligents pour découvrir alors qu'il y va de leur intérêt de devenir enfin, — ce qu'il eût été certes plus beau et plus noble d'avoir été de tout temps, — de devenir probes et véridiques? Les riches marchands grecs de Marseille ne traitent jamais par écrit. Ils donnent leur parole et cela suffit.

La mer, la campagne. 24 octobre.

Aujourd'hui, je suis sorti d'Athènes par l'Hagia-Trias et j'ai suivi jusqu'au Pirée la belle chaussée qui a été la voie sacrée et que longe aujourd'hui le chemin de fer. A ma droite s'étendait le grand bois d'oliviers que Sophocle a chanté dans *Œdipe à Colone*, vantant « le sol blanchâtre, riche en coursiers, où de nombreux rossignols à la voix mélodieuse gazouillent dans de vertes vallées, cachés sous le lierre noir et sous le feuillage sacré. » Mais le Céphise au cours intarissable n'est plus qu'un sentier pierreux, et l'on ne rencontre plus à partir de l'Agora d'Hippodamas qu'une grande lande stérile que prolongent vers l'est les marais de Phalère. Rien de plus triste que l'aspect de cette terre nue, violacée comme une fille transie par le froid, tordant çà et là quelques pauvres amandiers. Point de sol arable. L'atmosphère est viciée par des eaux stagnantes. On n'a pas essayé encore, comme dans nos landes, d'y planter des pins, des arbres résineux. Jusqu'au jour où l'industrie aura pris son essor et où les usines se dresseront de toutes parts pour souiller le ciel bleu de leurs fumées, il n'y a rien à faire sur ce coin désolé de l'Attique.

La route fait un coude et le Pirée apparaît, ville naissante de quinze mille habitants. C'est ici, dans ce port, qui sera quelque jour le Marseille de la mer Égée, qu'on se rend le mieux compte des progrès faits par la Grèce depuis un demi-siècle, de l'admirable intelligence pratique de ce peuple à la fois si jeune et si ancien. Naguère, il n'y avait là qu'une plage déserte avec trois ou quatre misérables chaumières. Aujourd'hui, il y a une ville qui déjà surpasse par son importance le port tant célébré de la Grèce antique. En douze ou quinze ans, on a construit une dizaine de filatures, une cinquantaine de fabriques diverses, des moulins à vapeur, des entrepôts considérables, des magasins, une douane, un quai magnifique. Ce port est presque aussi fréquenté que celui de Syra. C'est un mouvement qui n'arrête pas, une superbe explosion de vie commerciale. On passerait des journées entières à se promener sur les quais sans une minute d'ennui. Partout éclate la jeune activité hellénique. Un pêcheur décharge des paniers remplis de poissons exquis de la baie de Salamine. Des matelots roulent des barriques d'huile, portent à bord des paniers de charbon, des balles de coton ou de soie. Des patrons de barques discutent le prix des marchandises, le temps qu'il fera, naturellement les dernières nouvelles politiques. Une bande de gamins à l'œil vif et perçant sort militairement de l'école. Un marchand de journaux accourt de la gare avec les gazettes du soir qui se vendent moins d'un sou et qui sont enlevées en un clin d'œil. Des officiers de la marine française s'attablent dans un café avec des officiers grecs et l'on parle de Navarin, du congrès de Berlin, de l'intervention de la République en faveur de la Grèce. Derrière moi, la ville s'agite : les locomotives mettent leurs sifflements aigus dans l'uniforme bourdonnement de la ruche humaine ; on entend grincer les roues des fabriques, rouler des charrettes, et devant moi, au delà du port, le golfe d'Égine étend, comme un grand tapis de velours, ses eaux bleues qu'empourpre le soleil couchant.

C'est vers elle, vers la grande mer, que sont tournés tous les yeux ; car c'est elle la souveraine, la maîtresse adorée qui n'a jamais abandonné les Grecs et qui, sauf aux Anglais, les a toujours préférés à tous ses autres amants. Elle a pour eux des attentions délicates, vraiment amoureuses. Elle est, pendant dix mois de l'année, douce et souriante, unie comme un miroir ; ses rares colères ne sont jamais bien dangereuses. Elle appelle les Grecs, les porte avec tendresse, pour qu'ils s'enrichissent, aux quatre coins de la Méditerranée. Afin d'être toujours présente à leur esprit, elle entre dans le continent par une infinité de baies et de creux, elle pénètre la terre par des golfes innombrables, elle l'étreint ; elle leur a donné plus de côtes qu'à l'Espagne qui est dix fois plus grande. Sauf dans l'intérieur de la Morée et vers le nord, elle leur permet de voir de partout « sa bande bleue, son demi-cercle lumineux à l'horizon (1). » Elle les a tellement et si bien façonnés, que déjà, au dire de Strabon, ils étaient un peuple d'amphibies, et Reclus, qui est notre Strabon, dit qu'ils ont pris quelque chose de la mobilité des flots. C'est la mer qui les a faits ce qu'ils sont. « Le propre d'un homme prudent et sensé qui a beaucoup navigué, remarque un personnage d'Aristophane, est de tendre toujours sa voile du côté où souffle le bon vent, plutôt que de rester raide et immobile comme un dieu Terme. » La passion des voyages les tient depuis leur première enfance historique. Ils ont eu les Argonautes et Ulysse; ils ont maintenant quarante mille matelots, qui tous finissent par rapporter chez eux un morceau de la toison d'or. Dans chaque Grec comme dans chaque Anglais, il y a l'étoffe d'un marin. Lancer un navire à la mer a toujours été l'une de leurs plus grandes joies. Les vaisseaux sont légers, rapides, moins solides que les nôtres, mais « ils coûtent deux tiers de moins. » Le Grec ne forme qu'un avec sa barque, se présente comme une espèce de centaure marin. Au temps de Périclès, couverte

---

(1) Taine.

de colonies depuis les Palus-Méotides jusqu'aux colonnes d'Hercule, la Méditerranée était un grand lac hellène. Tel est aujourd'hui le magnifique essor de la marine grecque, qu'au siècle prochain la Méditerranée leur appartiendra de nouveau. En 1846, ils faisaient avec Constantinople deux fois plus d'affaires que l'Angleterre et treize fois plus que la France. Les dernières statistiques donnent près de six mille navires jaugeant ensemble près de trois cent cinquante mille tonnes; les chantiers de Syra lancent par an plus de trois cent cinquante vaisseaux; le mouvement d'un port à l'autre est de quarante-huit mille vaisseaux et de deux millions de tonnes; huit mille navires partent annuellement pour l'étranger et il en vient à peu près autant; sur aucune mer du monde, il n'existe de caboteurs comparables à eux.

Ainsi, c'est sur la grande mer bleue que l'activité grecque trouve son plus riche aliment; la mer, dit About, est le chemin qui joint la Grèce au monde entier. Tous sont nés marins; tous sont marchands, et quels marchands ! A bon droit, le timbre grec porte la jeune et souriante figure d'Hermès. Il faut, pour se rendre compte de leur grandeur commerciale, les comparer aux autres nations. Leur marine marchande est supérieure à celle de l'immense Russie; elle égale celle de l'Autriche; elle dépasse dix fois, malgré Anvers, celle de la Belgique. Pour un habitant en Grèce, nous trouvons 97 francs de commerce spécial ; nous ne trouvons que 94 francs pour un Italien. Par an, ils importent pour 80 et exportent pour 120 millions de drachmes. Ce n'est pas de la simple habileté qu'ils apportent au commerce, c'est du génie.

Mais ce merveilleux essor de la marine leur a donné d'autres avantages encore que ceux d'un négoce incomparable. Les vaisseaux au pavillon bleu et blanc qui sillonnent la Méditerranée et l'Atlantique portent autre chose que les denrées : ils portent l'idée grecque. Les marchands du Pirée et de Syra semblent ne chercher par le monde qu'une clientèle commerciale ; le gain passe pour être le but unique de leur vie ; d'aucuns les accusent de n'avoir d'yeux que pour l'or et l'argent. On ne s'aperçoit qu'après coup que de chaque clientèle commerciale qu'ils ont trouvée, lentement, sûrement, avec une adresse admirable, ils ont su se faire une puissante clientèle politique. Partout où ils trafiquent, sur quelque plage aride qu'ils débarquent, ils ont soin de jeter un grain de la semence hellénique, et le grain germe, et chaque nouveau client est un avocat, sinon un soldat de plus, pour la grande idée. Les flots de toutes les mers les connaissent et leur intelligence laisse en tous lieux un sillon de lumière qui leur gagne les cœurs élevés. C'est ainsi qu'ils ont achevé aujourd'hui la conquête morale des deux rives de la mer Égée ; qu'en dehors de la Grèce des traités, ils sont en voie de constituer l'Hellade. Jamais la force de l'idée ne s'est manifestée avec plus d'éclat. Quand ils auront triomphé, ils devront à Neptune une hécatombe autant qu'à Pallas.

Sully voulait que l'agriculture et le commerce fussent les deux mamelles de la France ; Burnouf a justement constaté que les deux mamelles de la Grèce ne sont que la marine et la banque. Aussi, après le côté de lumière, il faut montrer le côté d'ombre, je veux dire l'agriculture négligée, presque méprisée, l'industrie entourée volontairement de mille entraves, et cela par jalousie de l'étranger. C'est surtout la lenteur avec laquelle s'opère la reconquête du sol agricole qui est déplorable, leur persistance obstinée à faire fi, tout comme leurs ancêtres, de la profession de laboureur. « Dès leur enfance, disait Périclès, ils ont été habitués à considérer que la marine était leur véritable profession, que les terres n'étaient que la parure de leur richesse. » Ce reproche est toujours de circonstance. « Ne convient-il pas, demande Platon (1), que celui qui par lâcheté aura quitté son rang, jeté ses armes, ou fait quelque action indigne d'un homme de cœur, soit dégradé et relégué parmi les artisans et les laboureurs? » Cette idée de dégradation leur est restée familière. Ils méprisent la terre, le travail de la char-

(1) *République,* livre V.

rue, n'estiment que la marine et les professions libérales. Les deux tiers des terres arables sont en friche, et celles qui sont cultivées le sont mal, sans amour, ne rendent pas le dixième de ce qu'elles devraient rendre. La journée de l'ouvrier employé aux travaux de la campagne est de trois ou quatre francs, non que les bras fassent défaut, mais parce que le Grec le plus humble exige une forte somme pour travailler le sol. Mal considérable, et grand danger pour l'avenir. Les Grecs oublient que le christianisme a détruit l'esclavage, ne se rendent pas compte que le temps des ilotes est passé. Certes, la Grèce n'est pas une Normandie, mais elle n'est pas non plus une Sologne. Irriguée, remuée, elle donnerait des trésors, et plus encore, l'assiette solide qui manque à l'esprit trop aventureux. Il faut dire toute la vérité. Si Cérès n'est pas replacée au premier rang des grandes déesses, la fortune de la Grèce restera toujours aussi incertaine que la mer à qui elle se confie tout entière. C'est une belle chose que le navire ailé qui fend de sa proue les flots légers de la mer; mais la charrue qui fend le sein de la terre est plus belle encore. C'est un noble spectacle que celui d'un peuple de lettrés; mais si les usines et les fabriques restent de quatre-vingts pour cent moins nombreuses que les écoles, ces lettrés mourront de faim et se vêtiront de guenilles.

La société.

A vrai dire, il n'en existe point. D'une part, le Grec moderne est trop occupé de ses affaires et de celles de l'État, qui sont aussi les siennes, pour qu'il désire vivement d'autres lieux de réunion que le marché, la bourse et le café. De l'autre, la femme, comme dans la Grèce antique, joue un rôle trop secondaire et, dans une atmosphère encore imprégnée de préjugés musulmans, vit chez elle, enfermée dans des gynécées qui sont trop semblables à des harems. Or, sans hommes oisifs et sans femmes libres de leurs actions, point de salon, point de société.

Il n'y a point d'aristocratie. Est-ce un bien? Oui, au point de vue politique, car la constitution très compacte de la démocratie grecque est une des forces du pays. Non, au point de vue social, car l'heureux désœuvrement d'une aristocratie est nécessaire à la naissance d'un monde d'artistes délicats et raffinés. Je vois à Athènes nombre de gens riches, mais pas un seul qui jouisse de sa richesse. Déjà Thucydide remarquait que pour ses concitoyens la fortune n'est essentiellement qu'un « auxiliaire de l'action (1). »

(1) IV, 40.

Aujourd'hui, plus on a de drachmes, plus on désire en gagner. Si par hasard on se trouve avoir du temps de reste, on le donne, si l'on est ambitieux, à la politique; si l'on est sage, au sommeil. Les dormeurs sont rares.

De bourgeoisie proprement dite, je ne vois pas davantage que de noblesse. Aucune république n'a de peuple plus *un* que celui de ce petit royaume. Le sens de l'égalité étant inné à la race, le dernier barbier de la rue d'Hermès tutoie le ministre qui passe (About), et le premier dignitaire de la cour ne se croit pas supérieur au laquais qui cire ses bottes tout en préparant un examen de docteur. En France et dans les autres pays où la Révolution a passé, il n'existe plus de barrière entre les classes. En Grèce, il n'existe en réalité ni classes, ni couches sociales. Dans l'antiquité, il n'y avait à Athènes que des hommes libres et des esclaves; aujourd'hui, il n'y a plus que des hommes libres, et ces hommes sont restés égaux comme au temps d'Homère. Pour eux, l'égalité politique a été une conquête; l'égalité devant la loi est illusoire dans un pays où presque tout s'achète; mais l'égalité sociale est vieille comme la race même, elle est son essence et son esprit.

Ce que nous entendons à Paris par le goût des plaisirs leur est à peu près inconnu. Le *sport* n'existe que pour les attachés d'ambassade. Le théâtre n'est ouvert que l'hiver. Le mépris de la dépense frivole étant inné aux plus riches, les fêtes sont rares, et comme de toutes les vertus grecques la sobriété est la plus générale, les dîners en ville ne sont pas plus fréquents que les bals. Le Grec ne comprend pas le plaisir que nous prenons à manger en cérémonie ou entre amis d'une douzaine de plats plus ou moins délicats. Il dîne en famille, et son menu ordinaire ne comprend guère qu'un poisson, une tête d'agneau et des fruits; puis un narguilé, une tasse de moka bien épais et très parfumé, un verre de raki, un journal et une bonne discussion politique ne lui laissent plus rien à désirer; c'est ainsi que le café remplace le salon. Aller dans le monde, comme on fait chez nous, pour se créer des relations, pour aplanir la voie d'une carrière politique ou littéraire, pour courtiser les femmes des autres, cette idée ne leur viendra pas de longtemps. Il n'y a guère que les ministres anciens et présents qui reçoivent. Le soir, ils restent au logis, et, suivant que leur étoile est brillante ou pâle, ils sont entourés de deux cents intrigants ou de quatre familiers. A ces réceptions on vient en petite toilette; l'habit et la cravate blanche ne paraissent que dans quelques solennités officielles. Tout le monde fume. A chaque nouvel arrivant, on offre une tasse de café et un verre d'eau. On ne sert le thé que dans une vingtaine de salons à prétentions occidentales. Fort souvent la femme du personnage politique qui reçoit ne paraît pas, reste chez elle à filer de la laine. Je ne connais qu'un salon qui soit réellement présidé par une femme, celui de M. Tricoupi ; sa sœur, qui a été la compagne fidèle et la directrice de sa vie, est la Juliette Lamber d'Athènes.

Je ne saurais trop insister sur le peu de place que la femme tient dans la vie sociale des Grecs. L'absence presque totale des courtisanes a pu contribuer à la force physique et intellectuelle de la nation ; mais l'absence des douces amies de l'esprit, des hétaires, est certainement la cause de cette rudesse qui laisse au Grec quelque chose de barbare ou de trop oriental. On tient les femmes grecques enfermées, et, chose rare, elles ne tâchent pas de sortir. Comme au temps de Démosthène, elles savent que leur unique mission est de « garder la maison et de faire des enfants. » Les intrigues amoureuses sont aussi rares qu'elles sont fréquentes en Italie. Janthe, cette gracieuse sirène dont About a conté l'histoire, occupe toujours les esprits comme une bizarre exception. Les jeunes filles reçoivent une instruction médiocre, ne savent jamais que le grec et, par conséquent, ne sauraient lire de romans. Ce sera une curieuse révolution que celle que feront un jour, quand ils pénétreront dans les gynécées, les livres de Balzac, de George Sand et de Musset.

Très peu d'artistes dans ce pays, qui est le berceau de l'art et qui a conservé le culte du beau. Les Grecs d'aujourd'hui se contentent d'admirer ; ils ne créent pas, semblent attendre pour reprendre l'œuvre de leurs ancêtres que la grande idée politique ait triomphé.

Le précepte de Platon a été appliqué. Sauf Rhigas, tous les poètes ont été bannis du territoire de la république. La Grèce contemporaine est un pays pratique, un pays de prose. L'armée qui marche à la reconquête de l'Hellade ne veut pas s'embarrasser, comme les armées de Louis XV, d'une suite de comédiens, de laquais, de coiffeurs et de marmitons. En revanche, elle est précédée d'une cavalerie légère de journalistes, qui sont aussi bons éclaireurs que les uhlans. On compte à Athènes près de cinquante journaux ; il y en a quatre à Syra, dix à Corfou, deux à Nauplie ; toutes les préfectures et beaucoup de sous-préfectures ont les leurs. Ces journaux sont rédigés à la diable, avec une verve intarissable. Imprimés sur de la pelure d'oignon, ils se vendent de quatre à dix leptas. On sait que le nombre des livres qui paraissent est en raison inverse du nombre des journaux. Il se publie en Grèce très peu de livres. Quant aux écrivains que la presse n'a pas entraînés dans son tourbillon, ils sont beaucoup plus célèbres que connus et bien plus vantés que lus. Mais cette condition est générale. M. Paparrigopoulo, l'auteur de la *Civilisation hellénique*, est un historien de premier ordre. L'école de Coray forme toujours de bons élèves.

Quant aux médecins et aux avocats, il faut, à regret, constater qu'ils pullulent. Cela tient à deux causes : d'abord à ce que les maladies sont fréquentes, et que les Grecs sont plus chicaniers que les Normands ; ensuite, au déplorable penchant qui pousse les jeunes gens vers les prétendues professions libérales. On m'affirme que les médecins sont habiles, et que les avocats, éloquents et sans scrupule, sont les dignes petits-fils de Démosthène, ce qui n'a rien d'étonnant dans un pays où tout le monde est né orateur. Mais personne ne nie que ces deux professions soient encombrées, que, malgré les fièvres et les procès, les médecins sans malades et les avocats sans clients abondent sur le pavé des grandes villes. Un pareil état de choses est plein de périls. Il contribue à priver l'agriculture des bras qui lui sont nécessaires, à arrêter le développement de l'industrie ; chose pire encore, il crée des catégories innombrables de déclassés qui passent leur temps à intriguer contre le gouvernement ou à guetter quelque place officielle. En vérité, on dirait que ces gens-là croient être encore aux jours du paganisme, où l'esclavage leur permettait de se croiser les bras et de ne faire travailler que leur cerveau. Quand on les avertit du danger qui les menace, on lit dans leurs yeux le regret que la terre ne puisse donner d'elle-même le froment et les blondes moissons. Tout au moins, ils voudraient avoir des ilotes pour pouvoir passer leurs journées à discuter sans souci dans les cafés, à pérorer sur l'Agora et dans quelque nouveau jardin d'Académus, sans inquiétude pour leur ventre. De toutes parts, j'entends le chœur des grenouilles d'Aristophane : « O éther dont je me nourris, ô volubilité de la langue, ô finesse, ô flair subtil ! »

Aussi l'administration du royaume est pitoyable. Les Grecs s'en rendent bon compte, disent tous, nulle épithète ne saurait être plus sévère, qu'elle est restée *turque*, c'est-à-dire incapable et malhonnête. Ce que j'en ai vu de mes propres yeux, et ce qui m'a été rapporté par des témoins dignes de foi, confirme ce dire. Les bureaux sont remplis de voleurs ; il y a vingt fois plus de fonctionnaires que n'exigent les besoins du service ; les préfets et les sous-préfets, qu'on renverse à chaque changement de cabinet, sont pour les trois quarts de très médiocres personnages, bouffis de vanité, sans capacité et sans moralité. Quand il ne fait pas de son fils un commerçant, un père est persuadé que l'État lui doit une place, des revenus et des galons. Même chez nous, on ne recherche pas avec une ardeur plus grande les fonctions officielles et les places du gouvernement. Il faudrait commencer par rayer du dictionnaire le mot trop séduisant d'*eleutherai diatribai*, professions libérales.

Que conclure d'un tel état de choses ? Il est certain qu'à bien des égards il est plein de périls ; que cette rage des carrières libérales et cette invasion des emplois publics constitue pour l'avenir de la Grèce un réel danger. Mais de là à ne voir dans Athènes qu'une petite Byzance, il y a encore loin. « L'instruction répandue dans les masses, écrivait judicieusement Lamartine, ce premier besoin des populations qui en ont été si longtemps sevrées, produit sur elles, au premier moment, une sorte d'éblouissement d'idées non encore comprises, un vertige d'esprit qui voit trop de jour à la fois; elles sont comme l'homme qu'on tire des ténèbres où il a longtemps langui, et à qui on ne ménage pas le retour à la lumière; comme l'homme affamé à qui l'on jette trop de nourriture à la fois: l'un est ébloui et reste aveugle un moment, l'autre périt quelquefois par l'aliment même qui doit le rendre à la vie. Il ne s'ensuit pas que le pain et la lumière soient des choses funestes; c'est la transition qui est mauvaise. Ainsi de l'instruction des masses; elle produit, au premier moment, une surabondance de capacités qui demandent un emploi social, un défaut de niveau entre les facultés et les occupations, qui peut et qui doit jeter pendant un temps une grave perturbation dans l'harmonie politique jusqu'à ce que le niveau, élevé pour tous, se rétablisse pour chacun, et que ces capacités multipliées se créent à elle-même leur propre mode d'action. » Mais il y a autre chose encore : le royaume grec de 1830 est trop petit pour l'activité hellénique.

Incapables de rester immobiles, les Grecs, à qui l'on défend de marcher en avant, piétinent sur place. On dirait des écureuils en cage. Je vois là une véritable pléthore d'activité, ayant pour conséquence une fièvre intellectuelle pleine de périls, une situation économique tout à fait funeste.

Partant, il n'est pas malaisé d'indiquer les remèdes. Le premier dépend de l'Europe : exécutez le traité de Berlin, donnez-leur la Thessalie avec Larisse et l'Épire avec Janina, et vous verrez si l'organisation du nouveau territoire, les routes à créer, les chemins de fer à construire, les forêts et les mines à exploiter, le sol à défricher ne représentent pas un demi-siècle de travail utile et calmant (About). — Le second dépend d'eux seuls, de la fermeté d'un gouvernement désireux de se montrer véritablement démocratique : abolir la gratuité de l'enseignement supérieur et de l'enseignement secondaire; réduire de plus de moitié et puis fermer les carrières administratives; démolir les monastères, où s'engraissent dans la fainéantise un tas de gaillards qui, attelés à la charrue, transformeraient le pays en quelques années; il suffit de trois petites lois pour éditer ces choses et pour écarter à jamais la perspective de redevenir Byzance.

Le gouvernement.

Ils ont trois grandes vertus politiques de premier ordre, et ils les ont au suprême degré. Ces vertus, qu'ils tiennent de leurs ancêtres, sont le patriotisme, l'amour de la liberté et le sentiment de l'égalité. On aura beau ergoter sur les parts d'orgueil, d'indiscipline et d'envie qui entrent dans ces passions : un peuple qui, à un culte aussi ardent, joint la belle intelligence que l'on sait, ce peuple est grand, le premier parmi les Orientaux, et l'avenir lui appartient. Les notes qui précèdent vous ont fait voir que je n'ai cessé de parler en historien naturaliste, non en avocat. Je poursuis la même méthode, et plus j'observe ces hommes, plus ces trois vertus m'apparaissent chez eux belles et éclatantes. Dans quelque situation qu'il soit, pauvre ou riche, paysan ou marin, homme de lettres ou commerçant, qu'il ait reçu une éducation rudimentaire ou qu'il ait recueilli des moissons de diplômes, qu'il soit un coquin ou un honnête homme, peu importe, le Grec aime la Grèce, la liberté et l'égalité d'un amour si profond et si sincère, que les plus sceptiques doivent s'incliner et reconnaître qu'une telle passion rachète bien des vices.

D'abord le patriotisme, douce et puissante dominatrice, pour parler comme Leopardi ; jamais la pensée de la patrie ne quitte le Grec ; jamais la grande image de la Grèce ne cesse de rayonner au plus profond de son âme. Enfant, il a sucé cet amour avec le lait de sa mère ou de sa nourrice qui, le berçant sur ses genoux, lui chantait la splendeur de la grande idée, la beauté de la Grèce et le but rayonnant de Constantinople. Jeune homme, il a dans les écoles appris à connaître le passé glorieux de sa race, et tous ses maîtres lui ont enseigné qu'il devait sa vie entière à sa patrie. Et véritablement, quelque profession qu'il embrasse, vers quelque point du monde qu'il porte sa barque, c'est à la Grèce qu'il donne sa vie. A tous et en tous lieux, il la vante, il la glorifie, et ses yeux brillent d'un tel éclat quand il parle d'elle, que son amour se communique et que tout homme civilisé voit dans la Grèce une seconde patrie. Fixé par le sort sur la terre étrangère, il n'a qu'un désir en mourant : être enseveli dans la belle Grèce, et l'on sait peu de testaments où la patrie ne soit inscrite pour un legs, où les musées, les écoles et les hôpitaux ne soient portés pour quelque don. Quand il n'a rien, il donne son cœur, sa dernière pensée.

Y a-t-il dans l'Europe occidentale une force de patriotisme qui soit égale à la leur? Je ne le pense pas. L'action du christianisme sur l'esprit de nos sociétés a été trop forte, et, pour le christianisme, les intérêts de la patrie sont toujours subordonnés à ceux de la foi. En Grèce, rien de tel, car si la religion orthodoxe a supplanté le paganisme, l'esprit païen a survécu au culte des dieux, et il avait trop bien façonné les hommes pour que ses grands principes disparussent tout entiers dans l'effondrement de l'Olympe. Or, pour le Grec ancien, la première des vertus était l'amour de la terre natale, et, malgré le christianisme, cet amour est resté la première vertu des Grecs d'aujourd'hui. Je sais bien qu'à cette passion exaltée, emportée, pleine d'elle-même, mère de la vanité nationale, on peut trouver bien des côtés ridicules ; je connais les fanfaronnades et les vantardises des Grecs modernes ; je les ai vus, pareils à leurs ancêtres, qui se dressaient sottement sur leurs ergots quand quelque Cléon les appelait « le peuple couronné de violettes, » et qu'on leur parlait « de la riche et puissante Athènes ; » mais ce ne sont là que taches légères sur un beau bloc de marbre de Paros, et la statue n'en reste pas moins admirable.

Amour qui reste platonique, ont dit quelques-uns. Cela est inexact. Amour qui sait aller jusqu'à l'héroïsme, dont le désintéressement est général, voilà ce qu'il faut dire. J'ai montré la nature de leur courage prudent et réfléchi ; mais, s'ils n'ont couru que rarement à l'encontre du danger, on peut affirmer aussi qu'ils n'ont jamais cherché à le fuir, quand il s'agissait de la patrie. Chaque fois que le salut de la Grèce l'a demandé, ils ont su mourir avec tant de grandeur que les peuples et les rois eux-mêmes ont été émus (Missolonghi, les Souliotes, les Hydriotes, les Crétois). Aucune bourse n'est plus ouverte que la leur dans l'intérêt de la cité; ce sont des particuliers qui ont fondé tout le haut enseignement, qui, pour la guerre de l'Indépendance, ont équipé des bataillons entiers, lancé des frégates, donné de la poudre et des armes.

Voilà la beauté de leur patriotisme, et sa force n'est pas moins grande, car c'est lui qui, en dehors de la Grèce, prépare l'Hellade. Tout dispersés qu'ils sont à travers le monde, et particulièrement sur les rives de la Méditerranée, ils forment une vaste association, un grand corps de nation. La Grèce est partout où se trouve un Grec. Comme les Anglais, dans quelque ville qu'ils séjournent, ils se groupent ensemble, en faisceau. Dans tous les ports de la mer Égée, à Constantinople, dans les villes les plus lointaines, à Alexandrie, à Marseille, à Trieste, les colonies grecques sont de véritables colonies dans toute la force du terme, non des agglomérations accidentelles, comme ce qu'on appelle les colonies françaises ou hollandaises. Non seulement ils ont leurs églises, mais il ont leurs écoles, leur justice, leur police, leur administration. Pourquoi? Parce que l'image de la mère patrie les suit partout, parce qu'ils emportent toujours avec eux les lares paternels. Aussi, ils ont constitué, en dehors de la Grèce physique, une Grèce morale, et cette Grèce morale, un jour ou l'autre, par la force des choses, deviendra la Grèce politique, l'avant-garde en Orient de la civilisation latine.

De ce puissant amour de la patrie découle directement leur passion pour la liberté, le propre des vrais amours étant toujours de vouloir la plus grande beauté de ce qu'on aime, et la liberté étant la plus noble des beautés morales. Du reste, remarquez ceci : l'intelligence, chez tous les peuples, et le désir de liberté sont vertus qui se développent simultanément. Plus l'esprit a d'élévation et plus l'âme a d'envergure, plus aussi l'homme a le respect et la fierté de sa qualité d'homme, et, dans ce respect et dans cette fierté, toute la liberté est comprise. Le mot *maître* n'a pas de sens pour les Grecs. Tout dégénérés qu'ils ont pu être à de certaines époques de l'histoire, jamais on ne les a vus, comme les Napolitains, les Espagnols ou les Allemands, lécher avec plaisir la main qui les frappait, acclamer le tyran qui les opprimait, rire en se courbant sous le joug, trouver la servitude douce et bonne. Brisés, domptés, enchaînés, désarmés, affamés, ils ont toujours gardé la force de haïr le maître : dès qu'ils ont pu, ils ont mordu ; ils n'ont jamais renoncé à leur culte de la liberté. L'homme est libre, fût-il né dans les chaînes ; cette belle pensée a toujours été au fond de leurs âmes.

Ils aiment la liberté sous toutes ses formes. La liberté morale, que les autres Orientaux n'ont jamais soupçonnée et que nos déterministes ont supprimée, n'a pas dans le monde entier d'adorateurs plus croyants que les Grecs. Ce qu'ils ont le plus oublié de la Grèce antique, c'est son fatalisme, c'est le culte des Moires. Mais ce qu'ils prisent autant que la vie même, c'est la liberté politique. Un État qui n'a pas d'assemblées publiques, c'était pour leurs ancêtres et c'est encore pour eux la plus misérable dégradation où puisse tomber un peuple. Quoi de plus beau que de se gouverner soi-même, que de ne jamais relever que de soi ? C'est là surtout, dans cette passion aussi ardente que raisonnée de la liberté politique, qu'ils sont grands et qu'il faut les admirer. Au milieu de l'Orient, toujours prêt à s'endormir sous un despotisme commode, ils sont une merveilleuse exception. Si vous les comparez aux peuples d'Occident, ils ne le cèdent à aucun, pas même aux Anglais et à nous. Souvent ils pourraient nous donner des exemples. De toutes les lâchetés, l'abdication des droits qu'a chaque citoyen de se régir lui-même et de contribuer au gouvernement de tous est celle qui leur paraît la plus détestable.

Ils aiment tant la liberté, qu'aux plus mauvais

jours de leur histoire, alors que les Turcs étaient les souverains du pays, pour échapper au joug, beaucoup d'entre eux, les plus forts, les plus vaillants, se sont faits brigands et pirates. Puisqu'on leur prenait les plaines, ils prirent les montagnes et la mer, et dans les criques sauvages des Cyclades, dans les gorges noires de l'Hélicon et du Pinde, ce sont des bandits qui gardèrent allumé le flambeau de la liberté. Quand éclata l'insurrection de 1769, quand, plus tard, Botzaris souleva les Souliotes, Germanos les Achéens, et Mavro-Michelis les Maïnotes, les klephtes descendirent des montagnes, les pirates accoururent à Patras, et ce sont eux qui ont libéré la Grèce. Après la libération, d'aucuns gardèrent encore quelque temps un si âpre amour de la montagne que, tous les ans, ils allaient passer quelques mois dans leurs défilés pleins d'ombre, puis, satisfaits, ayant apaisé leur soif de liberté sauvage, redescendaient dans les villes où ils étaient reçus sans rancune.

A côté de la liberté, fleurit l'égalité. J'ai déjà indiqué la nature de leur égalité sociale. Quand ils ont fondé leur royaume, ils ont fait de l'égalité politique le corollaire obligé et nécessaire de la liberté. De ces deux amours, lequel chez eux est le plus puissant? Celui de la liberté comme en Angleterre? Celui de l'égalité comme chez nous? Mes amis prétendent que c'est celui de l'égalité et que cela est propre aux races latines; ils ajoutent pourtant que les Grecs, depuis 1828, n'ont jamais toléré fût-ce la plus légère confiscation de leur liberté, tandis que cette égalité dont ils ont la passion, et parfois la vanité, eux-mêmes, à chaque instant, ils lui portent atteinte. Ainsi, point de service militaire obligatoire, une inégalité constante dans la perception de l'impôt (tous les puissants, ministres, députés, grands fonctionnaires, s'arrangent pour se dispenser, eux et leurs amis, du payement régulier des taxes); dans la justice, la plus grande vénalité. D'où cette conclusion : l'égalité politique ne se manifesterait en Grèce que par le suffrage universel et la gratuité de l'enseignement.

Mais déjà cela est énorme. Remarquez ceci : voici un État qui n'a pas un demi-siècle d'existence et qui a su si bien profiter de la marche en avant des peuples d'Occident, que, sans peine, presque sans travail, il a fait siennes des conquêtes qui nous ont coûté dix révolutions. A peine rendu à lui-même, le peuple grec regarde non vers l'Orient, mais vers l'Occident, et il nous emprunte avec une sûreté de coup d'œil qui est merveilleuse tout ce que nous avons de meilleur, la devise de la Révolution de 1789, le code civil, le régime parlementaire avec toutes les garanties constitutionnelles, notre rouage administratif, notre organisation universitaire. Pensant à l'avenir, ce qui me frappe surtout, c'est le temps qu'ils ont gagné, la force vitale qu'ils ont pu tenir en réserve. Les siècles que ces conquêtes ont absorbés chez nous, eux, ils pourront les employer à d'autres œuvres qui ne seront pas moins belles. Le capital d'énergie que nous avons dépensé, ils y ont à peine touché. On ne saurait imaginer un plus magnifique ensemble de conditions heureuses. Point de forces perdues dans la conquête des droits de citoyen ; toutes les ressources précieusement gardées pour la reconstitution de l'Hellade, qui sera la régénération de l'Orient.

Étant ainsi patriote et amoureux de la liberté, le peuple grec est par excellence un peuple politique. La grande affaire à Londres, c'est le commerce ; à Madrid, le plaisir ; à Vienne et à Naples, c'est l'amour ; ici, c'est la politique. « Nous sommes les seuls, disait fièrement Périclès dans sa fameuse *Oraison funèbre*, nous sommes les seuls qui considérions le citoyen étranger aux affaires non comme un homme de loisir, mais comme un homme inutile. » Les choses n'ont pas changé. Ces gens-là sont citoyens autant qu'hommes. Les affaires publiques, voilà le fond de toutes les conversations, et tous sont informés à merveille. Ils savent tout ce qui se passe en France, en Angleterre et en Prusse ; aucun incident du Congrès n'a été perdu ; le gouvernement et les partis sont sans cesse sous leur surveillance. Les séances de la Chambre sont suivies avec une attention scrupuleuse ; le moindre discours, le moindre article de journal est cent fois commenté. On a raillé avec beaucoup d'esprit cette passion politique; on a dit fort drôlement qu'avant de cirer les bottes de son maître, un domestique grec lisait sa gazette. Soit! Cette passion a des inconvénients et des ridicules; mais il n'y a qu'une chose qui perde les nations comme les religions, c'est l'indifférence, et cette indifférence, ils l'ont toujours ignorée.

Comme autrefois, la politique se fait en plein air. Le carrefour de la Belle-Grèce a remplacé l'Agora. C'est là qu'il faut venir les voir, bruyante ruche d'abeilles, bourdonner pendant de longues heures. Il n'est pas de question qu'ils n'abordent, remaniant les frontières des États, décidant de la fortune des hommes publics, renouvelant sans cesse, ce qui n'est pas un médiocre avantage, le vivace courant de l'opinion. Leur claire intelligence voit presque toujours juste. Un imbécile ne réussit pas longtemps à passer ici, comme en d'autres pays, pour un homme de génie. Ils observent, ils critiquent, ils discutent toujours. Avec cet Argus jamais endormi, rien dans le gouvernement ne peut être ténébreux ou secret. Ayant repris l'antique filière que vingt siècles avaient interrompue, c'est bien le peuple qui se gouverne lui-même. Il n'est pas de si petite chaumière de la pauvre Phocide où je n'aie trouvé un journal, pas de si obscur cabaret où l'on ne débatte les affaires publiques. « N'est libre logiquement et en fait que qui peut abuser (1). » Eux, cela est certain, abusent souvent de la liberté de la parole et de la liberté de la plume; mais quel petit mal que cet abus en comparaison de cette *abjecta servientium patientia* qui a perdu Rome ! A cette ignoble endurance de laquais, on ne les réduira jamais. « J'aime mieux, a dit un homme d'État, le régime où la vertu est calomniée que celui où le vice est protégé et glorifié. » Entre le régime grec et celui de la Porte ou de la Russie, voilà toute la différence. Les esprits superficiels et nerveux s'inquiètent de ce bruit incessant, le déclarent assourdissant, se plaignent qu'on ne peut pas dormir. Eh ! mais toute leur vertu est là. Leur gouvernement, quel qu'il soit, ne s'endort jamais. Il faut qu'il veille, qu'il agisse, qu'il marche toujours en avant. Excellente atmosphère que celle de la discussion toujours libre, toujours alimentée. Elle ressemble à celle des bords de la mer qui est chargée de sel et qui, par là, tient l'esprit en éveil, l'allège, le vivifie. Même en Angleterre, le *self government* n'a pas trouvé plus complètement sa formule et son expression. Les parèdres et le roi ne sont que des agents ; les vrais gouvernants, ce sont les conseillers municipaux et les députés, c'est-à-dire les représentants, toujours surveillés, de la nation.

(1) Victor de Broglie.

Maintenant, parlons de la constitution. On connaît ses dispositions essentielles : un roi héréditaire et de religion orthodoxe, un conseil des ministres, une chambre unique, le sénat ayant été supprimé par la révolution de 63. Il n'existe pas de monarchie plus parlementaire. Nulle part, le pouvoir exécutif n'observe avec plus de loyauté le contrat passé avec la nation. Depuis quinze ans qu'il règne, pas une fois l'idée d'un coup d'État n'est venue au roi. La chambre, par ses votes, fait et défait les cabinets. Le roi se contente d'appeler tour à tour près de lui les chefs des différents partis. Les élections se font sans pression, et la corruption n'est le fait que des particuliers.

On compte à la Chambre jusqu'à quatre partis rivaux. J'ai demandé en quoi ils diffèrent l'un de l'autre. On m'a répondu : « En ce que le premier a pour chef M. Coumoundouros, le second M. Tricoupi, le troisième M. Zaïmis et le quatrième M. Deligeorge. » Celui qui m'a fait cette réponse était lui-même chef de parti, c'est-à-dire candidat à la présidence du conseil. Le jeu parlementaire roule sur des questions de personnes et non de principes.

Du reste, dans un pays comme la Grèce, y a-t-il place pour deux ou plusieurs systèmes politiques nettement distincts? Sous le règne d'Othon, il n'existait qu'une seule politique : il s'agissait de *vivre* dans les limites étroites où l'Europe avait confiné la jeune Grèce. Aujourd'hui, la grande affaire est de pouvoir prendre l'essor vers Janina et Larisse. Là-dessus, tout le monde est d'accord. Également et de tous les côtés, on a cessé de considérer les Turcs comme des ennemis; on ne redoute que la Russie, parce qu'elle menace Constantinople, et l'Autriche, parce qu'elle menace Salonique ; on ne compte que sur l'appui des puissances occidentales et surtout de la France. Voilà pour les questions de politique extérieure. Quand on va au fond des choses, l'accord n'est pas moins grand sur les affaires intérieures. Tous sont d'avis que l'administration est pitoyable et tous se succèdent au pouvoir sans oser tailler dans le vif. Les trois budgets de l'instruction publique, de la guerre et de la marine sont toujours votés sans discussion. Enfin la nécessité théorique d'une réforme fiscale est reconnue par tous les hommes d'État : la dîme, perçue plus sottement encore qu'en Turquie, ne frappe que l'agriculture, 25 pour 100, non sur le produit brut réel, mais sur le produit brut tel qu'il est arbitrairement évalué; l'impôt foncier est accablant; le fisc ne perçoit rien sur le commerce; l'un des trois ou quatre plus riches commerçants du Pirée paye annuellement cent cinquante drachmes d'impôt. Mais sur ce chapitre comme sur les autres, chaque fois que ces mêmes hommes d'État en arrivent à l'application de leur thème d'opposition, ils jugent tous qu'il est plus commode de contracter quelque emprunt que de modifier le système fiscal et de dégrever l'agriculture en mécontentant le commerce.

Ici je dois toucher une question délicate : sont-ils républicains ou monarchistes? Selon mes amis, ils sont tous républicains en principe; mais, dans la pratique, ils se rendent compte que la monarchie seule est possible et que son chef doit être un prince étranger. La cause en serait simple, tout entière dans leur passion égalitaire. C'est par amour de l'égalité qu'ils aspirent à la forme républicaine; mais comme cet amour se manifeste surtout par une jalousie féroce contre tous ceux qui s'élèvent, il s'ensuit que pour longtemps encore ils sont incapables de se résigner à voir l'un d'entre eux devenir, comme président de la république, le tout premier dans l'État. L'ostracisme est resté au fond de leur caractère politique, et nulle part l'envie démocratique ne fleurit aussi forte que parmi les chardons et les orties de la colline de Pallas. Quant à la forme monarchique, elle blesse à coup sûr leur fierté démocratique, mais du moins la présence d'un étranger sur le trône ne gêne que médiocrement leurs sentiments égalitaires. Aussi, quand ils ont chassé l'épais Bavarois, le roi Othon, ils ont successivement offert la couronne à un Français et à un Anglais, et ils ont fini par élire un Danois. L'idée de nommer un Grec ne leur est pas venue. Il se peut qu'un jour ou l'autre ils chassent le roi Georges, comme ils ont chassé son prédécesseur ; mais, le lendemain, ils feront choix d'un autre étranger. L'hiver dernier, prononçant un grand discours à la Chambre des députés, Coumoundouros, président du conseil, déclara qu'à son avis la monarchie est en Grèce un *mal nécessaire* et il ne fut contredit par personne. Du reste, il ne faut pas exagérer ce que l'on signale comme le sentiment républicain. Les Grecs appellent la république *demokratia* (1), et comme ils sont tous démocrates, il est facile de les prendre tous pour des républicains.

Il reste à savoir si les amis de la Grèce doivent ou non désirer la formation à Athènes d'un véritable parti antimonarchique. Pour moi, je n'hésite pas à répondre par la négative. Étant donnés les sentiments de jalousie nationale que j'ai dénoncés et qui sont séculaires, une république grecque serait inévitablement le théâtre de luttes incessantes, et ces discordes intérieures ne tarderaient point à faire perdre à l'hellénisme la place si laborieusement conquise dans le Levant. En même temps, cette république développerait fatalement et ferait éclater tous ces instincts d'individualisme et d'autonomie locale qui sont restés à la nation par des causes presque toutes

---

(1) Ainsi j'étais à Athènes εἰς τῶν συγγραφέων τῆς γαλλικῆς Δημοκρατίας, rédacteur de la *Démocratie (République) française*.

géographiques, la division naturelle du sol, les vallées encerclées de montagnes, les îles, les promontoires, etc.; et cette explosion, ce serait la substitution de la forme fédérative à la forme unitaire, c'est-à-dire la vieille et funeste subordination de la patrie commune à la cité, puis la désagrégation non seulement de la Grèce, mais de l'hellénisme, et par suite le triomphe définitif des Slaves dans la Péninsule.

Quel que soit le gouvernement parlementaire que vous examiniez à la loupe, soyez certain de lui trouver des travers et des vices en abondance ; cela est dans la nature des choses ; car les hommes médiocres forment la majorité de toutes les assemblées, car les grandes pensées ne s'imposent qu'avec peine aux hommes réunis, car entre d'aussi nombreux pouvoirs mis en mouvement il est toujours difficile d'établir l'harmonie. Mais pour peu que vous vous éleviez pour considérer ce gouvernement dans son ensemble, sa grande beauté vous apparaîtra aussitôt, celle-là même que Platon n'a cessé de rechercher dans sa *République*, la justice. La nation ne relève que d'elle-même ; à elle seule, elle doit se prendre de ce que les myopes appellent la bonne ou la mauvaise fortune, et qui n'est que la conséquence souverainement logique des actes bons ou mauvais. Être responsable, ne pouvoir jamais accuser un autre, quel frein et quelle force tout ensemble ! Or, ce gouvernement vivifiant par excellence, c'est celui de la Grèce ; par lui, elle continue l'Europe dans cette péninsule des Balkans où domine, russe ou turc, l'esprit de l'Asie. Les Grecs donnent la sensation d'un peuple en mouvement, d'une nation qui marche en avant, tandis qu'à Stamboul l'immobilité vous enveloppe. Ils ne sont rebelles à aucune réforme; ils ne demandent qu'à être guidés, à être sagement conseillés. Ils ont au suprême degré le désir de plaire, de se faire applaudir. De toutes les critiques qui leur ont été faites avec sagacité, je n'en sais pas qui n'ait point porté de fruits. Ils se rendent compte aujourd'hui des dangers de la multiplication des professions libérales, du triste abaissement de l'agriculture : demain, ils prendront à cet égard des mesures légales et économiques. On leur a dénoncé le mauvais état de leurs routes : de larges et belles chaussées sillonnent toute la Grèce. Après s'être amusée de leurs romanesques bandits, l'Europe un jour leur a fait entendre un langage sévère : le massacre de Marathon a été le signal d'une extermination générale des brigands. A ce jeune Télémaque plein de nobles désirs, il suffit d'un Mentor pour qu'il soit de nouveau semblable à son père « illustre et égal des dieux. »

Ils ont cet immense avantage que, sur leur territoire, il n'existe pas d'État dans l'État, je veux dire que l'Église n'a pas de pouvoir propre, qu'elle constitue, comme l'armée ou la trésorerie, un service public. Ce n'est pas à dire que les popes offrent un spectacle digne d'admiration ou d'estime; moines et derviches, tout ensemble, ils ont tous les vices de l'Occident unis à tous les vices orientaux. Mais, comme je ne considère ici que la politique, je dois reconnaître qu'ils ne constituent pas pour l'État le moindre danger. Ce ne sont que des parasites, ce ne sont pas des ennemis.

Je cherche à résumer ces impressions. A mes yeux, la Grèce contemporaine est semblable à ces admirables tableaux de la Renaissance italienne sur lesquels de grossiers barbouilleurs avaient osé peindre de nouveaux sujets. Mais la science a découvert des procédés pour faire disparaître les vils enduits des profanateurs et pour restituer dans tout son éclat l'œuvre primitive. Il en est de même ici. Dans la société, dans l'administration, dans le gouvernement, tout ce qui est mauvais vient des Turcs. Grattez, faites disparaître ces couches de vulgaires couleurs, et vous retrouverez, dans toute sa splendeur, toute la jeune et la belle Grèce des temps anciens.

La conclusion politique.

On ne parle ici que du congrès de Berlin, et l'on n'en parle que pour s'en plaindre avec une légitime amertume. De toutes ses dispositions, celles-là seules qui sont relatives à la Grèce n'ont pas été exécutées : la Russie a occupé la Dobroudja et, par la Bulgarie, tient toute la région orientale de la Péninsule ; l'Autriche tient la Bosnie et regarde vers la mer Égée, vers la ville grecque de Salonique ; l'Angleterre est à Cypre ; le Monténégro vient d'occuper Antivari, et la Serbie Zvornik ; mais Janina et Larisse sont toujours entre les mains des Turcs.

Mes amis me disent : « L'emploi des demi-mesures, tel est le grand vice de la politique orientale de l'Europe. A l'égard de la Grèce, on a commencé dès 1828. Guizot a raconté comment à Londres, pour se résigner à la Grèce affranchie, on ne soutenait que plus fortement la Turquie ébréchée, tandis qu'à Pétersbourg on se félicitait d'obtenir en Grèce un client ennemi des Turcs, mais qu'on ne voulait à aucun prix d'un voisin indépendant et capable de devenir un rival. C'est ainsi, de l'aveu de votre illustre homme d'État, qu'on permit à la Grèce de renaître, mais à condition qu'elle serait si petite et si faible qu'elle ne pourrait grandir, ni presque vivre. Après avoir aidé notre peuple à sortir de son tombeau, vous l'avez enfermé dans une prison trop étroite pour ses membres ranimés. Après avoir chassé les Turcs, vous lui avez imposé un Bavarois et toute une administration allemande, qu'un autre de vos écrivains comparait à une couche de choucroute s'étendant sur le Péloponèse. Pendant cinquante années, vous nous avez laissés étouffer entre ces déplorables frontières, et c'est à cet étouffement que nous devons nos plus tristes défauts, notre fièvre, nos agitations incessantes, nos piétinements sur place, notre misère économique, tout ce que vous nous avez reproché si souvent. Quand la guerre a éclaté entre la Porte et la Russie, nos frères d'Épire et de Thessalie se sont soulevés et le czar nous engagea à leur porter secours, c'est-à-dire à s'allier à lui. Par défiance du slavisme et par déférence pour vous, nous avons retenu nos troupes à la frontière. Comment le Congrès a-t-il récompensé cette attitude qui n'était pas sans mérite ? Malgré les instances de votre République et de l'Italie, on ne nous a donné qu'une promesse. Pourtant, l'état actuel de l'Orient commandait une autre solution. La digue turque à jamais rompue par les batailles des Balkans, la marée slave déchaînée sur l'Europe, ces révolutions, ce nous semble, avaient quelque éloquence. Les diplomates du Congrès n'ont rien vu ou n'ont rien voulu voir. Ils n'ont pas compris que chaque pas que nous ferons en dehors de notre misérable frontière sera un affaiblissement pour les États vassaux de la Russie, c'est-à-dire une nouvelle défense pour l'Europe, pour la civilisation. Donnez-nous la province d'Épire : les avantages résultant pour la Russie des agrandissements de la Serbie sont aussitôt annulés. Donnez-nous la Thessalie : la Bulgarie trouve son contrepoids dans le système politique de la Péninsule. Donnez-nous la Macédoine : la Roumélie orientale n'est plus une incessante menace pour la stabilité de la paix de l'Europe. Donnez-nous la Crète et les îles : jamais la Méditerranée ne verra de flotte au pavillon des Slaves. Tout s'unit pour plaider notre cause. D'abord l'ethnographie et la géographie : ces terres que vos diplomates ont conservées aux Turcs en 1828 et qu'à présent ils risquent d'abandonner aux Bulgares et aux Autrichiens, elles sont grecques de toute éternité, ni plus ni moins que la Phocide ou la Messénie. Ici, la Crète, l'île antique des dieux, la superbe révoltée que les Turcs ont vingt fois saignée à blanc et qui se relève toujours pour nous tendre les bras. Là, l'Épire avec ses Souliotes, qui ont été les plus héroïques champions de la guerre de l'Indépendance, ses tribus chkipétares de Janina et d'Arta, qui offrent le type hellénique le plus noble, ayant gardé intacts à travers cinquante siècles les mœurs, les vieux usages et le costume des Héraclides. Toute la Grèce est là avec les belles formes de ses montagnes, sa douce et suave atmosphère, ses légendes, sa langue à peine altérée, l'amour de l'indépendance, la science du commerce, le désir des lumières, le courage indomptable. Puis, sur la mer Égée, de l'autre côté de la chaîne du Pinde, la Thessalie avec la Macédoine, terre grecque par les traditions historiques, par la série des héros, qui va d'Achille, élève de Chiron, jusqu'aux klephtes héroïques de Trikkala et de Larisse; par l'aspect général du ciel et de la terre, par la pureté de la race, — ce sont les aînés, — par les écoles, par les *kephalokhori* (1), par ses aspirations unanimes : le Léthé, qui coule à Trikkala, en changeant de nom (2), a perdu sa fameuse vertu païenne, et les laboureurs thessaliens qui boivent ses eaux n'ont pas pu oublier la grande mère commune. — Ensuite, nos efforts, nos luttes, tout ce travail qui prouve que nos amis ne « font pas habiter dans l'âme des Argiens d'aveugles espérances; » notre soif de l'instruction, notre ardeur à voir la lumière, cet élan dans la voie du progrès moderne qui fait de nous le seul État occidental du Levant, votre avant-garde latine sur la mer Égée. — Enfin, votre intérêt, celui de votre salut, de votre civilisa-

(1) Communes.
(2) Il s'appelle aujourd'hui le Trikkalino.

tion. La digue qu'il vous faut contre la Russie, maintenant que la Pologne et la Turquie sont mortes ou mourantes, nous seuls, si nous redevenons l'Hellade, nous pouvons vous la fournir. L'Europe veut-elle être submergée ? a-t-elle perdu la crainte du déluge ? »

A ces plaintes, à ces reproches, à ces prophéties, il n'y a pas une objection à faire. Par l'histoire, par la double géographie du sol et des races, la Crète, l'Épire et la Thessalie sont des terres grecques, où partout l'on se trouve en présence d'une population de pure race hellénique, où la domination ottomane n'a d'autres conséquences que de lourdes charges pour le budget ottoman et la perpétuité du brigandage sur les frontières. Pour que la Grèce cesse d'être comme aujourd'hui ouverte à toutes les invasions slaves ou turques, il faut lui rendre ses limites naturelles : voilà l'argument militaire. Pour mettre fin à une oppression inique, pour remédier à la pléthore d'activité dont la Grèce est malade, pour couper sa fièvre, pour lui donner de l'air, il faut lui ouvrir de nouveaux horizons : voilà l'argument moral. Pour donner un contrepoids au slavisme, il faut reconstituer l'Hellade : voilà l'argument politique. Tout cela est clair comme le soleil.

Ainsi posée, la question est déjà bien haute, mais il faut l'élever encore. En politique, comme dans l'art et dans la morale, plus on voit de haut, et plus on voit juste et bien.

Donc, aujourd'hui, de plus en plus nettement, les observateurs attentifs voient recommencer la grande lutte qui marqua les derniers siècles de l'empire romain. Slaves et Germains ont déclaré la guerre aux races latines, aux fils de la lumière et de la liberté. La question d'Orient est la question de l'Europe, et le nœud de la question d'Orient est Athènes. Pour arrêter la marche des Russes et des Allemands vers la Méditerranée, un seul moyen : l'union des peuples latins et leur alliance avec l'Angleterre. Aux races, il faut opposer les races. Et il n'y a pas de temps à perdre. Car jamais, depuis le v° siècle, la poussée du nord au sud n'a été plus formidable qu'à cette heure : la Russie devant Constantinople, et l'Autriche, dupe d'un Allemand qui veut aller à Trieste, ayant franchi la Save, menaçant Salonique et la mer Égée.

Partant, quelles sont les règles qui doivent présider à la politique latine ? Mettons de côté pour un instant les doutes, les rancunes mal éteintes, les hésitations, les jalousies, les différences de constitution ; regardons les intérêts véritables ; tâchons de compter sur la réalisation de toutes les forces vives et de tous les instincts réveillés de justice et de droit. — Qu'est-ce qu'une bataille ? La lutte acharnée pour la possession d'une colline ou d'un village, d'un infiniment petit d'où résulte aussitôt, par la succession de la force morale à la force matérielle, un infiniment grand. Donc, toujours deux buts : l'un lointain, l'autre proche, et celui-ci forcément subordonné à celui-là.

Le premier de ces buts est la constitution de la Grèce dans ses frontières naturelles. Ce que les exigences de l'équilibre européen étaient hier quand la Porte fermait les détroits, quand elle soustrayait à toute domination étrangère la Propontide et l'Archipel, quand elle localisait dans la mer Noire les vaisseaux de la Russie, quand elle gardait à la fois la clef des Balkans et la clef de la Méditerranée, telles ces exigences sont encore aujourd'hui. Seulement, à ce rôle de gardienne de l'Europe, à cette mission de servir de contrepoids au slavisme, la Turquie a été trop vaincue et trop dépouillée pour pouvoir encore prétendre à elle seule. Alors, à défaut de la Porte, logiquement, par la force même des choses, ce rôle et cette mission se trouvent échoir à la race hellénique. En Grèce, pas d'action moscovite ; une nation née pour les choses de la mer, une élite d'hommes politiques prêts à faire de l'Hellade l'alliée de la Porte pour la soutenir dans sa position de tête de pont de l'Europe sur la mer Noire, de première citadelle contre les Slaves, au sud des Balkans. Aujourd'hui, les Grecs assujettis de la Thessalie et de la Macédoine sont les ennemis des Turcs. Libres, ils seront demain leurs amis, leurs alliés joyeusement oublieux des différences de religion, préoccupés seulement des luttes de races. Pour la Grèce, à cette heure de son histoire, où est l'ennemi? A Stamboul? Non. Il est là où se trouve déjà l'ennemi de Stamboul et de l'Occident : à Pétersbourg et à Moscou. Donc, comme premier objectif à réaliser, la création d'une grande Grèce et son étroite alliance avec la Turquie contre le danger commun.

Le second de ces buts est de faire de la Méditerranée un grand lac des peuples latins, qu'on n'ouvrirait qu'aux Anglais et dont seraient exclus les Allemands qui guettent Trieste et les Russes qui menacent la Corne d'or. L'union des races latines n'est pas autre chose. Petite et misérable cause que celle de la Thessalie et de l'Épire, disent les politiques myopes. Ne leur en déplaise, c'est là pourtant que se trouve la clef de l'arche d'alliance, c'est là qu'est le point d'appui du levier qui doit mettre la civilisation latine à l'abri des invasions. Quand la Grèce aura reçu sur l'Adriatique et sur la mer Égée le développement de côtes qu'elle réclame, l'union latine sera plus qu'à demi fondée, et il ne s'agira plus pour les alliés que de donner à leur confédération la ceinture de forteresses qu'exigera leur glorieuse union. Qui fournira dans le Levant, sur les Balkans et sur le Danube, cette ligne de forteresses? Ce seront, je n'hésite pas à l'affirmer, les Turcs, les Slaves du Sud, les Roumains, les Madgyars, c'est-à-dire une nouvelle confédération de races vaillantes et fortes, dont les unes sont les ennemies nées de la Russie, les autres ses vassales, déjà impatientes du joug. Tâche facile que celle de rapprocher dans un intérêt commun tous ces voisins ennemis? Non, certes, mais la France est là pour cette mission. Quand le seul amour de la justice la guide, quand elle est, par la République, la vivante incarnation du droit et de la liberté dans le monde; quand elle n'a plus pour devise que celle de la Révolution, il suffit à la France de se montrer pour que tous les cœurs soient à elle. Les peuples n'ont pas oublié avec quel amour leurs aïeux se sont donnés à la France de 89, avec quelle joie ils lui ont tendu les bras. Dès que la République s'est de nouveau dressée au milieu de l'Europe comme un phare, cet amour s'est rallumé... Je n'insiste pas. Vous m'avez compris, vous savez que l'avenir est à la justice, et qu'en face de ces deux forces brutales qui s'appellent la Russie et la Prusse, la justice des peuples, c'est la France.

Telle est la transformation politique qu'il faut rêver pour le XX° siècle, et nul n'a le droit de désespérer d'avance, de la déclarer impossible. Travailler à l'union des peuples de même famille, quand cette union doit assurer la paix, la libre éclosion de ce qui est beau et bien, la marche en avant des sociétés nouvelles; former contre les barbaries une armée où tous ceux qui ont l'amour du progrès et le respect de la liberté se sentiront les coudes et n'auront plus qu'un seul et même but; rallier autour du même drapeau, qui est celui de la civilisation latine, les Espagnes, la France, l'Italie et la Grèce, puis appeler, comme amis, tous ceux, Madgyars et Iougo-Slaves, qui sont épris du même idéal : pourquoi cette entreprise serait-elle chimérique, puisque, depuis un siècle, l'union de la Russie et de la Prusse contre nous ne l'a pas été? « Je vous le dis en vérité, si vous aviez de la foi autant qu'un grain de sénevé, vous soulèveriez des montagnes. » Regardez de près ces colosses, ces fantômes de la force brutale : leurs pieds sont d'argile. J'en sais qui sourient dédaigneusement quand, pour résister à la Russie, on ose parler de la Grèce. Pauvres aveugles, pauvres ignorants! Quand Napoléon était le maître tout-puissant de l'Europe entière depuis la Néva jusqu'aux colonnes d'Hercule, il se trouva dans une bourgade perdue de l'Espagne un petit conseil municipal de paysans qui, fort de son droit et incarnant en lui la justice, mit le despote hors la loi et proclama la guerre. Et ce hameau renversa ce monstre.

L'ADRIATIQUE

L'ADRIATIQUE

Athènes, 26 octobre, soir.

Tout à l'heure, comme le soleil descendait derrière Égine, j'ai dit adieu à l'Acropole. La lune, très pâle, est à son premier quartier; dans les ombres de la nuit, je ne vois plus du rocher de Pallas qu'une masse noire qui se détache avec un rayonnement sur l'arrière-plan de l'Hymette, comme une plaque de bronze sur une muraille d'ébène.

A bord du *Poseidon*, 27 octobre.

Parti ce matin, à quatre heures, par la route du Pirée; embarqué au lever du soleil et traversé le golfe d'Égine, — lieux déjà décrits ; — le bateau s'arrête au mouillage de Kalamaki, l'antique Schœnos. Une voiture de diligence me conduit à Corinthe, et je prends mon passage sur le *Poseidon*. Les vents sont contraires ; nous n'arriverons à Corfou qu'après-demain. Les bateaux grecs qui ne sont pas moins malpropres que les bateaux turcs ; l'air chargé d'une odeur nauséabonde d'huile chaude et de caviar ; le bruit monotone de la roue qui déchire les flots bleus ; le babillage peu musical d'une douzaine de matrones corinthiennes ; une conversation prosaïque avec deux officiers anglais qui ont *fait* Venise sans visiter l'Académie, Constantinople sans aller dans les mosquées et Athènes sans monter au Parthénon ; le regret de voir disparaître à l'horizon l'Acrocorinthe et le Parnasse, dont mon regard est condamné, peut-être, à ne plus caresser jamais les courbes bleuâtres ; les visites passagères de quelques mouettes grises qui s'arrêtent sur le *Poseidon* dans leur voyage d'Acarnanie en Phocide ; le roulis du bateau, qui va croissant à mesure que l'on approche de l'Adriatique ; la lecture délicieuse des premiers chants de l'*Odyssée* ; la lente venue d'une nuit froide et sans étoiles ; l'ennui de n'apercevoir de Patras que les falots de ses quais, et de la sainte Missolonghi qu'une vague silhouette ; — voilà le bulletin de cette journée, la première de mon voyage de retour.

L'ADRIATIQUE.

28 octobre.

Ce matin, à six heures, je me suis réveillé dans la mer Ionienne. Devant nous, l'île d'or, Zante, dressait au milieu de l'eau luisante son grand rocher tapissé de plantes en fleur. On aperçoit d'abord le sommet déchiré de l'antique Élatos; puis la masse lourde de la citadelle, dont les larges murailles brillent au jeune soleil comme de l'ambre poli ; enfin, la ville de Zante, assise au bord d'une baie demi-circulaire, toute blanche, étageant sur la colline ses mille jardins, élevant dans l'air pur du matin les campaniles de ses basiliques vénitiennes. Le temps est clair. Les coquettes villas, à demi noyées dans d'énormes bouquets d'arbres verts, regardent en souriant les hautes montagnes de Morée, que le soleil empourpre de ses reflets. Notre bateau arrête pour une demi-heure à l'entrée du port, et aussitôt une nuée de barques nous entoure, comme une grande troupe d'oiseaux de mer. Des marins zantiotes, tous blonds, tous pareils à des personnages de Bellini, grimpent sur le pont, offrent pour quelques leptas des paniers d'oranges et des bottes embaumées de jasmin. De jolies fillettes, qui les accompagnent et dont les cheveux soyeux ont la couleur de l'or fauve, se groupent au pied du mât et chantent en chœur des barcarolles qui rappellent celles de Naples. Avec ma lorgnette, je plonge à mon aise dans la jolie ville, dans ses grandes rues bordées d'arcades et dans le havre, où des pavillons multicolores frémissent au vent de la mer. Une flottille de barques file vers l'Adriatique. Les falaises sont roses, les verdures de satin, l'air est blond. C'est bien, comme chantent les Italiens, la fleur du Levant. Je ne me sens plus en Grèce, je reconnais l'Italie à une subtile odeur de volupté qui glisse sur les petites vagues diamantées.

Nous avons levé l'ancre à regret, et nous avons vogué tout le jour sur une mer aussi transparente que celle de l'Archipel. J'ai fini de relire l'*Odyssée* pour la centième fois, et je n'ai jamais si bien compris les merveilleuses aventures d'Ulysse qu'au milieu de ce vivant décor du divin poëme. L'une après l'autre, Céphalonie, Leucade et Ithaque sont sorties devant nous du sein des flots tranquilles : Céphalonie toute violette, avec le chauve sommet d'Énos, que du milieu de la mer d'Ionie, par un temps clair, les matelots peuvent voir faisant face à l'Etna de Sicile ; Leucade, la blanche, à qui l'éclat de ses promontoires crétacés a donné son nom et que Sapho a rendue immortelle dans le souvenir des amants malheureux ; enfin, comme le soir tombait, Ithaque, et je me suis

redit, en vue de ses côtes escarpées, les belles paroles que répond le sage Télémaque au fils d'Atrée :
« Toi, tu règnes sur de vastes plaines, où croissent en abondance le lotos, le souchet, le froment, l'épeautre et l'orge blanchâtre ; dans Ithaque, il n'y a ni vastes espaces, ni prairies ; elle est propre à nourrir des chèvres, et pourtant je la préfère aux contrées où l'on élève des chevaux. »

Corfou, 1er novembre.

Cette île est trop charmante. Elle ressemble à une femme qui se sait jolie et qui, désireuse de plaire, n'arrête pas de sourire pour faire valoir l'humide transparence de ses yeux, la belle couleur rosée de ses lèvres et les deux rangées de perles qu'elle a dans la bouche ; cette femme devient vite insupportable, fait souhaiter la compagnie d'un laideron ou d'une ténébreuse. Ici, ce ne sont que rayons, parfums de roses et d'orangers, ombrages délicieux ; des eaux partout, vives, mélodieuses, exquises, des bosquets pleins d'oiseaux jaseurs ; la lumière blonde, molle, est une incessante caresse ; du haut de la citadelle, l'île tout entière apparaît comme un grand jardin dont le vert est celui des velours magnifiques où Véronèse taille les robes de ses patriciennes; çà et là, des lacs bleus, des villages blancs; les vallées sont profondes, les collines légères, gracieuses, vêtues de verdure; les rares rochers ont un air placide et débonnaire; on ne peut pas se figurer autrement l'Éden de Milton, les Tempés de Théocrite. Mais décidément, cette île qui fut Corcyre et la Phéacie d'Alcinoüs, ce n'est point la Grèce. Les dieux qu'on adore dans ce jardin toujours fleuri ne sont point nos dieux. Ce n'est pas tout à fait l'Italie, mais c'est le mélange même des deux natures, cet amoureux embrassement de l'Italie et de la Grèce, qui empêche de voir ce que cette terre a pu garder d'hellénique. La Grèce n'est pas où l'unité fait défaut.

Il faut se rappeler le joyeux étonnement d'Ulysse quand il pénètre dans le parc d'Alcinoüs. « Là poussaient de grands arbres, poiriers, grenadiers, pommiers aux beaux fruits, doux figuiers et oliviers verdoyants. Jamais les fruits de ces arbres ne disparaissaient ni ne manquaient, ni l'hiver, ni l'été, comme ceux qui ne reviennent qu'une fois l'an; mais le souffle du zéphyr faisait naître les uns et mûrissait les autres; à la poire vieillie succédait la poire, à la pomme la pomme, au raisin le raisin, à la figue la figue. Là aussi avait été plantée une vigne féconde; une partie des raisins se séchait aux feux du soleil, dans un espace découvert, tandis que les autres étaient cueillis ou pressurés. Au fond du jardin poussaient des légumes de toute espèce, bien alignés, toujours beaux et brillants. » Voilà encore Corfou. On sort de la ville par une porte quelconque et l'on se trouve aussitôt dans un océan de verdure, chênes, ormeaux, lauriers, massifs de citronniers, buissons de rosiers constellés de fleurs pourpres, grandes comme des nénufars, forêts d'acacias roses et blancs, d'azaléas, d'eucalyptus, çà et là de magnifiques bouquets de palmiers. Chaque paysan a son jardin maraîcher, entretenu avec un soin parfait, entouré de superbes haies de cactus qui sont ici ce qu'est le houx dans nos campagnes de Normandie ou de Bretagne. Le cactus fleurit au printemps et donne à l'automne une petite poire dorée qui est délicieuse; l'hiver, ses feuilles épaisses tiennent lieu de bois à brûler et répandent une chaleur odorante. On marche dans une atmosphère de parfums. Les gazons ont la fraîcheur des pelouses anglaises, unis comme de grandes pièces de velours. Les bords des ruisseaux sont étoilés de marguerites, d'anémones, de clochettes, et des nuées d'oiseaux s'agitent en chantant au milieu des forêts de roseaux. De petits nuages nacrés courent sur l'azur limpide du ciel. Parfois, comme à Paléopoli, on aperçoit quelque ruine grecque ou vénitienne s'enlevant toute blanche sur le rideau satiné des buissons, portails de marbre, colonnades corinthiennes, monuments funéraires à demi écroulés, statues mutilées par le temps. Les fontaines, pareilles à celles de Naples, sont charmantes, toujours ombragées pas quelque massif fleuri. Perdus dans le creux des vallées ou semés sur les flancs des collines, tous les villages ont l'air de nids. Les églises sont des basiliques vénitiennes, coquettes, parées comme des femmes. Tous les cabarets sont précédés de vérandas élégantes, tapissées de vignes et de clématites ; on y boit un petit vin du pays qui est parfumé comme du marasquin. Ici, tout est réuni pour rendre la vie matérielle très douce ; les fruits sont exquis, les lacs de la montagne donnent des poissons excellents, le gibier abonde dans les bois et dans les étangs qui prolongent la baie de Corfou. On se sent pris et enveloppé par les mille effluves de cette douce nature, comme le sont les ormeaux et les palmiers par les mille plantes grimpantes qui les enchaînent de leurs délicates arabesques et de leurs floraisons touffues. Mais on est vite lassé de cette vaste bergerie et je me prends à désirer quelques loups.

Pour moi, le plus grand charme de Corfou, c'est la mer bleue que l'on voit de partout, non seulement de tous les sommets, mais dans les bois, dans les jardins, par d'innombrables échappées à travers lesquelles la nappe luisante apparaît comme un miroir poli. A Pantaléone, l'œil découvre l'Adriatique, se développant comme un immense canal entre les belles montagnes d'Albanie et une pâle ligne violette qui est l'Italie. Du milieu des flots sort un rocher qui ressemble à un vaisseau à pleines voiles. Homère en a parlé : « Neptune, le dieu qui ébranle la terre, prit le chemin de Schérie, où habitent les Phéaciens. Arrivé là, il s'arrêta ; bientôt, voguant sur les flots, s'avança d'une course rapide le vaisseau (qui avait ramené Ulysse dans sa patrie). Neptune s'en approcha et, le frappant du plat de la main, le changea en un rocher qu'il enracina dans le sol (1). » Les Alpes d'Albanie, les monts Acrocérauniens, ont la beauté des montagnes grecques, un peu lourdes cependant, nues, bleuâtres, mêlant aux blancheurs dures des stries de marbre les blancheurs molles des sillons de neige, coupées de déchirures âpres et profondes où, l'hiver, se précipitent les torrents, accrochant d'énormes nuages aux arêtes de leurs cimes, baignant leurs vastes pieds dans l'eau tourbillonnante de Butrinto. — De Pélika et de Gastouri, du haut des terrasses couvertes de rosiers, on ne peut détacher les yeux de la presqu'île où s'élève la capitale ; elle s'avance au beau milieu de la mer, tout étroite, élégante, mais solide, fière de sa ville blanche, de sa forteresse vénitienne qui couronne le rocher pyramidal du cap Sidéro, de sa rade pleine de vaisseaux, de frégates, de chaloupes, de yachts et de caïques déjà arrondis en gondoles. Le *Canone*, ainsi appelé d'une ancienne batterie française, est un en-

---

(1) *Odyssée*, chant XIII.

droit plus gracieux encore; figurez-vous une petite
plate-forme à demi circulaire, adossée à un vaste
massif d'agavés, de palmiers et d'aloès, et dominant une rade d'où s'élèvent, comme des bouquets de
verdure, deux îlots dont l'un porte un hameau de pêcheurs, l'autre une chapelle qui est un lieu de pèlerinage. Le promontoire s'avance dans la mer comme
un môle gigantesque; la lumière joue sans fin sur
les parois luisantes des falaises, et le silence idéal
n'est troublé que par de rares cadences de rames et
des cris d'oiseaux dans les étangs fameux du port
d'Hylla. Chaque fois que je suis venu au Canone, je
me suis senti enveloppé après quelques instants dans
un rêve homérique, et me récitant tout bas des vers
de l'*Odyssée*, à chaque frémissement dans le feuillage, je m'attendais à voir paraître Nausicaa, la
vierge aux belles tresses, pareille aux immortelles
pour la taille et pour les traits.

La ville même, l'antique Corcyre que Thucydide a
décrite, n'offre point d'intérêt; ni grecque, ni italienne, ni anglaise, mais présentant à la fois ces
trois caractères, « une mosaïque géographique. » (1)
Elle est entourée d'une enceinte de vieux murs
herbus que les Anglais ont transformés en quais du
côté de la mer. Les rues sont droites, peu larges,
obscures, souvent bordées d'arcades, italiennes par

(1) Wordsworth.

leurs noms, par les types populaires qu'on rencontre. Mais, sauf la *Fortezza Nuova* et quelques vieilles maisons, tous les monuments vénitiens ont disparu. L'esplanade est une œuvre française, du général Donzelot. Les Anglais ont élevé un temple grec à la mémoire de sir Thomas Maitland et un obélisque en l'honneur de sir Howard Douglas. Plus le moindre vestige des Turcs. Çà et là, on aperçoit sur des pierres brunies le vieux lion de Saint-Marc qui cherche encore à déployer ses ailes, ou encore, à demi effacée par les pluies, la devise de la Révolution qui rappelle notre passage à Corfou. Toutes les nations du monde ont régné ici : Corinthe d'abord, puis la Macédoine, Syracuse, Rome, Byzance, l'Épire, la Sicile, les Turcs, Venise, la France après Campo-Formio, la Russie après Amiens, la France, pour la seconde fois, après Tilsitt, l'Angleterre après Waterloo, aujourd'hui la Grèce. Ce sont les Anglais qui ont laissé le plus de traces ; ils ont achevé les larges chaussées que nous avions commencées et qui sillonnent toute l'île ; ils ont relevé l'agriculture et l'industrie; l'esprit de leur intendance a survécu à leur gouvernement. Aussi, à cette heure encore, ils considèrent Corfou comme une ville à demi anglaise; à eux seuls, ils forment plus de la moitié de la colonie étrangère. Cette île est une preuve vivante de ce qu'une bonne administration occidentale pourrait faire de l'Orient. Le pauvre vice-consul de Turquie est venu me rendre visite ce matin : « Ah ! si la France, pendant dix ans, voulait se charger de gouverner la Turquie ! »

Je ne vous ferai des habitants qu'un portrait sommaire. Fils de cette bonne et douce terre, les hommes, Grecs ou Italiens, n'ont ni vices ni vertus remarquables. Il faut poser comme premier trait de leur caractère, la bienveillance ; ils sont affables, hospitaliers comme leurs ancêtres, les Phéaciens, fermés à la haine et aux jalousies helléniques. Pour l'amour, ils ressemblent aux Napolitains : passionnés, voluptueux, sujets à des accès de rage folle ; beaucoup d'intrigues se terminent par des coups de couteau. Mais, d'habitude, ils évitent de déployer leur force ; protégés par la ceinture de la mer, ils ne sont pas braves, et gâtés par leur Cérès féconde, ils sont paresseux, ne labourent qu'une fois par an, n'ont d'autre travail que celui de la moisson, de la cueillette des olives et de la vendange. Au physique, ils sont beaux, mais beaucoup plus Italiens que Grecs, et, pour parler le langage des peintres, ils manquent de style.

Les femmes en ont davantage ; mais sveltes, gracieuses, leurs grands yeux noirs pleins d'amour, elles rappellent encore plus la race italienne que les hommes. C'est surtout dans la campagne qu'il faut les voir, marchant en plein soleil avec un grand panier d'olives sur la tête, court vêtues, mais sûres de leur bas bien tiré et de leur jambe ronde, chantant quelque barcarolle bizarre. Les cheveux, généralement noirs, sont relevés par derrière, pour découvrir le cou qui est sculptural, et moussent sous un grand mouchoir blanc plié en triangle. Les épaules, presque toujours nues, sont parfaites de forme, brunes comme de l'ivoire antique. La taille, fine, est serrée dans un étroit corsage de laine aux couleurs de cachemire. En trois mots, un adorable petit animal ; le front est bas, la lèvre lourde, rien d'intelligent dans ces grands yeux vagues, humides, toujours prêts à se noyer. Cela n'est fait que pour le plaisir. J'aime mieux les déesses de Mégare.

Les enfants, petites filles et garçons, sont des oiseaux. Quand ils courent après moi à demi nus, m'offrant dans leur jargon gréco-italien des bouquets de roses ou des paniers de fruits, je leur donne jusqu'au dernier sou. Ils semblent sortis de certains cadres d'Hébert et, pour cette raison peut-être, me plaisent tant. Leurs mères ont le tort de rappeler ces Italiennes éternellement riantes et fades dont Winterhalter et Bouguereau nous ont si longtemps obsédés.

Quant à la politique, on en parle beaucoup moins à Corfou que dans le reste de la Grèce ; la vie matérielle est trop bonne ici pour que la vie publique, toute de luttes, prenne jamais un grand développement ; et puis, l'élément national a subi trop de mélanges ; ce peuple, qui n'a connu les Turcs que pendant quelques années, n'a point amassé assez de haines pour que son patriotisme soit très vivace. A la vérité, sujets des Anglais, riches, heureux, parfaitement administrés, les Corcyriens se sont révoltés en 1848 pour entrer dans le royaume hellène ; mais, depuis 1864, il leur est arrivé plus d'une fois de regretter la domination britannique et de ne pas cacher leurs regrets. L'an dernier, quand les volontaires grecs accouraient en Épire de tous les côtés de l'Attique, de la Phocide et de la Morée, il ne s'est pas trouvé cent Corcyriens pour aller faire le coup de feu de l'autre côté du canal. En somme, ce n'est qu'au café et comme beaux parleurs qu'ils se montrent Grecs, jurant, à chaque cigarette qu'ils fument, l'extermination des Osmanlis. C'est une plante étrange que le patriotisme ; elle fleurit mieux sur une terre pauvre que sur une terre riche, par la tempête que sous le soleil joyeux.

A bord de la *Naïade*, 2 novembre, onze heures du soir.

Le temps a changé. Hier soir, un premier orage avait annoncé la fin de la belle saison, et maintenant une tempête terrible sévit dans toute l'Adriatique. La journée avait été lourde ; depuis le matin, de gros nuages noirs se massaient sur les monts Acrocérauniens et, lentement, se répandaient de là sur tout le ciel où luisait un soleil humide. La mer, devenue toute grise, était calme en apparence; mais les marins du port hochaient la tête, devinaient des tressaillements intérieurs de mauvais augure. L'atmosphère était épaisse, chargée de fluide électrique, d'une sonorité étrange. D'heure en heure, un nuage crevait, pleuvait quelques gouttes larges et chaudes, comme une ligne de tirailleurs qui annonce la bataille par des fusillades isolées. Je ne me suis pas moins embarqué sur la *Naïade*, vers cinq heures après midi. A ce moment, la nature tout entière était rentrée dans un calme plat. Pas une vague dans le canal, pas un souffle de vent sous le ciel. Il me sembla que les éléments se recueillaient en silence. Puis, tout à coup, une brise arriva de Butrinto; glissant sur les flots, comme un grand oiseau, elle soulevait des poussières d'écume et, à chaque battement d'aile, augmentait de violence et de fureur. Ell se précipita tout droit sur la rade de Corfou et, dans sa course devenue folle, y déboucha au bruit des premiers roulements du tonnerre. C'est alors que l'orage éclata.

De ma vie, je n'ai assisté à un plus magnifique spectacle. Au moment même où tombèrent les premières gouttes de pluie, il se fit sur Corfou et sur le rivage opposé d'Albanie une obscurité complète, et l'on passa du jour à la nuit, bien que le canon de la forteresse n'eût pas encore annoncé le coucher du soleil. En un clin d'œil, les dernières barques attardées rentrèrent au port, pendant que les mouettes, rangées sur la falaise en ordre de bataille, poussaient des cris joyeux et battaient des ailes. La mer commença à s'émouvoir, et l'on devina que l'orage qu'elle avait jusque-là contenu dans ses profondeurs s'élevait, s'approchait de la surface. Le tonnerre grondait sans interruption, mêlant des décharges toujours nouvelles au concert des échos d'Albanie qui, réveillés dans leurs solitudes, répercutaient ses éclats dans leurs gorges et contre leurs falaises de granit. Les éclairs avaient changé le ciel en un immense brasier. Au milieu de la nuit hâtive qui avait envahi l'Adriatique, on voyait à chaque étincelle s'illuminer violemment quelque coin différent de l'île ou de la côte, et sous les jets puissants de cette électricité splendide il semblait que la terre tressaillît, comme si, ébranlée par tant de coups, elle avait perdu de sa solidité primitive. De minute en minute, un nouveau nuage crevait et se vidait en une pluie battante. Bientôt, la rage du ciel gagna la mer, et l'Adriatique m'apparut dans toute sa beauté féroce que les poètes anciens ont chantée.

Il n'y a qu'un musicien, Berlioz ou Wagner, qui pourrait traduire le concert formidable auquel se livrèrent alors les éléments déchaînés et qui, maintenant, après cinq heures de fureur, se calme à peine pour permettre à la *Naïade* de sortir du canal. Tantôt les vents galopaient sur les vagues comme un escadron de Numides ou de Cosaques, et il semblait que dans l'énorme rumeur l'oreille distinguait des hennissements de chevaux, des chocs de sabots faisant jaillir des étincelles, des cliquetis de sabres et des hourras farouches. Tantôt c'étaient des voix suppliantes qui gémissaient, douces, navrées, profondément tristes, comme si un immense amour venait de s'écrouler pour les âmes captives qui poussaient ces plaintes et cherchaient une issue loin de l'épouvantable chaos des flots et des vents. Parfois, on n'entendait plus la mer ou le tonnerre que comme un sourd et terrible accompagnement, et c'était alors une bande d'oiseaux épouvantés qui criait à travers les airs la plus bizarre des mélodies. Puis, c'étaient des cascades, des écroulements, des décharges d'artillerie, des crépitements de mousquets, des sifflets aigus, des mugissements de fauves, des volées de cloches qui retentissaient dans la nuit; et tout le temps, sur le pont et contre les flancs du bateau, la pluie tombait à larges gouttes, sonnant contre les aciers et les verres comme un carillon de fous.

Après quelques tentatives vaines contre la violence de la mer, la *Naïade* a dû s'arrêter presque à la sortie de la rade et, solide sur ses deux ancres, attendre que la tempête eût mis une sourdine à sa grande voix. Je suis resté sur le pont le plus longtemps que j'ai pu, sans malaise, mais mouillé jusqu'aux os par la pluie battante et pressentant qu'après cette tempête j'allais rentrer dans le gris, les yeux tout éblouis encore par le ciel bleu et le soleil de la Grèce.

3 novembre.

La pluie continue, mais le vent est tombé, les flots sont presque calmes ; l'oiseau tempête doit s'abattre aujourd'hui sur la mer Ionienne, et puis il reviendra à son royaume favori de l'Adria.

Nous suivons depuis ce matin, à une distance d'un kilomètre et demi, la côte de l'Albanie. Le ciel est si noir et la brume flotte si épaisse sur la mer couleur de boue, qu'entre ces deux masses sombres la terre rocheuse ne se montre qu'à de rares intervalles, seule note claire dans ce lugubre tableau. Le soleil n'a pas paru de toute la journée. Le passage a été trop brusque de la chaleur au froid, de la lumière à l'ombre, du bleu au gris. J'ai dans l'esprit une tristesse pareille en intensité à la joie que m'ont causée ma première promenade en caïque sur le Bosphore, mes belles courses sur le golfe d'Égine. C'est vraiment comme d'un linceul que je me suis enveloppé de mon paletot d'hiver. Mon esprit, comme la nature, broie le noir.

Savez-vous ce qu'il y a encore de pénible dans ce terne et morne tableau? C'est de retrouver dans la brume des objets qu'on avait pris l'habitude de regarder en pleine lumière. Depuis Smyrne, je n'avais pas vu de minarets. Ceux que j'ai aperçus ce matin à Avlona étaient plus noirs que des cheminées d'usine. Pareillement, les yatmaks des musulmanes qui se promenaient sur les quais inondés étaient flétris et comme barbouillés de suie. Il y avait dans tout cela comme une profanation, et jamais, à Paris ou à la campagne, novembre ne m'avait paru plus mélancolique.

Vers deux heures après midi, nous avons fait escale à Durazzo, l'antique Dyrrachium de Jules César. M..., ingénieur autrichien qui se rend lui aussi à Scutari, et moi, nous avons hélé une londra albanaise, lourde patache qui ressemble au caïque de la Corne d'or comme ce ciel brumeux au ciel clair de Stamboul, et nous sommes descendus à terre. La pluie venait de cesser. Une vingtaine d'Albanais nous attendaient curieusement sur la jetée. Ce sont de superbes gaillards, tous bâtis comme des athlètes, armés jusqu'aux dents; le premier aspect est farouche, mais l'œil est doux, presque timide; on croit reconnaître la descendance de ces pirates illyriens que César à lui tout seul fit trembler et obéir comme un troupeau de moutons. Leur costume est composé d'un pantalon de toile très large qui tient à la fois des braies gauloises et de la fustanelle grecque, d'une veste brodée, sans manches, et d'un vaste manteau en peau de mouton. Les cheveux, rasés par devant, descendent sur les épaules en longues boucles graisseuses. Ils sont malpropres et misérables, se nourrissent d'oignons et de poissons à demi pourris.

Rien de plus triste qu'une ville turque dès que le soleil est absent, quand de gros nuages chargent le ciel et quand un vent froid, s'engouffrant dans les rues étroites, vient fouetter les joues. Dans une cité de construction orientale, cette rigueur de l'hiver est un contresens, une injustice; les pauvres Turcs ne sont pas faits pour ces froidures, eux dont la vie, là-bas sur le bleu Bosphore, est un long kief embaumé. Nu-pieds, amaigris par les privations, bleuis par la brise, ils cheminent lentement à travers la boue noire des rues de Durazzo; leurs yeux ont perdu toute flamme; ils grelottent à chaque pas et semblent demander pourquoi cet hiver, pourquoi cet exil dans un pays sans soleil. Ceux-là même qui, assis dans les boutiques, boivent le café et mâchent des châtaignes, ont l'air douloureux d'oiseaux du Midi transportés dans une glacière. Les femmes sont plus misérables encore, tremblent tellement sous leurs minces soieries de Brousse qu'elles laissent glisser leurs voiles et restent insensibles aux injures des Turcs qui leur reprochent de se montrer nues à des giaours.

Durazzo n'a plus, de l'antique Dyrrachium, que ses murailles. Çà et là, aux portes ou près du pont, on trouve encore quelques vestiges de sculptures romaines. Mais sous les vents du nord, les remparts s'émiettent, et les Turcs n'ont plus le cœur de les réparer pour le peu de temps que doit, dans leur pensée intime, durer leur empire sur l'Adriatique. Tous les talus sont effrondrés. Là où se dressaient jadis les catapultes de César, les couleuvrines de Venise et les canons de Mahomet remisés aujourd'hui sur un lit d'ordures, les maigres troupeaux du Mudir de Cavaïa broutent maintenant une herbe jaunie. Assis sur une pierre, enveloppé dans un méchant manteau troué, sa carabine rouillée entre les jambes, une sentinelle rêve tristement aux horizons bleus. Je ne me rappelle pas avoir vu de tableau plus désolé.

A l'extrémité de la grande rue de Durazzo est une place qui est à la fois la cour des khanis (1), le champ de manœuvre, le parc au bétail et le cimetière. Des bambins à demi nus jouent sur les remparts en ruine ; des oies grasses errent, en claquant des ailes, parmi les tombes ; les vaches broutent le triste feuillage des cyprès ; des tziganes ont établi

---

(1) Auberges.

tout auprès leur bizarre campement. Comme nous arrivions, deux mauvais drôles de Bohême étaient en train de se rouer de coups. Dès qu'ils nous eurent aperçus, ils réfléchirent qu'une demi-piastre, fût-elle en caïmé, vaut mieux que toute la gloire d'un combat singulier, et s'étant réconciliés d'un coup d'œil, ils commencèrent à danser cette danse d'ours où ils excellent, disgracieuse, monotone, mais d'une tristesse qui n'est pas sans charme. Je leur donnai quelque monnaie, et aussitôt toute la marmaille du campement accourut autour de nous, polissons à l'œil lascif qui venaient de commettre quelque larcin furtivement fait, fillettes en guenilles et déjà mûres pour la prostitution, enfants de trois ans qui se traînaient à quatre pattes comme de jeunes chats, tout cela grouillant, riant, criant, mendiant une aumône. Quelques jeunes femmes étaient là, et j'observai que ce rire incessant qui marque le visage des tziganes et qu'adoucit en un sourire si frais le ciel bleu du Levant, ici, sous le ciel noir, devient une grimace affreuse, sinistre, presque cruelle. Dans toute la bande, il n'y avait de vraiment beau qu'un garçon de douze ans, tout de bronze, maigre, nerveux, les yeux noirs et fiévreusement dilatés, la lèvre rouge comme une grenade en fleur, ses boucles sombres descendant à flots sur un cou de jeune fille. Très fier, il se tenait à l'écart et, superbe, bandait un arc plus grand que lui, vida tout son carquois contre un arbre qui lui servait de cible. Tel devait être le divin Achille quand Pélée le confia au centaure Chiron, et Delacroix n'eût pas voulu d'autre modèle.

Nous avons failli demeurer à Durazzo. Quand nous revînmes au port, la mer était devenue houleuse et nos bateliers arnautes, après avoir donné quelques coups de rames, furent pris d'effroi et nous ramenèrent au rivage. Menaces et promesses d'argent furent vaines. La nuit tombait. Il fallut se rendre chez le capitaine du port, lui exposer notre embarras. Le capitaine sortit avec nous, appela des hommes, leur commanda de nous mener à bord. Mais là encore, nouveaux refus. Force fut alors de chercher un zaptié à qui M... exhiba mes qualités qu'il grossit considérablement pour l'occasion. Sur quoi, le zaptié désigna douze matelots et leur laissa le choix entre la prison et les cinquante coups d'aviron qu'il fallait pour nous mener à bord de la *Naïade*. Les Arnautes obéirent en tremblant de peur. Un matelot français n'eût pas hésité une minute. Tous les badauds de l'Occident sont persuadés que les Albanais sont un peuple de héros.

Au khan de Gramsi, 4 novembre, soir.

Nous avons débarqué au petit jour. Regardez sur la carte, un peu au sud de l'embouchure du Drin, le point noir que suit le nom italien de San-Juan-di-Medua. Vous croyez, n'est-ce pas? que c'est là un port de quelque importance. Eh bien, sachez que San-Juan comprend tout juste une scala en bois, une auberge d'une malpropreté sans pareille, deux misérables baraques et un camp marécageux où la fièvre et le froid déciment un malheureux bataillon de fantassins turcs. Même temps qu'hier. Il tombe une petite pluie toute glacée. Le vent est faible, mais il souffle du nord, signe à cette époque que de nouveaux orages sont proches. La mer, toute grise, gronde au large et brise ses lames d'acier sur la plage couleur de boue. Tout le littoral de San-Juan n'est plus qu'un long marécage. Des canards sauvages battent des ailes sous l'eau qui tombe, et les mouettes ne distinguent plus entre la mer et la campagne inondée. Au loin, quand les nuages s'entr'ouvrent, on aperçoit les cimes neigeuses des montagnes de Mirditie. Le jour est gris, le froid est intense, le soleil est mort.

Pendant que le khavas de M... traite avec les kiradjis (loueurs de chevaux), pour la route de Scutari, nous sommes entrés nous chauffer dans le khan qui s'élève en face des tentes. Figurez-vous une vaste grange en bois, sans plancher, avec trois ouvertures sans vitres où le vent s'engouffre. Au milieu de la salle, il y avait un grand feu d'herbages secs qui répandait une fumée intense; tout autour, sur de vieilles nattes pourries qu'ils avaient étendues sur la terre humide, quinze ou vingt Albanais étaient couchés et regardaient en silence les flammes qui vacillaient au souffle du dehors. Le handji faisait bouillir le café et préparait la cuisine du jour. Ce sombre intérieur se présentait comme une eau-forte de Rembrandt, toute noire, avec le centre lumineux de la pauvre flambée. — Pour le camp turc, le triste burin de Callot eût été trop gai. A demi nus, rongés par la fièvre, traînant leurs pieds blessés dans une fange épaisse, les soldats du Coran rôdaient autour des tentes dont les toiles, percées par la pluie, pendaient comme des loques. Le sol marécageux ne permettait pas de faire du feu. Ils grelottaient de froid, regardaient devant eux, vaguement, sans colère, comme des animaux mourants. Plus grande misère n'est pas imaginable. — En face, sous une treille abîmée par le vent, un boucher arnaute qui avait six doigts à la main découpait un mouton. Le sang rouge coulait à flots et pleuvait dans la boue liquide, où les poules du khan venaient le boire avec gloutonnerie.

Au bout d'une heure, nous nous mettons en marche ; d'abord le long de la mer, à travers la plage transformée en bourbier, puis par la chaussée de Zadrima, dans la direction d'Alessio. En Grèce, j'avais remarqué, s'il vous en souvient, que les fleuves, l'Ilissus, l'Inachos, sont des sentiers. Ici, du moins en novembre, je ne tarde pas à constater que c'est le contraire : tous les chemins sont des ruisseaux. Pendant toute la marche, nos malheureux chevaux avaient de l'eau jusqu'aux genoux, nous éclaboussaient à chaque pas. Parfois, en dépit de la sûreté de leurs pieds, ils glissaient. Bientôt, une humidité glaciale nous pénétra sous nos triples manteaux, et malgré nos provisions de cigares et de mastic de Chio, il devint impossible de nous réchauffer.

Je voudrais vous donner une idée de ce pays singulier. Imaginez une immense vallée toute de prairies changées en marais, et semée d'innombrables quartiers de roc, d'où son nom, Chkiférie, pays des pierres ; à droite, vers l'est, une chaîne de montagnes lourdes dont les voyageurs racontent qu'elles brillent en été comme un tissu de soie et qui ont aujourd'hui l'apparence métallique des tuiles lavées par la pluie ; du côté opposé, des saulaies argentées que le vent fait onduler, marquant, par leur courbe, le lit tortueux du Drin ; — droit devant moi, à l'horizon, la montagne d'Alessio avec le castel de Skanderbeg debout sur une plate-forme circulaire de rochers, et deux misérables bourgades toujours empestées par les miasmes des fleuves débordés (les Turcs les appellent *lech*, c'est-à-dire charognes); à l'horizon, quelques coteaux boisés ; quelquefois, une couple de cabanes, avec un jardin potager et une bergerie d'où s'échappent de longs bêlements; partout des étangs verdâtres, pleins de coassements, leurs rivages bordés de hérons blancs qui rêvent sur une patte ; — et cette vallée qui semble sans sans fin, inondée de tous les côtés, assombrie par le vol incessant de gros nuages qui roulent sous le ciel, ayant la couleur d'une vaste peau de bélier trempée par les pluies.

Nous avancions en silence, et tout bon voyageur que je suis, j'ai plus d'une fois dans cette journée maudit l'idée qui m'avait poussé à traverser l'Albanie. Sauf les hérons, ces poètes mélancoliques des étangs, et quelques alouettes que nous faisions lever parmi les roseaux et qui s'envolaient en poussant des cris aigus, il n'y avait autour de nous rien de vivant. A peine si, d'heure en heure, un montagnard mirdite passait notre chemin, la carabine en bandoulière et la ceinture étincelante de pistolets et de poignards. De loin, on aurait pu le prendre pour un brigand farouche; de près, tout prestige disparaissait : il saluait humblement notre caravane et poursuivait en chantonnant sa route monotone. Une fois, comme le cheval qui portait notre bagage avait secoué sa charge, un Djègue de la Boïana qui arriva, drapé dans un grand manteau rouge, vint à notre aide et s'employa sans mot dire à recharger notre bête. Je lui offris quelque monnaie ; il me regarda d'un air étonné, secoua négativement la tête et s'éloigna dans les buissons. En secourant le voyageur en détresse, l'Albanais ne fait que son devoir.

Nous mîmes quatre heures à traverser la plaine de Zadrima, par une pluie qui n'arrêta pas une minute et dans des chemins de plus en plus vaseux. Bientôt, le vent augmenta de violence et se mit à labourer profondément les herbages et les eaux sombres des marais. Le ciel était devenu presque noir, rempli dans toute son étendue par une immense nuée d'orage, plus morne que le paysage lui-même et menaçant comme une mer qui fait entendre dans ses profondeurs les premiers mugissements de la tempête.

Un peu après midi, une trombe passa et l'orage éclata, aussi violent que celui qui l'avant-veille nous avait surpris dans le canal de Corfou. D'effroyables éclairs illuminèrent le ciel, le tonnerre se mit à rouler avec un fracas assourdissant et la pluie devint diluvienne. Les quelques peupliers qui bordent le

Drin pliaient au vent comme de simples roseaux. Sur nos têtes tournoyaient en cercle des volées de corbeaux qui jetaient dans la tempête des cris sinistres. Effrayés, nos chevaux refusaient d'avancer, rendus insensibles par la peur aux déchirures de l'éperon et aux coups redoublés de la cravache. Il fallut chercher un abri pour laisser à l'orage le temps d'apaiser sa colère.

Par bonheur, nous trouvâmes une ferme. Dès qu'il nous aperçut, le fils du handji accourut à notre rencontre, malgré la pluie battante, conduisit nos chevaux dans son écurie et nous fit monter dans la vaste grange qui sert de chambre à toute la famille. Les murs de bois étaient nus. Dans un coin, il y avait un tas de pains de maïs, et dans un autre un véritable arsenal d'armes de toutes sortes. Au milieu, un feu de branchages était allumé et tout autour se tenait la famille du handji. Les types étaient curieux. C'était d'abord le handji en personne, un grand Djègue aux yeux doux, à la bouche fine, au nez d'aigle, fier, martial, avec des attitudes de patriarche et des gestes de roi-guerrier, souverain maître de son plème, qui, seul dans la maison, commandait et parlait. Venait ensuite une vieille femme borgne, sa mère, accroupie sur un tas de cendres, ridée et cassée, vêtue de haillons, qui filait du coton et que tous traitaient avec le plus grand respect. Trois beaux garçons de vingt ans, les fils du handji, étaient couchés sur des nattes et fumaient sans mot dire. Puis, derrière la vieille, quatre ou cinq jeunes femmes étaient debout, devisant à voix basse et tricotant. Pour costume, une jupe de toile grise, crasseuse, très serrée autour des reins et s'arrêtant à hauteur des genoux, pour montrer des jambes nues d'une forme admirable; un corsage noir, brodé d'arabesques rouges, ouvert sur la poitrine, et dans les cheveux un cercle de piastres qui brillaient comme des étoiles sur un ciel noir. Mon compagnon me dit : « Les femmes djègues sont aussi vertueuses que sales. »

L'accueil fut des plus hospitaliers. On nous fit une place près du feu et l'une des jeunes femmes nous offrit du café. Nous acceptâmes avec joie, distribuâmes quelques cigarettes que l'un et l'autre sexe accepta avec un égal plaisir. Comme toute conversation était impossible, le temps se passa à nous observer réciproquement. Il était évident que nous étions pour eux des sujets de grand étonnement. Moi, j'examinais curieusement cette grange où tout ce monde vit, fait des enfants et meurt dans la promiscuité la plus absolue. Qu'est-ce qu'une pareille vie?

Au bout de deux heures, la pluie cessa un peu et nous pûmes reprendre notre route. Mêmes paysages que le matin : un ciel couleur d'encre, des sentiers changés en ruisseaux et des prairies qui sont des marais; des pentes rocheuses qui, lavées par tant de pluie, reluisent comme des miroirs; çà et là, quelques bouquets de chênes et de lenstiques, dévastés, bourrus, où nichent des corbeaux. Dans la plaine inondée qui s'étend devant nous, rien de fixe pour arrêter et reposer la vue; tout est vague, toutes les lignes sont indécises, toutes les formes sont flottantes; on dirait ces mers éternellement grises que les peintres hollandais prolongent à perte de vue, tristes et douloureuses, derrrière une grève brune où tournent quelques misérables moulins.

Vers cinq heures, « le soleil se coucha et tous les sentiers s'obscurcirent. » Nous rencontrâmes un groupe de paysans que le khavas de M... interrogea : toute la campagne de Scutari était sous l'eau, et par une nuit sans lune, les *traps* (gués) du Drin et de la Boïana devaient être introuvables. Il fut décidé que nous passerions la nuit au khan de Gramsi.

Je n'ai pas le cœur de vous dépeindre la masure d'où j'écris ces lignes, pendant que l'orage reprend au dehors et que mon compagnon de route, son khavas et l'aubergiste essayent d'allumer le feu et de faire cuire le plus étique des poulets d'Albanie. Le khan de Gramsi est plus abandonné encore que celui de Medua, plus noir, plus froid, plus ouvert aux quatre vents du ciel qui s'engouffrent par les cent crevasses du toit et de la muraille et secouent, comme une barque en pleine mer, la misérable bicoque. Étant isolé au milieu d'une campagne mal famée, le khan est crénelé comme un petit fort. Personne qui ne soit armé et pas une arme qui ne soit chargée à balle. Je vais m'envelopper de tous mes manteaux et essayer de dormir.

5 novembre, quatre heures du matin.

Le feu a dû s'éteindre une heure après minuit, la grange enfumée s'est changée en glacière et le froid vient de m'éveiller avec un frisson. Il est encore nuit. Il n'y a pas une étoile. Du balcon en bois qui précède la pièce où j'ai dormi, je ne distingue dans la campagne que les flaques d'eau qui renvoient des lueurs d'argent. Sauf moi, tout le monde dort dans le khan et je n'entends pas d'autre bruit que celui des chevaux qui tirent sur leurs longes et s'envoient des coups de pied.

Scutari, même date.

Vers six heures, les chiens de Gramsi se sont mis à hurler et quelques coqs ont chanté dans la cam-

pagne. Un jour gris s'est fait peu à peu, comme dans
les pays du Nord, sans éclosion de soleil. Sitôt le
jour venu, la pluie recommence. Il fait très froid;
le thermomètre marque tout au plus 2 ou 3 degrés. Toujours même humidité dans l'air, même
indécision dans le contour des montagnes neigeuses
de Mirditie, même teinte morne dans toute la vallée
du Drin. Nous déjeunons d'un morceau de pain dur
comme du bois et d'un grand verre de raki. Puis,
à sept heures, nous remontons à cheval et nous prenons tout droit à travers champs, vers Scutari.

Après avoir traversé quatre ou cinq gués du Drin,
où nous avions de l'eau jusqu'aux genoux, nous
sommes arrivés sur un terrain pierreux, coupé de
ravins et semé de broussailles jaunies par l'automne. Nous avions, à droite, la muraille fuyante des
Alpes de Mirditie; à gauche, une seule montagne,
lourde, entièrement nue, sans une ombre, le Tiroboch. Devant nous, la vallée semblait se prolonger
indéfiniment, perdue dans le gris de nacre du ciel,
et je cherchais en vain à me rendre compte de l'emplacement de la haute citadelle de Rosapha qui précède Scutari. On aurait pu se croire dans un désert,
à cent lieues de toute habitation humaine. Vous savez
que les dernières heures d'un voyage sont les plus
lentes et les plus pénibles de toutes.

La vallée pierreuse ne finit pas. Nous marchons
dans un sentier où roule une eau froide et tumul-

tueuse. Il n'y a plus trace de végétation ni d'un côté ni de l'autre. La désolation de la nature semble croître à chaque pas que nous faisons vers Scutari. Une heure après le passage du dernier *trap*, nous rejoignons une compagnie de soldats arabes qui suit le même « torrent » que nous. Les pieds sans souliers, vêtus de haillons, trempés par la pluie, pâles, amaigris par les jeûnes, grelottant de froid, les malheureux sautent de pierre en pierre, essayent, pour ne pas perdre tout courage, de chanter en marchant quelque douce chanson du soleil. Ces pauvres fils de la lumière exilés sous le ciel glacé de l'Albanie m'ont fait grande pitié. Je leur distribuai des cigarettes, et jamais concert de bénédictions plus touchantes ne résonnera autour de moi.— Comme des nuées de corbeaux passent incessamment au-dessus des plaines inondées, dans la direction du nord-est, j'interroge le khavas qui me répond :

— Les corbeaux s'en vont tous à Podgoritza.

— Et pourquoi à Podgoritza?

— Parce que les cadavres des soldats n'ont pas été enterrés.

En effet, c'est à Podgoritza que Turcs et Monténégrins se sont battus avec le plus d'acharnement, au printemps dernier.

Nous approchons. Au bout d'une nouvelle heure de marche, le sentier fait un coude à l'ouest pour rejoindre la route d'Antivari, et devant moi, mais fort loin encore, j'aperçois une montagne chauve dont la forme rappelle l'Acropole, toute violette, avec une barre noire autour du sommet, figurant le castel serbe de Rosapha. Une plaque bleuâtre, et qui me sembla mouvante, apparaissait à gauche de la citadelle et fermait l'horizon. C'était le lac. La ville, située entre le lac et la citadelle, n'était pas visible ; mais, à de petites fumées qui s'élevaient lentement dans le ciel devenu plus clair, on la devinait un peu à gauche de la montagne, ceinte par le Chiri et la Boïana. Dans l'intervalle qui nous séparait encore de la citadelle, il y avait une succession de prairies inondées où s'ébattaient sans fin des volées de canards sauvages. Çà et là, on apercevait une chaumière abandonnée, quelques bouquets isolés de saules ou d'oliviers qui semblaient nager sur les eaux vaseuses. Tout à fait sur le premier plan, un chef mirdite, à cheval, était arrêté pour placer une pierre à la jonction des branches d'un jeune ormeau, pendant que sa femme qui était à pied, appuyée contre le flanc du cheval, joignait sa prière à celle de son mari pour l'heureux achèvement de leur voyage.

Nous sortîmes de notre sentier pour entrer dans la grande plaine inondée qui s'étendait devant nous, obliquant à gauche, vers l'angle sud-ouest de la ville. Nos pauvres chevaux, harassés de fatigue, avançaient avec peine dans cette boue liquide, toute percée de fondrières, comme un tamis. Bientôt la ville se dessina sur la gauche, les taches vertes de ses jardins devenaient distinctes, et nous apercevions, comme des cyprès dépouillés de feuilles, les minarets noircis de ses mosquées; — à droite, tout isolée, pareille à un vaisseau à l'ancre, une immense grange en bois qui figure l'église catholique ; — entre le groupe touffu des mosquées et l'église, un amas de maisons jaunes, le faubourg de Galata ; au dernier plan, la pâle ligne bleue du lac de Scutari ; au-dessus, un ciel d'un gris clair, presque luisant, avec un dispersement de nuages. Telle est la vue de Scutari du côté du sud. C'est par ce même côté que les janissaires arrivèrent en 1477 : la ville n'a guère changé depuis. Seulement la foudre est tombée il a y dix ans sur le castel qu'Antonio Lorédan défendait au nom de Venise; la forteresse a sauté et, scrupuleusement, le pacha en a respecté les ruines.

L'inondation est partout ; le lac a débordé, et la paresseuse Boïana, violemment refoulée par le Drin, a envahi le Bazar. Nous entrons par le faubourg de Galata, pas une rue qui ne soit un ruisseau, pas une cour, pas un jardin maraîcher qui ne soit un étang. On dirait une cité lacustre. Hommes et femmes, celles-ci étroitement voilées, ne sortent que nu-jambes, leurs braies ou leurs jupes relevées au-dessus des genoux. Dans bon nombre de ruelles, on ne se promène qu'en bateau.

Au bord du Drin, une mosquée, précédée d'un immense cimetière, dresse son minaret comme un phare. On ne voit émerger de l'eau jaune que les turbans coloriés des tombeaux. Plusieurs cyprès ont été emportés par la rage du flot et nagent entre les pierres tumulaires. Le muézin n'a pas quitté sa mosquée, et comme nous chevauchons à travers le cimetière inondé, nous l'entendons lancer du haut de son minaret son triste et musical appel à la prière de midi:

Nous arrivons à Ouzoun-Keupru, le fameux pont pourri à qui Dumont, en 1872, ne donnait pas six semaines d'existence et qui durera aussi longtemps que la domination des Turcs. Une sentinelle arnaute, en phistan blanc et en veste rouge, son fusil rouillé entre les jambes, s'y tenait accroupie dans une pose de macaque. Elle échangea quelques paroles avec le khavas et nous salua, mais avec un grincement de dents. Nous avions mis pied à terre pour passer le pont. Quand les Mirdites d'Orosch passent Ouzoun-Keupru, ils ont soin, au préalable, de se signer par trois fois.

Au delà du pont commence la ville même, une large rue, pavée de cailloux pointus, fuyant entre des murs jaunâtres, zébrés de longues traînées noires; de grandes maisons crénelées comme des

forteresses, enduites d'une couche de peinture rose
ou bleue, que la pluie a salie, toutes entourées
de jardins; les portes fermées et les fenêtres, même
des maisons chrétiennes, garnies de moucharabiés;
de très rares passants; au-dessus, le ciel couleur
d'encre; de partout, suintant à travers les plâtres,
dans l'air chargé de vapeurs, je ne sais quel souffle
de méfiance et de sauvagerie.

Un peu plus loin, nous entrons dans le Bazar, aussi
pauvre et gris que le Bézestin de Stamboul est riche
et brillant. Du reste, la Boïana l'a pénétré de tous les
côtés. Il n'y a de chalands que dans les cafés et chez
les marchands de marrons grillés. La compagnie se
compose surtout des soldats turcs de la garnison.
Les Albanais, catholiques et musulmans, restent en-
fermés chez eux. Scutari compte plus de quarante
mille habitants et produit l'impression d'une ville
déserte.

M..., que des entreprises industrielles ramènent
pour la cinquième fois à Scutari, me conduisit tout
droit à la *locanda* de Papanico, le seul hôtel à la
franka qui soit dans la ville. Je n'ai jamais vu de
bouge plus malpropre et prévois que je vais regretter
jusqu'à mon misérable khan de Gramsi. A l'entresol, il y a trois pièces, la cuisine, une salle à manger,
où sont venus échouer, pour représenter la civilisation, deux lithographies représentant des femmes
en chemise et un portrait de Napoléon III; puis la

buvette, où trône, devant un arsenal de bouteilles, le hideux patron de l'établissement. L'œil futé, narquois, le regard oblique, le nez crochu, la lèvre épaisse, lourdement sensuelle; le front haut, coiffé de quelques poils gris qui pendillent sous un vaste fez rouge; le cou très court, la panse énorme; de petites jambes qui flageolent dans un sac de toile d'une couleur indicible; des pieds d'éléphant chaussés dans les plus éculées de toutes les babouches : voilà mon hôte de Scutari. On le sent, avant de le voir. Il rendrait cinquante points au plus voleur des Grecs, au plus poltron des Albanais de la plaine, au plus jaloux des Osmanlis. M..., qui le connaît depuis cinq ans, n'a jamais entrevu sa femme ni sa fille. Il les garde étroitement sous clef. Vous figurez-vous quel peut-être l'amour d'un Papanico ?

Scutari, 6 novembre, soir.

On est ici à douze heures de cheval de Cattaro, à vingt-quatre heures de barque de Bari, à deux pas de l'Autriche et de l'Italie : on est en pleine barbarie. Ce contraste d'une civilisation avancée et d'un si parfait état sauvage à quelques lieues de distance est si curieux, il est si instructif, il jette un jour si lumineux sur la constitution des provinces turques, qu'à lui seul il compense toutes les fatigues du voyage. N'était-ce la saison de plus en plus mauvaise, je resterais à Scutari pendant quelques semaines. Par bonheur, j'ai trouvé ici quelques Européens intelligents qui m'ont longuement renseigné, le chancelier du consulat de France (le consul, Ceccaldi de Colonna, est en congé), les consuls de Grèce, d'Italie et d'Angleterre. Voici le résumé de ce que j'ai pu observer de mes propres yeux et de mes conversations d'aujourd'hui.

De la ville même, je crois vous avoir à peu près tout dit, dans ma lettre d'hier. C'est un gros village, et le moindre hameau de l'Ile-de-France ou de la Normandie paraîtrait à côté un centre important d'intelligence et de richesse. Des rues larges, plus mal pavées que celles de Péra ; des maisons qui sont bâties en argile, ayant l'air de cloîtres ; sauf celles des consuls, il n'y en a pas qui soit construite à la *franka ;* des jardins mal entretenus, quelques méchantes échoppes, un bazar médiocre ; pas d'industrie, un mauvais commerce de tanin et de peaux brutes ; des casernes dont nous ne voudrions pas pour des galériens ; des mosquées et des églises qui sont misérables ; une pauvreté générale qui se dissimule et quelques fortunes mobilières qui ne se montrent pas ; point de police, les quelques zaptiés en fonction sont tout à fait impuissants ; le soir, pas d'éclairage ; après le coucher du soleil on ne rencontre personne dans la rue : telle est cette cité étrange, type de toutes les villes turques de province. Aucune ressource. Les consuls, les seuls Occidentaux qui habitent Scutari, ne savent comment s'ingénier pour vivre décemment. Pour avoir des cravates, des mouchoirs et des épingles, il faut s'adresser à Cattaro ou à Trieste. L'autre jour, le médecin du pacha, un déserteur autrichien, ordonne au père de notre agent consulaire un remède dont il est souvent question dans Molière. Le vieux Pons se rend chez le pharmacien : « Vends-moi une seringue. — Je ne peux pas la vendre, je ne puis que te la prêter ! — Comment ! *la* prêter ! — Oui, la voilà. — Il n'y en a donc qu'une seule pour toute la ville ? — Mais, naturellement, par la barbe du Prophète. » Voilà Scutari.

Pas de vie publique, ni industriels, ni commerçants. Ces gens-là n'ont pas de besoins, vivent de riz et de farine de maïs. Et d'idées, ils n'en ont pas davantage que de besoins. Le mot de société n'existe pas pour eux. Les clans ou *plèmes* sont fermés à tout étranger, gouvernés par les prêtres et les vieillards, qui commandent les expéditions de pillage, les *tchétas*. Pas de lois, quelques usages. Même le sentiment de la nationalité commune fait défaut ; il n'existe aucun lien entre les différentes tribus qui ont chacune leur idiome et leur montagne. L'ignorance, que le clergé catholique encourage, est celle d'une peuplade de nègres. Suivant Albert Dumont, sur dix-sept mille habitants que compte le diocèse d'Alessio, cinquante savent lire et il n'y en a pas dix qui sachent signer leur nom. Dans toute l'Europe, il n'existe pas d'hommes plus rudimentaires. Leur religion, chrétienne ou musulmane, tient du fétichisme. Le Mirdite, en sortant de la messe, dit : « Le Dieu de Mahomet est grand, lui aussi ! » et le Djègue, en sortant de la mosquée, va brûler un cierge à saint Nicolas. Tous croient aux génies, aux vampires, aux fées, surtout au mauvais œil. Leurs haines sont bestiales. L'amour n'est qu'une nécessité physique ; à Orosch, on enlève les jeunes filles, et, dans la plaine, on les achète pour quelques piastres. Comme au moyen âge, le meurtre se compense à prix d'argent : une vie d'homme est estimée quinze cents piastres, soit trois cents francs, et une blessure sept cents piastres ; la vie de la femme et celle du bétail sont naturellement taxées plus bas. Les notions les plus élémentaires de morale sociale sont inconnues ; au dire des ethnologistes, dire que me confirment les consuls, le Shkipétare raconte avec orgueil qu'il a volé habilement les moutons du clan voisin, qu'il a surpris, traqué et tué son ennemi, que nul ne l'égale en ruse et ne sait mieux torturer sa victime. Il est bêtement et innocemment cruel. Ses mœurs, dans leur ensemble, sont préhomériques. Au physique, l'Albanais a les yeux petits, le regard droit et fixe, les sourcils minces, le nez effilé, la tête allongée, le front aplati (il n'y a pas de place pour le cerveau), le cou très long, la poitrine bombée, le corps maigre et nerveux, les membres souples. On a souvent vérifié sur ce peuple la profonde observation d'Hippocrate : « Tous ceux qui habitent un pays montueux, inégal, pourvu d'eau et soumis à des variations fréquentes dans les saisons, doivent être naturellement d'une haute stature, très propres à l'exercice et d'un caractère sauvage et féroce. »

Leurs vendettas sont célèbres, plus farouches que celles de la Corse ; mais, au contraire du Corse, l'Albanais ne frappe jamais que par derrière. L'état de guerre privée est l'état normal du pays. A Pulati, la grande vendetta de 1854 coûta la vie à près de deux cents hommes, et plus de mille maisons furent incendiées. Près du khan de Gramsi, j'ai vu les ruines d'un village qui avait été détruit de fond en comble à la suite d'une vengeance de sang. A Scutari seul, depuis un an, il s'est commis près de sept cents assassinats, et pas un assassin n'a été arrêté. Pour empêcher la population de s'exterminer elle-même, on a inventé des trêves qui durent de la Saint-Antoine à la Toussaint, et du jour des Morts à la Saint-Nicolas. Pendant ce temps, la religion défend de tuer. La trêve expirée, on est libre de commencer à de nouveaux frais. En réalité, le seul droit que se connaisse l'Albanais, c'est celui de la vendetta. Lors de son premier gouvernement, Méhémet-Ali avait réussi à réprimer presque entièrement les vengeances de sang, en procédant à un désarmement général. Dès qu'il a remis le pied en Albanie, au mois de juillet dernier, il a été assassiné.

Chose digne de remarque, les vendettas sont plus fréquentes parmi les catholiques que parmi les musulmans. L'autre jour, dans l'église métropolitaine (une espèce de grange immense où, le dimanche, la masse des fidèles se presse plus nombreuse que les flots de la mer), un Albanais, au moment de la bénédiction, lève son fusil. On l'interrogea à la sortie sur la signification de cet acte singulier, et il répondit avec le plus beau calme : « J'ai une vengeance de sang à tirer. Pour tuer plus sûrement mon ennemi, j'ai tenu à faire bénir ma carabine. » Quelques semaines auparavant, dans la même église, une scène incroyable s'est passée. Le prêtre venait de donner la communion à un certain nombre de fidèles réunis autour de la table, quand un homme s'avance près l'autel et, dans l'espace d'une seconde, épaule son fusil, vise l'un des communiants et le tue raide. Terreur, panique. On entoure le meurtrier, on le questionne : « C'était mon ennemi. Laissez-moi aller. Quel crime ai-je commis? J'ai attendu pour le tuer qu'il fût en état de grâce. » Vous rappelez-vous Hamlet quand, surprenant son oncle en prière, il retient son poignard pour ne pas envoyer en paradis l'âme du meurtrier de son père (1)? L'Albanais a été plus généreux que le Danois.

Après quelque examen et selon les amis d'un jour que je trouve ici, l'Albanais n'a qu'une vertu, celle des peuples barbares : l'hospitalité. Jamais porte n'est fermée à un voyageur en détresse, et jamais Djègue, Toske ou Mirdite n'a voulu recevoir une piastre de son hôte. On m'a cité des faits qui sont significatifs : un Albanais, qui venait de tuer un ennemi de

(1) L'heure est propice, il prie. Oui, je vais en finir...
Mais il irait au ciel. Est-ce là le punir?
Me venger? Calculons. Un scélérat inique
Assassine mon père, et moi, son fils unique,
En retour, j'enverrais au ciel son meurtrier!
Ce n'est pas me venger, c'est le salarier!
Mon père... il l'a surpris dormant, plein de paix, l'âme
Lourde de péchés comme avril de fleurs, l'infâme!
Et qui sait, hormis Dieu, le compte qu'il en rend?
Mais dans le cercle étroit où ma raison s'étend
Tout me fait soupçonner que son fardeau l'accable...
Et moi, pour me venger, je prendrais le coupable,
Purgeant son âme, à l'heure où son cœur, épuré
Par la prière, au grand passage est préparé!
Non, mon épée! attends, frappe un coup plus sauvage.
Quand tu le verras ivre, endormi, plein de rage,
Ou bien dans les plaisirs d'un lit incestueux,
Jurant, ou méditant quelque acte monstrueux,
Un acte qui ne laisse aucun espoir de grâce,
Frappe alors, frappe, afin qu'en tombant, il menace
De son talon le ciel, que les enfers hideux
Prennent son âme noire et damnée autant qu'eux.

(HAMLET, acte III, traduction de mon frère.)

sang, se réfugia dans la montagne, chez le propre frère de l'assassiné; celui-ci, qui savait le meurtre, le reçoit sans hésiter, l'héberge, le cache. Au bout de huit jours, quand le danger est passé, l'assassin prend congé, et son hôte lui dit : « Je te donne une demi-heure d'avance, et puis je me mettrai à ta poursuite, et je te tuerai. » Ce qui fut fait. On se croirait au cœur de l'Afrique ou de l'Australie. Au ministère des affaires étrangères, on compte aux agents, comme un consulat d'Europe, le consulat de Scutari. — Je vous ai écrit de Durazzo ce qui me semble de leur réputation de bravoure, tout à fait usurpée ou tout au moins démesurément grossie. En Occident, on est toujours disposé à faire de l'Orient je ne sais quel épouvantable Croquemitaine qui n'a jamais existé que dans des imaginations peureuses.

Quant à la vie privée, elle n'est pas, même à Stamboul, protégée par des murs qu'il soit plus difficile de pénétrer. Point de différences entre les habitations chrétiennes et musulmanes. Des unes et des autres, les portes ne s'ouvrent jamais qu'à demi, et les fenêtres sont garnies de barreaux. Toutes les maisons de Scutari tiennent à la fois de la citadelle, du couvent et de la prison. Qu'elle soit vendue en mariage à un catholique ou à un Grec, la jeune fille albanaise entre immédiatement au harem. Jusque-là, elle n'a jamais parlé à un homme autre que son père ou son frère ; la moindre conversation avec un étranger eût entraîné la vengeance de sang. En revanche, qu'il soit catholique ou musulman, le mari ne voit sa femme sans voile qu'après la cérémonie religieuse, lorsque l'engagement est devenu irrévocable. Puis, une fois mariée, l'Albanaise reprend son yatmak pour tout le monde. C'est une captive et c'est une bête de somme. Elle seule travaille, « elle est la navette toujours active. » Toute la charge de la maison repose sur elle. N'a-t-elle pas coûté à son mari trente piastres, le jour du mariage? Il faut bien qu'il soit payé, lui, « le bélier majestueux qui précède le troupeau en faisant sonner sa clochette. »

Aussi, sauf le matin quand elles reviennent du marché, on ne voit pas de femmes dans les rues. Fromentin rappelle, dans son *Année au Sahel*, un proverbe arabe qui dit : « Quand la femme a vu l'hôte, elle ne veut plus de son mari. » L'Albanais pense comme l'Arabe; il ne permet pas que sa femme voie d'étranger. Si l'on examine les causes de cette rigueur, on trouve d'abord un grand mépris de la femme qui semble incapable de résister à l'appel du plaisir; ensuite une curieuse absence de fatuité. L'Occidental, qui montre sa femme à tous venants et avec orgueil, semble dire : Je me sais si beau, si intelligent, si doué de vertus, qu'il est impossible qu'une femme soit assez abandonnée pour me préférer un autre. Au contraire, l'Oriental vit dans un état perpétuel de défiance envers lui-même.

Ici surtout. La femme est absolument cloîtrée. Le musulman ne permet à personne d'entrer dans son harem. Le catholique n'admet d'autre tiers que le confesseur, et ce n'est pas là la moindre sottise qu'il commet. Le clergé tient les femmes, et, par les femmes, il est maître de tout le reste. De crainte d'outrage, dans les premiers temps de la conquête, les Albanaises catholiques ne sortaient que voilées comme les musulmanes. Les prêtres ont trouvé du bon à cet usage; ce sont eux qui maintiennent aujourd'hui le yatmak comme chose sacro-sainte. Quand on attelle un cheval, on lui met des œillères. Le clergé a fait des Albanaises ses humbles servantes, ses esclaves. Il se fait nourrir par elles. Pour le prêtre fainéant, l'Albanie est une véritable terre promise.

Comme mes amis me font le tableau de l'état de dégradation et d'abjection auquel les prêtres catholiques ont réduit ce pays, tout ce que les historiens ont conté de la Naples des Bourbons me revient à la mémoire. Seulement, ici, les couleurs sont dix fois plus sombres, vu que la dernière goutte de sang hellénique a disparu des veines de ce peuple, qu'il n'est plus à cette heure qu'un triste métis slavo-turc. Nulle part plus qu'ici le catholicisme n'a réussi dans sa grande œuvre d'abêtissement populaire. Ignorant, stupide, ayant le dégoût de tout travail, adonné à tous les vices, le clergé séculier d'Albanie s'y est pris avec une merveilleuse dextérité pour donner à ses ouailles la haine farouche de toute civilisation, de toute éducation, de toute liberté. Comme le vieux hibou de la fable, il a commencé par couper les pattes des souris qu'il garde précieusement pour sa pâture. Sa domination n'étant possible que sur l'ignorance la plus grossière, systématiquement il a abruti pour régner. Vivant avec le peuple de sa vie quotidienne, il l'a façonné à son image, pour son usage personnel. La crainte du diable, non la crainte de Dieu, tel a été l'esprit de la sagesse qu'il a prêchée, et, dans le diable, il a eu soin d'incarner toute instruction. Aujourd'hui, l'Albanais tient à son esclavage, à son avilissement, à son ignorance et à sa crasse comme à sa fortune et à sa vie. On m'a cité plusieurs habitants de Scutari qui étaient allés en Europe, où ils s'étaient enrichis dans le négoce et qui, rentrés chez eux, ont été plus barbares que jamais. Ces gens-là reviennent à leur sauvagerie comme le chien de la Bible à son vomissement. Les prêtres étant aussi ignares que les paysans qu'ils exploitent, jamais Rome n'a pu trouver parmi eux un archevêque pour Scutari, des évêques pour Sapa, pour Poulati, pour Antivari, pour Durazzo ; à chaque vacance, elle a dû choisir des étrangers qui, par le fait même de leur instruction, ont été du jour au lendemain hautement impopulaires, ont passé pour les complices des hérétiques. Telle est la haine que le clergé indigène professe pour toutes les lumières, que les jésuites et les franciscains, — vous avez bien lu : les jésuites et les franciscains, — représentent ici l'élément libéral et civilisateur. Quand les jésuites ont fondé une école à Scutari, le clergé séculier a tonné, a crié à la damnation, à la fin de l'Albanie; pour que l'école pût vivre, pour que les enfants des consuls pussent recevoir quelque enseignement, il a fallu que le gouvernement français donnât une subvention.

Aussi la nationalité albanaise est-elle irrémédiablement perdue. Entre l'Autriche slave, qui guette Scutari, et la Grèce, à qui l'Europe abandonne l'Épire, l'ancien peuple de Scanderbeg, émasculé par le clergé, disparaîtra un beau jour comme ont disparu les Peaux-Rouges d'Amérique ou telle espèce animale, les drontes de Maurice, sans laisser de trace. C'est de l'Albanie surtout que la belle image de de Maistre sur le campement des Turcs en Europe a été vraie de tout temps. Or, aujourd'hui, les soldats de l'islam commencent à lever les tentes. Contre les envahisseurs du Nord et du Sud, il y aura dans les montagnes libres, cela est probable, une lutte acharnée et sanglante, mais sans d'autre issue possible que la soumission finale. Puis tout se taira, et, dans l'histoire de la civilisation, on ne comptera de moins qu'un peuple dégénéré.

Sur le lac de Scutari, 7 novembre.

Embarqué ce matin dans une des rues du bazar de Scutari, avec le khavas du consulat et six rameurs albanais; navigué d'abord sur la prairie inondée de la douane, entre des meules flottantes et des bouquets de saules, frôlant des murs de jardin et des toits de chaumières; des mouettes et des hérons rasent de leurs ailes rapides l'eau troublée qui couvre le sol où paissaient les chèvres. Lorsque le temps est beau et que le vent souffle du sud-est, on traverse le lac en dix heures; quand le vent est contraire, comme ce matin, il faut de deux à trois jours, avec station nocturne sur le rivage, où, de la londra renversée, on fabrique une espèce d'abri. Le lac de Scutari, large d'environ un quart de lieue à l'extrémité méridionale où nous l'avons abordé, s'élargit d'abord insensiblement jusqu'à la hauteur de Ghizeh, dernier village turc où se trouvent les avant-postes de Hussein-Pacha; puis les montagnes grises, qui jusque-là le dominent de loin, se rapprochent des deux côtés du lac et lui dessinent un bassin presque triangulaire, où se précipite la rivière de Riéka. A vol d'oiseau, on dirait une grande poire oblongue avec sa tige. Les eaux du lac sont grises comme le ciel lui-même. La londra avance lentement à travers un brouillard épais qui me cache toute la rive droite, la grande plaine pierreuse qui est la Crau de l'Albanie. A l'occident, les montagnes forment, depuis la sortie de la Boïana, qui est le déversoir du lac, jusqu'à l'embouchure de la Riéka, qui a créé de ses eaux abondantes cette mer intérieure, une chaîne serrée, d'aspect sauvage, la Kraïna, dont les masses sombres paraissent toujours près de s'écrouler et ne s'ouvrent çà et là que pour lancer dans le lac des torrents furieux. Ces montagnes ne sont pas de la grande famille romantique, semées de rochers aigus, percées de ravines, propres, comme les Acrocérauniens, à servir de siège à Zeus lanceur de foudres, ou, comme les Alpes, « à attrister le cœur en élevant la pensée. » Elles s'étalent lourdement en dos plus ou moins larges, plus ou moins arrondis, d'une terre inféconde et nue, n'offrant çà et là que de pauvres lambeaux de vêtements, haillons de broussailles malingres et jaunies par le soleil d'été. A leur pied, ouverts aux vagues, quelques villages où végète une triste population de pêcheurs. Les hommes, accroupis sur la rive, regardent le lac avec méfiance, semblent lui reprocher ses fureurs et leurs filets inutiles. L'un de ces villages avait été incendié pendant la guerre par une bande monténégrine. Crevée, ouverte aux vents, toute rouge encore des flammes qui

avaient léché ses blanches murailles, déjà envahie
par mille plantes grimpantes et par un troupeau de
chèvres, sa mosquée était restée debout au bord du
lac et gardait jalousement, comme un débris sacré,
le minaret brisé en morceaux et couché à terre.

A Ghizeh, il a fallu négocier pendant une demi-
heure pour franchir la ligne des eaux albanaises.
Dès que ma londra a été en vue, tout le camp turc
s'est mis en mouvement comme une ruche ; les officiers se sont groupés sur une petite terrasse qui domine le lac, et les sentinelles ont commencé par
nous mettre en joue. Le mois dernier, elles avaient
fait feu sur le consul d'Autriche qui, comme moi, se
rendait au Monténégro. Quand je me suis trouvé
à portée de voix, j'ai fait arrêter, et pendant que j'a-
gitais le firman qui m'avait été donné par Riza-Pa-
cha, le khavas criait à tue-tête que j'étais un très
haut et très puissant seigneur français, que le gouverneur de Scutari m'avait muni de toutes les auto-
risations, qu'il m'avait prêté sa propre londra, etc...
Les officiers turcs tinrent conseil pendant une dizaine de minutes, puis me répondirent de leur voix
la plus rauque d'aller au diable si cela me plaisait.
La sentinelle, avec une mauvaise humeur apparente, remit sa carabine sur l'épaule, et nous sommes entrés dans les eaux monténégrines.

Même date, midi.

A l'extrémité nord du lac, un mouvement tumultueux agite les gros nuages aux reflets de nacre qui reposent sur les eaux. Ils balancent pendant quelques instants, comme incertains du pôle vers lequel ils prendront leur vol; puis ils s'élèvent lentement, découvrent en montant les formes rigides et les cimes neigeuses du Kara-Dagh. Le soleil éclate à travers la brume et, au même instant, une bonne brise de siroco nous arrive sur les eaux mortes qui commencent à revivre. J'ordonne aussitôt de mettre à la voile. « Dociles à ma voix, les matelots élèvent et dressent le mât de sapin au milieu de la traverse creuse; puis, l'ayant assujetti avec des cordages, ils tendent la voile blanche avec des courroies bien tordues. Le vent enfle la toile par le milieu, et tandis que la barque avance, la vague noire mugit autour de la carène » (1).

Même date, au soir, cinq heures.

Les montagnes sombres de la Tzernagora sont là, se dressant aux deux côtés de l'étrange vallée flu-

(1) *Odyssée,* chant II.

viale que nous suivons. Le vent a manqué dès que nous avons quitté le lac; il a fallu reprendre la rame. Les rives escarpées glissent lentement devant nous. Tout d'abord, encore pleins des formes classiques des collines grecques, mes yeux saisissent avec étonnement le chaos fantastique de ces énormes rochers. On ne passe pas sans peine d'Homère à Dante, de l'*Iliade* à la *Divine comédie*.

C'est à Lessandra que finit le lac et que commence la série des bassins de la Rićka. Un îlot bas, entouré de rochers aux teintes verdâtres, pareil de loin à une immense tortue arrêtée au milieu des flots et portant une élégante citadelle que les Monténégrins, l'an dernier, ont enlevée aux Turcs par un coup de main d'une merveilleuse hardiesse, voilà Lessandra, le chien de garde de la petite principauté. De droite et de gauche, dans l'eau tranquille et transparente malgré sa teinte foncée, les montagnes calcaires descendent comme des falaises. Leurs flancs rapides, semés de pierres grises penchées à la façon des turbés, semblent de longues suites de cimetières turcs où les cyprès auraient été abattus. C'est bizarre, lugubre; jusqu'à présent, je n'avais rien imaginé d'aussi sépulcral. La sonorité du lieu est celle d'un théâtre. J'entends chaque battement d'aile des grands aigles qui passent sur ma tête, et dans le profond silence du soir, il ne se perd pas une note de la plainte douloureuse que chante l'eau du lac en venant mourir contre les parois rocheuses de la montagne.

Ou je me trompe fort, ou je suis bien au cœur de la poésie slave comme je l'avais soupçonnée là-bas. Cela tient à la fois de l'Orient et du Nord, de la sauvagerie de l'Écosse et des grands sommeils de l'Asie, de Firdouzi et d'Ossian. Après un long mois passé dans la contemplation de la beauté grecque,—ce livre ouvert,—ce qui me surprend ici, et ce qui me captive en m'effrayant, c'est le mystère qui est au fond de cette nature étrange. Rien n'est simple. La limpidité de l'air, la netteté des lignes, la régularité des formes, la franchise des impressions, tout ce qui était devenu l'âme de mon esthétique de la nature, tout cela disparaît ici. Comme dans le filet d'une nixe de la Baltique, je me trouve pris dans la complexité de ce monde tourmenté. L'air, à la hauteur où j'arrive, est frais, vivifiant, mais il n'est pas limpide ; le calme des vastes bassins noirs n'a rien de la joyeuse sérénité des eaux de la baie de Salamine ou du golfe de Nauplie ; les sauvages montagnes ne sont pas sans grandeur, mais leur silhouette manque de noblesse ; elles sont toutes concassées, bouleversées, violentées ; les couleurs, — le vert sombre de la rivière, le gris argenté des rochers, le bleu pâle du ciel qui s'est rasséréné pour une heure, — sont belles à coup sûr, mais au lieu de réjouir elles attristent les yeux ; elles ne sont pas pures, la séparation n'est pas nette entre les lumières et les ombres ; tout cela est brouillé de ton, confus de forme, mais cela n'en produit pas moins une impression profonde où je finis par me plaire, toute morne et pénible qu'elle est. Ah! voyez-vous, nous avons beau lutter contre nous-mêmes, avoir soif de la clarté, nous convaincre que, hors la lumière, il n'est pas de vraie beauté, nous ne redeviendrons pas des Grecs. Ces paysages de la Montagne-Noire qui se succèdent maintenant devant moi, un Athénien du siècle de Phidias les eût trouvés affreux, barbares, dignes de servir de décor aux Enfers. Nous, nous ne pouvons nous défendre de les trouver beaux et d'être émus par eux. Je viens de prendre un bain de lumière, et, à cette heure, l'ombre, le clair-obscur me séduisent de nouveau. Je ne me sens plus de haine pour ce monstre que la Grèce a ignoré et qui ronge au cœur notre siècle, le rêve. Il faut vous l'avouer : l'étroitesse mystérieuse des petits canaux où file ma barque, le balancement des ombres sur les eaux et sur le flanc des montagnes, les îles pleines d'ombre d'où s'échappent, au passage de la londra, des centaines d'oiseaux effrayés; la musique mélancolique des grands roseaux que caresse la brise, les teintes jaunes de l'automne sur les bosquets de chênes qui sortent, çà et là, de la falaise; les nuages lourds qui planent sur les cimes, les échos qui répercutent comme un tonnerre chaque coup d'aviron, la solitude imposante des grandes caves de pierre où coule la Riéka, la farouche virginité de cette terre qui déteste l'homme, toute cette nature douloureuse a triomphé de moi, et je laisse se replier ces ailes de l'âme qui, là-bas, en Grèce, étaient si joyeuses, si légères, si élastiques. Même quand elle est sauvage comme en Phocide, la nature grecque reste bonne. Ici, rien d'humain; la nature est mauvaise, la vie est mauvaise; aux dieux souriants de la mythologie hellénique, ce sont les sombres démons de la mythologie slave qui ont succédé; les diables ont tué les faunes, et les vampires ont dévoré le cœur des nymphes. Et, au lieu de me révolter, j'admire!... Savez-vous quelle est la vraie différence entre un Grec et un moderne? La voici : le Grec a l'horreur sacrée de l'ombre, et cette ombre, nos sens pervertis ne peuvent pas se défendre de l'aimer.

Tsettinié, même date, minuit.

Je viens de faire une course folle de Riéka à Tsettinié, à travers la montagne, par une admirable nuit lunaire où je voyais comme en plein jour. Si lord Byron avait connu ce pays, ce n'est pas en Suisse, c'est au Monténégro qu'il aurait placé les scènes fantastiques de son *Manfred*. Sauf peut-être la Norvège, il n'existe pas dans notre vieille Europe de contrée plus sauvage et plus romantique. Et maintenant, dans une chambre de l'hôtel que les officiers russes ont créé au cœur de ce pays à demi barbare, les pieds devant la flamme, pendant que l'eau bouillante chante dans le samovar, me voici vous contant avant de m'endormir les impressions de ma journée.

Le soleil se couchait quand la londra m'a débarqué à Rićka. Le village est gris, veiné de brun et de rouge. Il est assis sur la rivière et adossé à une montagne où végètent par miracle une douzaine de hêtres et autant de chênes, et qui semblait à cette heure incertaine taillée dans un bloc immense d'argent, tant est blanche et luisante la qualité de la chaux dont elle est formée. Hors ces quelques arbustes rabougris, il n'y a pas une pousse verte autour de Rićka. Le sol est presque partout semé de pierres pointues et saupoudré d'une cendre noirâtre qui devient brûlante pendant l'été. J'ai été reçu au débarcadère par toute la population que l'arrivée d'un *seigneur* français paraissait intéresser au plus haut point. Le sénateur de la ville, un beau géant à moustache grise, et le capitaine du fort, l'élégant Ilijo Govray, ont fendu la foule dès qu'ils m'ont aperçu et, m'ayant salué en patois italien, m'ont conduit chez eux pour boire le raki de l'amitié. En pénétrant dans leur modeste chambre, j'ai aperçu tout d'abord un enfant de dix ans qui s'appliquait à copier un modèle d'écriture, et j'ai reconnu aussitôt que la Turquie était loin derrière moi.

Après une petite heure de repos, j'ai demandé au sénateur de me procurer un cheval pour me rendre le soir même à Tsettinić. Le « bon géant » a insisté pour me garder chez lui et pour me conduire lui-même, le lendemain matin, auprès du prince. Mais la soirée était belle, la lune se levait toute claire derrière la montagne et je redoutais pour le lendemain un nouveau changement de temps. J'ai donc refusé l'offre gracieuse de mon hôte, qui aussitôt a fait quérir un cheval et un porteur pour mon bagage.

Nous sommes partis vers huit heures, laissant à notre gauche la rivière de la Rićka qui, en cet endroit, n'est guère qu'un gros torrent écumeux, et aussitôt nous avons commencé la rude ascension des hauteurs de Doborsko-Sélo.

Je ne sais comment décrire ce trajet. Cherchez à vous représenter un pays de rochers, mer de vagues pétrifiées, s'étendant sans fin par monts et par vaux et battu, pendant six mois de l'année, par les souffles glacés du nord et de l'ouest ; — une terre calcaire, vrai dédale de précipices, de cavités et de puits circulaires que des remparts à pic séparent les uns des autres ; naturellement grise et devenue, sous les gerbes des rayons lunaires, luisante à l'œil comme une masse d'argent fondu ; quelque chose comme un immense cimetière, où les fragments innombrables de rochers jonchés sur le sol figurent des tombes ; pas un arbre, pas un buisson, pas un brin d'herbe ; — sur l'extrême gauche, des montagnes plus hautes, presque noires, vêtues d'une maigre végétation de sapins, la grande muraille qui sépare le plateau principal de l'Adriatique ; à droite, une masse énorme de nuages accrochés aux flancs neigeux du Kom et du Dormitor ; tout au fond, un miroitement lumineux, comme d'une mer ; — et tout ce désert, silencieux, illuminé d'un bout à l'autre par la lune, blafard, veiné de fissures étroites couleur d'ébène et traversé par les grandes ombres des nuages qui galopent là-haut, sous l'éperon des vents.

Quant à la Riéka, il faut pour la revoir obliquer à gauche jusqu'au bord du premier plateau. De là, le spectacle était prodigieux. Sous moi, un immense précipice, avec des parois taillées à pic, et tout au fond, bondissant de pierre en pierre, la rivière tumultueuse qui était descendue de la montagne d'un jet presque perpendiculaire et faisait ressembler toute cette partie de son cours à une cascade écumeuse. Le mur du précipice qui me faisait face était d'une nudité désespérée; à peine y voyait-on, accrochés à quelque saillie du roc où un peu de terre était tombé d'en haut, quelques malheureux arbustes qui luttaient bravement pour la vie et s'obstinaient, dans leur amour pour un rare soleil, à ne pas mourir. Puis, derrière le chemin de ronde de ce premier rempart, toute la masse de la montagne, spectrale, si blanche, qu'on pouvait la croire couverte de neige, semée sur toute son énorme étendue de quartiers de roches aux formes fantastiques et qui, projetant des ombres bizarres, semblaient dans cette nuit lumineuse des arbres, des tombeaux, des chaumières, des barques arrêtées, des figures humaines, les animaux de la création et les bêtes de l'Apocalypse, tout ce que porte la nature et tout ce que peut inventer le rêve. Enfin, vers le sud, tout au bas, dans une brume transparente, les lumières jaunes de Riéka brillant au bord de la rivière plus pacifique, et plus loin encore, là où disparaissait le filet d'argent du ruisseau, les grands bassins circulaires qui reluisaient comme des boucliers d'airain oubliés sur la terre par quelques géants fabuleux des mythologies slaves. Pas un bruit, si ce n'est le retentissement métallique de l'eau écumeuse sur les parois du rocher.

Je reviens toujours à cette idée, que la musique, par le vague même de ses harmonies, est, de tous les arts, le plus puissamment descriptif. La beauté sépulcrale de ce pays, ces montagnes de pierres éclairées par la lune, la sauvagerie des vents qui battent cette terre morte, toutes ces choses que la plume est impuissante à exprimer et devant lesquelles

Salvator Rosa lui-même eût brisé sa palette, comme Berlioz les eût traduites dans quelqu'une des larges phrases dont il avait le secret pour les immenses tableaux de la *Damnation !* En une page de notes, on eût tout deviné, tout compris, tout vu. Le pinceau ne peut rendre que la forme apparente des choses et quelques couleurs ; la musique seule peut communiquer l'âme de la nature.

Nous avons mis près de quatre heures à traverser cette région extraordinaire, cette vallée de lamentations, par des sentiers aux pierres roulantes et des escaliers de roches bordés de précipices. On eût dit le silence d'une nécropole, d'un hypogée de l'antique Égypte ; la terre tout entière était comme frappée de mort. Seulement, par instants, on pouvait entendre dans les ravins le cri lugubre du hibou ou dans les fissures des rochers le sifflement aigu des couleuvres. Le trajet ne finissait pas. Il me paraissait que j'étais en route depuis des siècles. Parfois, en me penchant sur le cou de mon cheval, j'apercevais au bas de la montagne des ondulations d'un blanc mat que je prenais pour des villages et qui n'étaient que des entassements de blocs gigantesques. Parfois encore, sous les jeux bizarres de la lumière, cet océan de rochers semblait s'animer et les vagues pétrifiées se mouvoir comme si elles avaient été fluides. Quand je suis arrivé à Tsettinié, j'ai cru me réveiller d'un rêve fantastique...

Tsettinié, 8 novembre.

La pluie a recommencé ce matin. Le ciel écrasé de nuages est couleur de fusain. Le brouillard confond toutes les formes, il n'y a point un arbre vert, tout est gris.

De ma fenêtre, je vois toute la capitale du Monténégro. Elle se compose de deux larges boulevards qui se coupent à angle droit et qui forment une croix. Les maisons sont basses, avec deux ou trois fenêtres, faites de plâtre et de boue. Il y a un an, elles étaient toutes couvertes de chaume : par édit du prince, le chaume a été remplacé sur toutes les toitures par la tuile. Quelques bâtisses plus importantes aux quatre coins du village : l'église grecque, l'Institut russe pour les jeunes filles, l'hôpital, le nouveau palais, grande maison de campagne à volets verts; le vieux palais, l'antique Bigliardo, où siège le Sénat; plus loin, appuyé aux étriers du mont Lovtchen, le monastère construit à l'italienne avec des arcades et des terrasses superposées; sur une petite colline, la tour des Turcs, où l'on exposait jadis les têtes des ennemis tués dans la bataille. Tsettinié compte environ douze cents habitants.

Quand ils vont chercher les maigres herbages de la vallée, les troupeaux passent par le boulevard du centre, devant le palais.

Par cette pluie battante, il n'y a que peu de monde dans les rues. Monténégrins et Monténégrines ne sortent aujourd'hui qu'enveloppés de vastes manteaux en toile d'emballage (*stroukas*) qui protègent leurs vestes richement brodées d'or ou d'argent. La démarche est fière, décidée. Ce sont les femmes qui portent les fardeaux. L'homme ne porte que des armes qu'il ne quitte jamais. Le Monténégrin est l'Arabe de l'Adriatique.

J'ai reçu tour à tour la visite du docteur Feuvrier et du sénateur Stanko Radonitch, qui avaient été prévenus de mon arrivée. Feuvrier est major dans l'armée française. Après la guerre, ayant perdu toute sa famille et sa province natale de Lorraine, il fut pris d'un grand découragement et demanda au ministre de la guerre une mission à l'étranger, n'importe où. La demande est inscrite, et un beau matin, au camp de Rocquencourt, le docteur reçoit une dépêche qui l'informe que le prince de Monténégro demande un médecin au gouvernement français et qu'il s'agit de partir dans les vingt-quatre heures. Feuvrier n'avait jamais entendu parler du Monténégro ; mais, décidé à s'éloigner, il commence par accepter et se met ensuite avec des amis à chercher sur toutes les cartes d'Asie, d'Afrique et d'Amérique où diable pouvait bien se trouver le Monténégro. Au bout d'une heure, on découvrit que ce pays inconnu était en Europe. Feuvrier se rend à Tsettinić et ne tarde pas à devenir l'homme de confiance du prince Nikita, son ministre des affaires étrangères. Depuis sept années qu'il est ici, il a rassemblé sur les races slaves une collection considérable de documents et de notes qu'il publiera quelque jour. Ce sera, sur les Serbes, un livre définitif. — Pour Radonitch, c'est, de tous les Slaves que je connais, le plus fin et le plus délié. Cousin germain du prince, mais, à son grand ennui, par les femmes, il a fait ses études à Paris, a passé cinq années à Saint-Cyr et à l'École d'application. Revenu à Tsettinić, il a repris le costume de la montagne et a reçu un siège au Sénat. Envoyé au Congrès de Berlin avec Baujo Petrowitch, il a déployé des qualités diplomatiques remarquables; sa conversation est exquise, très nourrie, très réfléchie, mais coquette comme celle d'une jolie femme. Nature d'ambre, si je puis dire. Les Slaves du Sud ont dans les sens une délicatesse merveilleuse qui est celle des peuples à demi sauvages. Ils ont le flair toujours éveillé des bêtes souvent traquées, et, comme dans les contes allemands, ils entendent l'herbe pousser et les boutons s'ouvrir.

Vers midi, la pluie a cessé et nous sommes sortis. Comme à Rićka, j'ai regardé beaucoup de visages et j'ai essayé de les grouper autour de quelques types saillants. — Il y a d'abord le vieux Serbe, le vieux *Romain* de la Slavie, qui ne veut entendre parler d'aucune réforme occidentale (Petrowitch, le fameux partisan de Bosnie), taillé en athlète, grand et lourd, au visage chaudement coloré, toujours jeune, infatigable, qui n'existe que pour la chasse et pour la guerre, que le repos ennuie et qui demande à Dieu, « le vieux meurtrier, » de ne pas mourir dans son lit. — Il y a ensuite le fils de Caton, l'homme qui s'est promené en Dalmatie et qui aspire à la civilisation, au bien-être qui en est la forme la plus sensible, lui aussi ignorant la peur, mais déjà dégrossi sous son rude costume de soldat, qui ne sait plus vous regarder en face, l'œil intelligent, la lèvre sensuelle, plein de curiosités jamais satisfaites. — Il y a le poète (Jean Sundecich, archiprêtre et secrétaire honoraire du prince), une tête de camée fine et douce, le front grave, le regard mouillé, la bouche amoureuse et spirituelle, souple, insinuant, délicat, nerveux comme une femme et tout aussi perfide, dont le parler est une musique, qui tire un aigle au vol et qui en pleine bataille s'arrête pour cueillir une fleur. — Il y a enfin celui qui est au Slave ce que le Græculus est au Grec; le paysan vicieux qui se sait beau et qui considère la beauté comme un capital, le drôle superbe qui a été quinze ans l'amant d'une vieille princesse italienne, qui a trôné dans un palais à Venise et dans un entresol à Paris, que deux mille laquais ont appelé le duc de Medun, qui a été condamné comme escroc en police correctionnelle et qui, Gros-Jean comme devant, est rentré à Tsettinié où il fabrique des chaussures (un pendant du *Samuel Brohl* de Cherbuliez). — Si j'essaye de résumer ces types pour avoir la formule de l'homme, voici ce que je trouve : un peuple de soldats, fait pour la civilisation, très intelligent, très aristocrate, inconstant, rusé, plein d'imagination, peu scrupuleux, le digne cadet du Serbe danubien. Ce pays est encore à demi barbare, mais, au contraire de l'Albanie, il tient plus de l'Europe que de l'Asie. Il a passé là, venant d'Occident, je ne sais quel souffle de progrès, d'instruction, de liberté. Cela se devine à mille indices, cela se reconnaît un peu partout. Un décret, déjà vieux de trente années, a établi l'instruction obligatoire. Ce décret a été appliqué. Le plus humble village a une école. Tous les enfants apprennent à lire et à écrire.

De l'avis de Sundecich, ce qui doit ralentir au Monténégro la marche du progrès, c'est l'asservissement où vit la femme, mal aussi grand que la captivité des harems. Ici, la femme est une bête de somme et, comme la négresse, « *ânesse le jour, femme la nuit* (1). » L'homme passe la vie à chasser et à guerroyer contre les Albanais. La femme laboure,

---

(1) Proverbe algérien.

sème, récolte, construit et entretient les maisons, porte les fardeaux, fait les habits et, avec cela, accouche tous les dix mois. A la rude existence qu'elle mène, elle a pris quelque chose de viril, marche d'un pas ferme et décidé, ne bronche jamais sous sa double charge d'enfants et de paquets. Elle a les épaules carrées, les bras et les jambes d'un garçon, le buste long, le visage sans grâce, triste et sévère. Elle se sait esclave, courbe la tête devant son mari, baise respectueusement la main de l'étranger qui la paye pour un service. Aime-t-elle? On le dit, mais comme le chien aime le maître qui le caresse. Ce qui est hors de doute, c'est sa fidélité conjugale; pas un adultère. En revanche, depuis dix ans, les hommes s'émancipent : on en sait quelque chose à Cattaro.

A première vue, ce qui distingue ce peuple des autres Slaves du Sud, Bosniaques et Bulgares, c'est, pour parler le langage des peintres, le style. Rappelez-vous les tableaux de Cermak, un peu mous de facture, mais très vrais, très fidèles. Tous ces montagnards sont beaux, bien faits, d'attitude toujours noble et simple, artistes dans leur habillement, sans rien qui soit jamais mesquin ou sordide. Ils se tiennent droits, parlent avec gravité, savent se taire, ne perdent leur sérieux qu'en état d'ivresse guerrière. Malgré leur souplesse, ils sont et restent toujours fiers, se sont servis des Russes, mais ne les serviront jamais. En un mot, ils ont tous les attributs de la beauté mâle. Involontairement et malgré la différence profonde des races, on songe, en les voyant, aux héros des bas-reliefs d'Égine, à la stèle de Marathon. Pour devenir un grand peuple, il leur manque la mer, et qui sait quand l'Autriche leur permettra de la prendre?

Vers quatre heures, le prince Nikita envoya dire qu'il m'attendait. Je suivis le garde qui avait été chargé du message, et j'entrai dans le palais, grande maison de campagne bâtie comme une ferme modèle et meublée dans le goût des intérieurs bourgeois de Dresde ou de Vienne. Le prince, en costume national, le béret rouge sur la tête, vêtu d'une veste bleue brodée d'or et de culottes blanches, botté et éperonné, était assis dans un petit salon orné de portraits de famille. C'est un homme d'une trentaine d'années, à l'œil doux et sans flamme, le front développé, la barbe en fer à cheval et la chevelure abondante, un beau montagnard qui n'a rien de guerrier et qui ne s'amuse pas davantage au nouveau Bigliardo que le roi Louis XIII au Louvre, excellent mari et le meilleur des pères de famille, le moins contrôlé des souverains absolus. Dès que je l'eus salué, il me tendit gracieusement la main et me fit asseoir auprès de lui. On apporta le café et des cigarettes, et la conversation commença tout de suite pour durer près d'une heure. Il me questionna sur mon voyage, sur l'état des choses en Albanie, sur la politique orientale du gouvernement de la République ; puis il se plaignit du dédain que la France et l'Angleterre semblent professer pour les Slaves du Sud, dédain qui jette ceux-ci entre les bras de la Russie, me remercia du livre que j'ai publié il y a trois ans sur l'histoire des Serbes et qu'il avait lu avec joie, heureux de trouver un Français qui ne traitât pas son peuple de barbare. Je lui répondis en lui exprimant le plaisir que j'avais éprouvé dans le notable contraste qui m'était apparu entre l'Albanie et le Monténégro, et j'ajoutai que le seul fait d'un décret ayant rendu l'instruction obligatoire était le plus éloquent témoignage de la sagesse de son gouvernement et du goût de son peuple pour le progrès. « Monsieur, me dit alors le prince, il faut que je vous conte le grave incident qui vient de se passer à Antivari et qui vous prouvera que l'éducation et la diffusion des lumières ont rencontré chez nous un ennemi plus redoutable que les rochers qui barrent le chemin au maître d'école : je veux parler du clergé catholique. Vous savez que, jusqu'à ces derniers temps, tous mes sujets professaient la religion grecque orthodoxe. Mais, de par le traité de Berlin, les musulmans et les catholiques du district d'Antivari sont devenus Monténégrins. La différence des croyances ne m'importe point. Je n'ai pas d'autre mission que de faire appliquer partout les lois de la principauté. Donc, aussitôt la ville d'Antivari occupée par mes soldats, vu le décret qui établit l'instruction obligatoire, j'ai fait ouvrir une école primaire dans la nouvelle ville monténégrine et j'ai fait avertir la population des pénalités qu'entraînait la violation de la loi. Un père qui n'envoie pas son fils à l'école est puni d'une amende de dix francs. En cas de récidive, l'amende est doublée. Les récidives ultérieures entraînent la prison. Naturellement, à peine l'école a-t-elle été ouverte, que tous les enfants grecs y sont accourus, sans qu'un seul manquât à l'appel. Les enfants musulmans sont venus aussi avec assez d'entrain. Seuls les enfants catholiques étaient absents. Le voïvode commence par avertir les parents. Ceux-ci répondent que le curé d'Antivari, après avoir consulté l'évêque du diocèse et l'archevêque de Scutari, leur a défendu d'envoyer leurs enfants dans une école tenue par un maître grec orthodoxe. Le voïvode a la bonté d'entrer en explication avec ces gens-là, d'appeler le curé, de lui expliquer que l'instruction dans nos écoles est purement laïque, de lui déclarer que deux heures seront réservées chaque semaine pour l'instruction religieuse, que c'est le pope qui la donnera aux enfants grecs, l'iman aux enfants musulmans et que le curé sera libre de la donner aux enfants catholiques. Le curé répond que peu lui importe, que l'archevêque n'entend pas abandonner l'instruction des enfants catholiques à des schismatiques. En même temps, les fortes têtes du parti catholique de s'agiter, de comploter une petite émeute pour renverser le voïvode. Heureusement le complot a été découvert, et ces messieurs sont en prison. Je viens de donner l'ordre d'appliquer rigoureusement les pénalités de la loi aux parents récalcitrants, et j'ai averti le curé qu'à la moindre opposition de sa part, je l'enverrai rejoindre en prison les malheureux qu'il a excités contre mon gouvernement. Que pensez-vous de cette aventure ? » Je répondis au prince en applaudissant à la fermeté et à la sagesse dont il venait de faire preuve contre un clergé stupide à qui l'abêtissement de toute l'Albanie catholique ne suffit pas. Le prince se leva et, comme je prenais congé de lui : « Ah! me dit-il, que vous êtes heureux d'aller à Paris ! »

Dans le courant de la soirée, j'ai revu le prince à la promenade. Il était arrêté à la jonction des deux rues de sa capitale et tout le peuple l'entourait. Le prince connaît chacun par son nom, cause avec tous ses sujets à la façon d'un roi de la Bible : « Qu'as-tu fait aujourd'hui ? As-tu fait bonne chasse ? Ta femme est-elle accouchée d'un fils ? » — Dans ma description de Tsettinić, j'ai oublié certain arbre voisin du monastère et sous lequel, pendant les mois d'été, le prince Nikita vient s'asseoir pour rendre justice. Ce chêne de saint Louis est un hêtre.

De Tsettinié à Cattaro, 9 novembre.

J'ai quitté Tsettinié à dix heures du matin, en compagnie d'un beau *périanik* (garde du prince), et d'une robuste porteuse monténégrine. Le temps était affreux ; un vent glacé soufflait du Lovtchen et, d'instant en instant, éclataient des orages de grêle qui blanchissaient les sentiers et donnaient aux pierres le poli glissant des miroirs. Quant à l'état des lieux, il était tout semblable à celui des pays que j'avais traversés l'avant-veille. Comme deux remparts formidables, hauts de trois à quatre cents pieds, s'élevaient à droite et à gauche deux montagnes de rochers d'une couleur funèbre, gris et noirs, toujours pareils dans l'éloignement à des flots tumultueux qu'un magicien aurait pétrifiés au milieu de l'orage ; pas une herbe, pas une pauvre plante grimpante. Le chemin qui serpente entre ces deux murailles peut avoir un mètre et demi de large ; il est tourmenté, fréquemment coupé par des blocs gigantesques qui ont roulé des flancs de la montagne. On dirait la route de l'enfer où le tragique Florentin rencontra les trois bêtes affamées. La lourde solitude de ce désert de pierres opprime l'âme, on se prend à détester la vie et la nature ; quand la civilisation aura pénétré dans ces noires montagnes, il y naîtra quelque jour un poète qui sera plus cruel que Dante et plus désespéré que Leopardi.

Vers midi, nous atteignîmes le plateau désolé de Niégouch, et nous entrâmes dans le lit d'un torrent écumeux où mon cheval avait de l'eau jusqu'aux genoux. Sur la gauche, un petit village, tout à fait misérable, berceau de la famille régnante. Les hommes étaient à la chasse ; quelques femmes au visage sérieux et triste vinrent à ma rencontre pour m'offrir de l'eau-de-vie de prunes. Une demi-heure après, la pluie cessa, et le ciel passa d'un noir de suie au gris de nacre, du gris à un azur troublé, mais humide et tendre, et qui me rafraîchit la vue. En même temps, un vent plus doux passa parmi les broussailles qui frissonnèrent comme sous une caresse. Puis, tout à coup, au tournant d'un amas formidable de rochers, j'aperçus devant moi le panorama fantastique des bouches de Cattaro qui se déroulait à une profondeur de mille mètres. Bien que prévenu par mes amis de Tsettinić, je jettai un cri de surprise et d'admiration, et, tout au bord de l'abîme, j'arrêtai mon cheval pour contempler cette scène étonnante.

Impossible de rendre ce spectacle. Cela est trop grand, on voudrait chanter et crier tout ensemble, on se sent à l'âme quelque chose d'ailé. Dans de pareils moments, il n'y a plus rien entre la nature et l'homme. Il faudrait être deux pour bien en jouir, pour jeter ensemble son admiration à travers l'espace. On se presserait la main et toute parole serait inutile.

Sous mes pieds, la descente de la montagne, c'est-à-dire, si vous pouvez comprendre, un escalier de géants dont chaque gradin est une terrasse de rochers, et, de ces rochers, les uns semblent suspendus dans l'air et soutenus par des mains invisibles, toujours prêts à rouler, à tomber dans le gouffre; les autres sont comme enfoncés dans la terre de granit, à jamais immobiles, cubes et pyramides éternels. Puis, au bas de cet escalier, un grand canal tranquille et bleu serpentant doucement par des ondulations régulières et gracieuses, une série de bassins souriants où les voiles blanches des *trabacoli* dalmates semblent des cygnes indolents qui glissent sur une pièce d'eau et secouent au soleil le duvet de leurs plumes lustrées. Aux deux bords de ce magnifique canal, quelques villages aux teintes d'argent, épanouis dans l'air pur comme de grandes coupes de nénufars. Enfin, une autre muraille de rochers, et derrière, à droite et à gauche, étincelant sous la lumière qui depuis un instant éclate dans le ciel clair, développant à l'infini la majesté de ses nappes d'or, chantant un hymne joyeux, la grande mer Adriatique. Voilà le décor dans son ensemble, à vol d'oiseau. Mais de quelle façon en dire les détails ? De tous les côtés, de toutes les fissures du roc, des torrents s'échappent en cascades, emperlent d'écume les barrages de pierre qui les arrêtent au passage, et sonnent, en tombant, contre les parois de la falaise. Des arbrisseaux, des plantes d'un vert pâle poussent entre les blocs calcaires. Autour des petites chapelles ouvertes dans le roc, quelques fleurs d'automne s'ouvrent encore, toutes frêles. De l'eau partout, ici d'argent, là de saphir, plus loin d'or luisant. Au loin, à l'extrême horizon, une brume vaporeuse, violette, qui cache et annonce l'Italie. Les ondes du vent roulent avec un bruit d'orgue sur les arêtes de la muraille blanche, et un air frais, robuste, vivifiant enveloppe toute la montagne. Tout cela est sauvage et charmant, farouche et délicat à la fois. Un filet blond qui descend comme une élégante couleuvre, par quatre-vingts lacets, jusqu'à une masse noire, c'est le chemin de Cattaro. Quelques bruits de grelots montent à travers l'éther sonore, avertissent du passage des mulets que les paysans des Bouches, drapés de plaids rayés, mènent par l'âpre montagne à Tsettinić.

C'est la frontière de l'Autriche, et c'est bien le confin de deux mondes. Le reste du chemin est tellement raide que je descends de cheval et décide de finir le trajet à pied. Cette route de Cattaro est une merveille, taillée dans le roc vivant, formant à chaque lacet un coude qui s'arrondit en terrasse. Le *périanik* et la rude montagnarde qui porte mon bagage dédaignent de suivre un chemin trop uni. Ils vont tout droit devant eux, à travers les rochers, par un invisible sentier de chèvres, sans faire un faux pas.

Le soleil baisse et les parois de la falaise, frappées par ces derniers rayons, ont des reflets de fournaise. Les ombres des rochers s'allongent. Puis, presque au même instant, sur les deux rives des Bouches, les cloches s'éveillent et envoient leurs volées claires et vibrantes à travers l'air qui fraîchit.

La petite ville est tout au pied de la montagne, moitié serbe et moitié vénitienne, coquette, vaine de ses rues mystérieuses et dallées de pierres luisantes, de ses églises byzantines, des balcons brodés à jour de ses palais, de ses jolies filles qui, rieuses, guettent sur le seuil des maisons le passage de leurs amoureux, officiers croates et jésuites d'une élégance raffinée. A la voir si charmante et si gaie sous la masse sombre des rochers, un souvenir antique me revient et je compare Cattaro à la Galatée de la fable, à la nymphe hardie, qui s'abandonne à son berger, sous le regard furieux de Polyphème impuissant.

Cattaro, 10 novembre.

Il a fait toute la journée un temps délicieux, un de ces beaux temps d'automne où l'air est frais et sain, chaque rayon de soleil une caresse, l'azur pur du ciel une joie. Ce matin, quand je suis sorti, il y avait partout un air de fête. La jolie piazzetta, tout ensoleillée, était pleine de chants et de rires. Les vieux marchands cattarins et les moines se chauffaient au soleil. Les officiers courtisaient les filles. Les enfants jouaient et piaillaient. Les gras pigeons qui nichent sur le *Duomo* se promenaient gravement sur les dalles unies, cherchant quelque grain de mil. Les cloches sonnaient à toute volée. Même la citadelle et le lourd rocher sombre qui surplombe la ville avaient quitté pour une heure leur froncement grave et farouche. Tout cela faisait l'effet d'une musique, d'une jolie ariette amoureuse comme celle d'Annette dans le *Freischütz*.

Je suis sorti par une porte du corps de garde qu'orne une statue en albâtre de la Vierge Marie, enguirlandée de roses, et je suis arrivé sur le quai. De ce côté, la caserne ressemble à un vieux cloître florentin, développant au-dessus d'une terrasse

une longue file de colonnettes surmontées d'arcades
et tapissées des belles feuilles pourpres de la vigne
vierge. A gauche du quai, dans une petite anse,
toute une flottille de bateaux pêcheurs dresse gaiement dans l'air bleu ses mâts aux coquettes ban-
deroles, et la grande montagne violette de Mola
forme le fond du tableau. A droite, on voit onduler sur la large nappe bleue des premiers bassins
les formes grises des montagnes et les reflets blancs
et roses des jolis villages à peine réveillés dans les
clartés du matin. Une brise fraîche et douce court
sur les flots diamantés. Et tout cela encore est une
musique, une large et souriante mélodie qui donne
des ailes à l'âme et berce voluptueusement l'imagination réchauffée par le soleil.

Un fier coquin de batelier dalmate vient m'offrir
sa barque pour faire un tour de promenade sur les
Bouches. Par un clair soleil, comme celui d'aujour-
d'hui, ce canal de Cattaro est un vrai Bosphore.
Comme les délicieux villages Arnaut-Keui, Bébek,
Thérapia, Buyuk-Déré, ici Dobrota, Persagno, Morini,
Stolivoa, Perasto rient au bord de l'eau, à demi
cachés dans la verdure ambrée des vallons et des
massifs veloutés de citronniers. Trois rangées de
maisons à peine, partout des jardins et des vignobles qui montent le long des grandes montagnes
grises, jusqu'au quart à peu près de leur hauteur.
Les maisons sont blanches, avec des volets verts et

des bas-côtés du plus hardi rouge vénitien. Dobrota est entourée d'une petite muraille très pittoresque et flanquée d'un fortin qui s'élève sur un rocher isolé et que précède, comme un chien de garde, un autre rocher couronné d'une croix de pierre; les villas, perdues dans des bouquets de fleurs, sont les plus élégantes des *Bocce ;* le palazzetto Radoni, sortant de l'eau bleue, est le kiosque des Eaux-Douces de ce Bosphore dalmate. Morini n'est pas moins gracieuse avec sa bizarre église qui se dresse sur un bout de rocher noir; les murs sont peints en bleu clair, les colonnes en blanc de Paros et la coupole en vert, et cette étrange décoration produit l'effet le plus heureux. Plus loin, dans un poudroiement d'or, le tout petit village d'Oragovatz uniquement peuplé de Slaves. A Persagno, les plus riches commerçants de Cattaro ont leurs villas, comme ceux de Péra ont leurs maisons d'été à Kadi-Keuï. Tout l'espace est vêtu de verdure, massifs d'amandiers, bois d'oliviers pâlissants, grands parterres de rosiers et de lilas. C'est la fraîcheur exquise d'un paysage de Turner, avec une pointe de fantaisie qui dénonce la présence universelle de la rieuse fée d'amour. Les villas sont coquettes, pleines d'ombre, bâties pour cacher de molles voluptés italiennes, toutes ornées de balcons et de terrasses d'où la gracieuse courbe des golfes apparaît luisante et damasquinée comme une cuirasse persane. On y devine des couples galants comme ceux de Watteau, des musiciens joyeux comme dans le *Festin champêtre* du Giorgione. Perdue dans un massif de citronniers et de hêtres, une modeste église toute blanche, la *Piccola Madonna*. Les Persagnais la trouvent insuffisante, font élever une vaste église monumentale qui sera très coûteuse, sans style et vouée à saint Nicolas. — La sombre forteresse de Perasto met une note grave dans la plus jolie de toutes les courbures du lac. Les maisons, toutes vénitiennes, sortent de l'eau comme des nids d'oiseaux marins ; en face, deux petits îlots, avec chapelles et *ostellerie*, les unes et les autres enrubannées de drapeaux. Aujourd'hui dimanche, les plus belles Boccerésines font le pique-nique de Perasto, pèlerinage à la Madone et voyage à Cythère tout ensemble ; cela se tient de très près. Partout, en Grèce, en Illyrie, en Italie, la Madone a pris la place de Vénus et saint Élie celle d'Apollon Hélios. Mais le plus charmant de tous les villages des Bouches, c'est Stolivoa, avec ses deux hameaux, dont l'un étincelle au soleil sur la rive d'or, l'autre s'est perché dans la montagne, au milieu des bois, faisant jaillir d'un bouquet de magnifiques cyprès la flèche aérienne de son église. Toutes les cloches des *Bocce* sont en branle, tantôt chantent ensemble, tantôt se font des réponses comme dans une églogue antique. Parfois, dans la montagne, un coup de fusil éclate, et immédiatement tous les échos le répètent avec un fracas de tonnerre. Les arêtes des rochers monténégrins et bosniaques semblent aiguisées à neuf pour ce jour de fête. L'air est d'une transparence exquise, donne à toutes les couleurs une délicatesse charmante, et la brise qui vient de l'Adriatique l'agite légèrement, comme un grand éventail de plumes d'autruche. Derrière moi, une vapeur nacrée s'élève au-dessus de Cattaro. C'est la terre humide, trempée par les pluies d'automne, qui fume ainsi au chaud soleil, tout comme un manteau mouillé qui sèche devant une flambée.

Au retour, j'ai parlé politique avec mes bateliers, et, depuis, quantité de conversations avec des bourgeois de la ville m'ont confirmé dans les conclusions de cette causerie populaire. Manger, boire et s'amuser avec les filles, voilà tout l'idéal de la population des Bouches. Son ambition politique et sociale se borne à une question de bien-être. On a gardé des Français, malgré tout le bagage civilisateur qu'ils ont apporté et laissé ici, un assez mauvais souvenir; ils prenaient de force, ne payaient pas leurs dépenses. Au contraire, les Autrichiens payent toujours rubis sur ongle, n'ont jamais recours à la violence. (Il faut entendre les Dalmates prononcer le mot *forza*, avec un accent particulier de colère et de haine, comme le nom d'un dieu ennemi.) Des Italiens, dont ils savent tous la langue, ils ne se soucient guère, les trouvent trop bruyants, trop remuants, trop ambitieux, trop disposés à toujours emboucher le clairon. On voudrait tous les Turcs de l'autre côté du Bosphore, et les Monténégrins sont trop incultes, trop barbares. Aussi, depuis 1848, les *politiciens* d'ici n'ont-ils qu'un seul rêve, la création d'un royaume trinitaire de Dalmatie, Esclavonie et Croatie. Il y a trente ans, les paysans étaient seuls à parler la langue dalmate; aujourd'hui, par réaction contre l'Italie et contre l'Allemagne, tout le monde a appris le slave. « *Viva il nostro buon imperatore !* Maintenant qu'il a mis la main sur les provinces de la Save, il devrait faire cadeau à la Prusse de tous ces traîtres de sujets allemands et envoyer au diable ces infernaux batailleurs, les Madgyars. Qu'il vienne définitivement chez nous, *in basso*. Il serait bien plus heureux, plus tranquille dans son bon royaume trinitaire, flanqué aujourd'hui de la Bosnie et de l'Herzégovine. »

A bord de l'*Archiduchesse-Charlotte*, 10 novembre, soir.

Parti au coucher du soleil. — Belle et douce navigation sur les bouches de Cattaro, par une magnifique soirée. — Arrêté pendant une heure à Castelnuovo, qui, toute pâle au clair de lune, semble une ville de fantômes avec ses quais abandonnés et la haute silhouette du burg de Sulinianaga. — Nous longeons maintenant le *Porto di Melouta* et les écueils de Murcano. Le vent se lève et les chevaux blancs de la mer rentrent en danse. Dans une heure, je descendrai à Gravosa et je passerai la journée de demain à Raguse.

Raguse, 11 novembre, matin.

Débarqué hier, vers minuit, dans la jolie baie d'Ombla-Fiumera. Comme sur le Danube et sur l'Acropole, je trouve pour la troisième fois la lune dans son plein. Le temps est froid, mais très clair. Pas un nuage au ciel, couleur d'azur argenté. La grande falaise qui domine Gravosa se dresse toute blanche avec un air de forteresse. Je loue une voiture pour Raguse; sur les deux côtés de la route, des villas élégantes, de grands jardins de platanes, d'azaléas et de citronniers dorment sous la caresse de la nuit; des allées de cactus et d'aloès tournent le long des rochers, et leurs feuilles massives se détachent dans la clarté comme les piques d'acier d'un régiment rangé en bataille.

Toute cette nuit a passé comme un rêve, comme

une jolie vision d'opéra. Quand je suis arrivé sur la place du Bocchetto qui précède la vieille ville, j'ai trouvé les deux hôtels du Borgho-Pille occupés jusqu'à la dernière chambre et les deux aubergistes plus insolents que le royal Artaban. Force me fut de pénétrer dans les vieux quartiers à la recherche d'une *locanda* quelconque. Les lourds remparts vénitiens de l'antique république veillaient silencieusement. A peine si, parmi les roseaux des fossés, passaient quelques voix mystérieuses. Au loin, la mer blanchissait. C'était le décor d'une de ces comédies de Shakspeare qui flottent entre terre et ciel, entre l'Italie et le royaume des fées.

Raguse dormait. A la belle clarté de la lune, on eût dit une cité morte, et cité morte, en effet, que la noble colonie d'Épidaure, la puissante république que l'Autriche a étouffée. Le Corso, tout droit, dallé comme l'intérieur d'un mausolée, était désert. Pas une âme, pas un bruit, pas une lumière mettant une clarté discordante dans la grande et douce lumière du ciel. Seule, l'eau murmurait très bas une vague chanson dans la fontaine du Stradone. L'église de la Rédemption, toute blanche, dormait. Le couvent, vaste prison de pierre rouge, dormait; et au-dessus du portique d'entrée, la Vierge de marbre qui tient étendu sur ses genoux le divin cadavre de son fils, elle aussi, pour une heure, avait oublié sa douleur et fermait les yeux. Sommeil partout. Je me semblais à moi-même le faune du Corrège qui soulève le voile d'Antiope assoupie et s'enivre de sa nudité d'argent. Comme celui du dieu, mon regard plongeait dans toute la beauté de cette ville étrange, dans ses ruelles étroites qui sommeillaient entre leurs deux rangées de palais noircis par le temps et sculptés par des Cellini inconnus; dans les cours des maisons où l'eau murmurait au fond des vasques de marbre ornées de figures étranges, dans les berceaux de vigne et de clématite qui frissonnaient sur les terrasses des jardins. Et tout cela, mystérieusement éclairé par la lune ; je marchais, enveloppé de parfums et de pensées d'amour ; chaque balcon semblait attendre Roméo et Juliette pour abriter leurs fiançailles éternelles... On ne décrit pas un pareil rêve.

Cette promenade nocturne dura deux heures, pendant lesquelles je frappai à plus de vingt portes, et chaque fois, entre-bâillant leurs fenêtres, les jolies Dalmates apparaissaient à demi nues, leurs cheveux noirs sur les épaules, et me répondaient en riant que les officiers de l'armée de Bosnie n'avaient pas laissé une chambre dans la ville pour les seigneurs étrangers. La lune descendait déjà quand je finis par trouver un asile pour le reste de la nuit, et j'ai vite regretté de ne pas être resté dans la rue.

Raguse, 12 novembre.

Je viens de passer ici deux journées charmantes. C'est la perle de la Dalmatie, une petite Venise sans eau. Son histoire est étonnante. Elle a été la rivale de la grande reine de l'Adriatique, de Florence et de Pise, et on l'a appelée une Athènes slavonne. Aujourd'hui, ce n'est plus qu'un corps sans âme. Toute vie a disparu. Pourtant, son nom résonne encore sur les lèvres des Dalmates, comme un souvenir de gloire et de splendeur.

Comme Venise, c'est une colonie, une colonie d'Épidaure qui s'est sauvée devant les Slaves en un lieu presque inaccessible, au milieu des précipices. D'un côté, des forêts à demi sauvages; de l'autre, la mer entrant dans le continent par vingt golfes étroits et semée de rochers. Elle fut bâtie en quelques mois, la pierre n'ayant été employée que pour son enceinte de murs, d'où son nom slave de Dubrovnik, de *dubrova* qui signifie *bois*. Mais, au contraire des colonies grecques qui finissaient toujours par helléniser les tribus voisines, Raguse, orpheline de sa métropole, subit l'influence des Slaves et, de latine, devint serbe. Du IXe siècle au XVe, elle est alors la maitresse de l'Adriatique ; elle ne se laisse pas comprendre dans l'édifice éphémère élevé par Douchan et se soustrait, par une alliance qui est fière, à l'oppression musulmane ; le sultan Mourad a dû respecter son territoire ; la république se fait le trait d'union entre l'Occident et le Levant ; les papes lui reconnaissent le privilège unique de trafiquer avec les infidèles d'Asie et d'Europe. Et ce privilège lui donne la première place dans le monde gréco-slave. Contre les empereurs avides de Constantinople et les marchands jaloux de Venise, contre les vaisseaux légers des pirates uscoques et les grossiers pandours de l'Autriche, ses montagnes, ses rochers, sa vigilance et son adresse la maintiennent libre. Cette aristocratie de marchands est plus fortement constituée que maint royaume. L'ennemi étant toujours aux portes, les dissensions civiles sont rares. Le doge jouit d'un pouvoir presque souverain. Mais Raguse n'est pas seulement un merveilleux entrepôt et une forteresse redoutable, c'est encore une ville de lettrés et d'artistes. Dès 1500, le luxe commence. Les demeures des négociants sont des palais, tout en marbre. Les églises et le palais du gouvernement sont décorés avec une richesse du meilleur goût. Les écoles sont florissantes, l'emporteront quelque temps sur celles de Venise. Appendini admire « que chaque famille, même dans la classe inférieure, compte parmi ses membres un poète, un grammairien, un érudit de renom. » Aussi, par ses marchands, par sa flotte, par son armée, par son université, c'est la plus triomphante cité de tout le littoral. Venise l'envie, mais, après avoir voulu se servir des croisés pour la détruire, trouve plus politique de la ménager. Ce fut Raguse qui le plus longtemps resta libre. Napoléon ne supprima sa république qu'en 1808. La décadence fut alors singulièrement rapide. Dans un intervalle de soixante-dix années, la reine des Dalmates, la cité marchande, la première par les lettres et les sciences, est devenue un gros village de cinq mille âmes, un médiocre marché de bestiaux.

Pourtant, elle n'a pas tout perdu, et aujourd'hui elle me paraît toute semblable à une vieille princesse italienne que je rencontre au Borgho-Pille, qui a été belle et riche et qui, tombée dans la misère, a gardé de son ancienne splendeur un collier de perles fines et sa superbe allure de patricienne. — Les fossés de la muraille de Raguse ont été transformés en jardins potagers ; des principaux palais de la *piazza di Erbe*, on a fait des magasins à fourrage, une douane, un mont-de-piété ; les autres tombent en ruine ; tous les objets d'art, sauf une *Ascension* du Titien tout enfumée et quelques grandes esquisses de Tiepolo, ont été vendus à l'étranger ; au lieu de la vie républicaine des grands marchands aristocrates, l'existence végétative d'une préfecture autrichienne, la plus ennuyeuse de toutes. Mais, si l'âme s'est envolée, le corps est demeuré, toujours noble et beau. L'avenir le détruira peut-être, et alors il ne restera plus que la grande mer immense qu'on aperçoit de la porte Pille et qui brise sa colère impuissante contre les rochers.

On passe sous la porte Pille et l'on débouche sur le Corso, la grande avenue qui, de l'enceinte fortifiée jusqu'à la collégiale de Saint-Blaise, mesure toute l'ancienne Raguse. A l'extrémité orientale moitié florentin et moitié gothique, s'élève le palais des Doges, avec sa tour carrée, ornée d'un vaste cadran, ses arcades aériennes, ses files de colonnes festonnées de fleurs et de figures, ses guirlandes d'amours et de nymphes, ses portes de bronze ciselé, ses fenêtres en plein cintre couturées de colonnettes ; étrange et majestueux édifice, digne hôtel de ville d'un peuple de marchands et d'artistes, où l'on devine encore le sombre voisinage des rires et des larmes, des geôles d'État et des salles de fête. Tout cela, comme du marbre fraîchement poli, reluit au soleil. A droite et à gauche, les maisons s'étageant sur les deux collines du Mincetto et de Saint-Laurent, des ruelles profondes, dont les vieux palais, se touchant presque par le toit, ne laissent voir du ciel qu'un mince ruban d'azur. Çà et là, vingt débris illustres, de charmants vestiges de l'antique splendeur, des balcons percés à jour et brodés comme de la dentelle de Venise, des gouttières en tête de dragon ou de faune, des médaillons de patriciens, des statuettes de saints, des cours gracieuses avec des fontaines de marbre et de porphyre, des escaliers tournants en fer forgé ; à chaque coin de rue les armes de la république. La ville n'est guère plus animée de jour que de nuit ; point d'équipages, point de foule, mais partout une ombre de sépulcre, des moisissures de pierre, l'herbe dans les cours et sur les murailles noircies ; on dirait, comme dans les contes de fées, un grand palais abandonné aux toiles d'araignée et aux caprices des plantes grimpantes. Les pieds traînent paresseusement sur les larges dalles dont le Corso est pavé. Cette cité de marbre a la sonorité d'un tombeau. On s'enfonce avec une sorte de crainte dans l'ombre chaude des ruelles. De grandes draperies de couleur pendent des fenêtres, comme à Gênes ; puis, au-dessus, les tuiles brunes, presque rouges, tranchent vivement le bleu du ciel. Resserré entre les toits inclinés, il semble reculé à l'infini. Parfois, on entend le crépitement des fusils dans la montagne voisine ou le rugissement de la mer contre la falaise.

Sauf Pise, je ne connais pas de ville qui sente davantage la mort ; et pourtant, par un curieux contraste, les détails frais et gracieux ne sont pas rares. On monte le Corso, et sur la *Piazza di Erbe* on trouve des cafés, des boutiques de bijouterie et d'armes, des librairies, un marché plein de fleurs et de fruits ; beaucoup de moines et de soldats, mais aussi quelques jolies filles à l'air grave et doux, des enfants les plus beaux du monde. Puis, si l'on redescend au Borgho, on aperçoit sur une petite place une délicieuse fontaine dont les seize faces, encadrées de colonnettes torses, portent chacune un merveilleux mascaron qui verse une eau claire dans une grande vasque de granit, où les jeunes Ragusaines viennent, au matin, se laver publiquement. Presque toutes sont grandes, robustes, les yeux fixes avec un regard qui ne finit pas, les traits réguliers, la peau brune, le geste aisé et le cœur à l'abri des tristesses profondes ; elles gardent toute leur vie quelque chose d'enfantin, appellent sans cesse, dans les poésies nationales, des comparaisons d'oiseaux. Coiffées de pagnes ou de fez ornés de voiles blancs, elles portent des chemises très finement brodées sous une veste de couleur éclatante qui prend la poitrine, et sur une jupe courte un tablier d'un rouge carminé qui serre étroitement les hanches. Les jambes, d'habitude fort belles et qu'elles montrent jusqu'aux genoux, sortent de chaussettes en toile de couleur qui ressemblent à des morceaux déchirés d'un tapis de Smyrne. Les plus pauvres portent des bijoux en or repoussé, colliers de médailles, épingles en forme de flèche ou d'oiseau, boucles d'oreilles ornées de pierreries ; c'est souvent toute leur dot, et l'on me fait remarquer que les bijoux faux sont inconnus dans les campagnes dalmates.

En face de la fontaine du Stradone est la chapelle du Rédempteur ; c'est une petite église de la Renaissance, rose et nue à l'extérieur, sauf une porte délicieusement enguirlandée d'amours et de fleurs. La religion, à Raguse, comme dans les autres villes du littoral, a été singulièrement mêlée de paganisme. Sur tous les autels, Jupiter a été si immédiatement remplacé par Jésus et Vénus par Marie, qu'il a été difficile au peuple de tracer entre ces deux cultes une démarcation bien nette et qu'il a brouillé les deux adorations. — A l'intérieur de l'église, l'ornement de mauvais goût déborde, statuettes d'albâtre et d'argent, chandeliers d'or, encensoirs constellés de pierreries, fleurs de métal ou de papier ; tout le haut des murs est badigeonné de peintures criardes et sans style. Mais une église italienne renferme presque toujours un bon tableau, et depuis trois mois je n'ai rien vu qui ressemblât à de la peinture. L'*Ascension* du Titien est ici. Le Christ monte au ciel, et autour de lui la foudre crève les flancs noirs des nuages. Au bas sont les apôtres et le peuple, les yeux levés vers le ciel, s'agitant comme des vagues en colère. Une teinte rougeâtre, fauve, enveloppe ce tableau rongé maintenant par l'humidité et enfumé par les cierges.

On traverse une petite ruelle et l'on débouche dans la cour du couvent des Franciscains. La cour est carrée, de proportion charmante, avec une galerie qui fait promenoir et ouvre sur le jardin par trente arcades aux colonnes délicatement fleuries. Il n'y a pas deux chapiteaux qui se ressemblent ; ici, des bouquets de palmes, de nénufars ou de lotus ; là, des oiseaux fantastiques, des lions monstrueux, les têtes de l'Apocalypse ; plus loin, des satyres grimaçants et des faunes aux yeux chargés de désir. Aux angles de la cour, quatre bouquets de magnifiques cyprès. La cour elle-même est un parterre de rosiers, d'orangers et de myrtes. Rien de plus gracieux et de plus frais. Nul bruit, si ce n'est la chanson joyeuse d'une petite fontaine, et, venant de la fenêtre ouverte d'une maison voisine, une mélodie du *Barbier* au piano. — Quand je suis arrivé, un gros moine était occupé à faire ranger sous les arcades par des soldats en uniforme une centaine de tonneaux. Toute l'Autriche catholique est là. Le bon peuple nourrit l'Église, et l'armée est sa très humble servante.

Cependant ce clergé est bien déchu ; il ne sait plus que jouir, il a perdu tout sentiment du beau. Le pourtour intérieur du cloître est couvert de fresques qui figurent la vie de saint François, le vénérable patron du lieu ; il est impossible de rien imaginer de plus grotesque. Et puis, comme toutes ces histoires sacrées sont bien faites pour donner à l'État de bons citoyens ! Dans un des panneaux, on voit saint François qui déserte son régiment pour prendre le froc et vend à un maraudeur quelconque son cheval et ses armes ; Dieu et les anges sont au ciel qui applaudissent. Quelle belle leçon de vertu ! Mais le vin embaumé qui fermente dans les tonneaux est là pour justifier saint François et ses successeurs... Plus loin, le noble déserteur est agenouillé dans un marais, et comme il prie dévotement pour édifier les grenouilles, un démon apparaît en compagnie d'une nymphe nue comme la main et si laide, avec ses yeux chassieux, ses seins difformes et sa taille de bois, que saint François n'a pas grand mérite à résister à la tentation. L'auteur de cet infâme badigeonnage est un moine de l'ordre ; ce successeur de l'admirable frère des Anges a nom Zébédée.

A quel misérable asservissement le clergé romain a réduit ce pauvre peuple, je ne puis que l'entrevoir. Les bourgeois les plus libéraux ne permettent pas à la conversation de se porter sur le terrain religieux. Quand je raconte ce que j'ai pu constater en Albanie et que j'en rends responsable l'Église catholique, on est tout près de m'accuser de sacrilège. Les officiers surtout sont confits en dévotion, parlent de Voltaire comme d'un diable et trouvent tout simple qu'une messe basse compense aux yeux de leurs idoles une nuit de débauche. Ils ont fait la campagne de Bosnie en vrais croisés, et ils se vantent du nombre d'hérétiques musulmans qu'ils ont fait fusiller à Séra-jéwo et pendre haut et court aux arcades du pont de Trébigné. Je remarque qu'ils ne parlent de notre république qu'avec inquiétude ; ce phare de liberté dressé au milieu de l'Europe donne une lumière trop vive. Ils ont peur que le peuple ne lève les yeux et ne soit subitement éclairé.

Du palais du Sénat ragusain on a fait un théâtre, et l'affiche annonce que, dans le courant de l'hiver, *la Compagnia si obliga di dare le ultime novite dramatiche, la Straniera di Dumas, Bébé di Hennequin, i Danicheff di Dumas, le Duc Orfiline di Dennery, i Fourchambault d'Augier, i Berghesi di Pont-Arcy di Sardou, il Signor Alfonso di Dumas, la Patria di Sardou.* Hier soir, on donnait *Bébé*, et ce public slavo-italien s'est amusé comme un public parisien du Gymnase à la théorie de l'échelle qui va de la femme de chambre à l'épouse en passant par la cocotte, et inversement. Au xviii° siècle, nous avons commencé par donner à l'Europe, pour la mettre en goût, les romans de Crébillon, la *Pucelle* et les *Contes moraux ;* puis, quand on nous a demandé un nouveau ballot de livres, nous avons envoyé le *Dictionnaire philosophique*, le *Contrat social* et les discours de Mirabeau.

A bord du *Junio*, 13 novembre.

Ipsum me, melior cum peteret Venus
Grata detinuit compede Myrtale
Libertina, fretis acrior Hadriæ
    Curvantis Calabros sinus.

Je vous certifie que je suis à même de commenter l'ode à Albin... Quelle furieuse que cette mer! Dimanche, elle était douce et calme comme un lac, développait amoureusement ses eaux bleues sous le ciel de cristal de Cattaro. Depuis hier, comme si elle se repentait de cette heure d'apaisement, cette Néréide s'est transformée en Bacchante. La tempête n'arrête plus. Le *bora*, qui est l'antique Borée, descend du sud à l'encontre du *siroco*, qui est le mistral de la Dalmatie, et ces deux vents en colère soulèvent dans l'Adriatique une superbe bataille de vagues. Les blanches falaises de la côte et les îles parallèles qu'on appelle ici les *îles longues* disparaissent à demi dans la brume, et du ciel noir, d'immenses cataractes descendent sans fin sur la mer bouleversée et sur les rivages changés en marais. Le tonnerre a grondé toute la nuit dernière.

L'ADRIATIQUE.

Presque tous les passagers du *Junio* sont étendus à demi morts dans ces petits lits des cabines qui ressemblent à des cercueils, et quant à moi, je ne sais trop comment je résiste avec tant de vaillance aux sauts de chèvre que notre vaisseau fait depuis seize heures sur cette mer déchaînée. Les vitres plient tout près de se rompre ; la vaisselle sonne dans les buffets comme les grelots d'une danse de fous, et les chevaux des officiers qui reviennent à Trieste lancent à travers le tumulte des éléments des cris si douloureux, qu'ils dominent le bruit du tonnerre et de la mer elle-même.

Même date, soir.

Vers deux heures après midi, la tempête s'est lentement endormie et le soleil a reparu, bleuissant le ciel et dorant les falaises basses de la côte.

Bien que l'hiver soit là, ce pays est encore très beau. J'avais souvent entendu vanter cette mince rive dalmate, enguirlandée d'îles et ceinte de rochers comme d'un collier de diamants égrenés ; je l'ai trouvée aujourd'hui supérieure encore à sa réputation. Les formes élégantes des montagnes se dessinaient nettement dans l'azur pâle. La mer, pénétrant dans la terre par des golfes et fiords innombrables, découpait en franges gracieuses cette terre d'un brun pourpré, pendant que l'archipel des îles, se prolongeant sur la gauche, donnait à la mer l'aspect d'un large canal. Les couleurs, violentes dans les baies et sur la falaise, étaient à l'horizon d'une tendresse charmante, quelque chose comme cette fine teinte de mauve que j'avais tant admirée aux couchers du soleil dans la mer Égée. Tout cela, très harmonieux, moitié sauvage et moitié cultivé. Pas de solitudes arides comme en Albanie, mais des cités d'aspect guerrier, appuyées à d'âpres collines et gardées par de hauts remparts de granit. Puis, sur la mer, évoquant les légendes des Uscoques, des barques légères filant à tire-d'aile, leurs voiles rouges ouvertes au vent.

En somme, ce pays est dur, souvent cruel, ayant gardé la trace des Romains qui s'y trouvaient à l'aise. Aussi les hommes sont rudes. Les enfants faibles sont abandonnés à la mort ; il n'y a que les forts qui survivent, et partant la race s'épure tous les ans. Elle n'aime en réalité que la chasse et la pêche, surtout la pêche, dont les courses aventureuses lui rappellent avec joie les beaux jours de la piraterie, des Morlaques qui étaient les Valaques, c'est-à-dire les bergers nomades de la mer. Le Dalmate aime l'isolement ; on trouve rarement dans la campagne deux cabanes qui soient l'une près de l'autre, et cela, non par défiance, — c'est le pays des portes sans serrures, — mais par goût naturel pour la solitude. Venise et

Raguse, par politique très bien entendue, avaient favorisé ces instincts farouches ; le paternel gouvernement de l'Autriche n'est pas de force à les modifier. Ayant été tour à tour, et avec indifférence, les tributaires et les sujets de Rome, de Byzance, de la Hongrie, de Venise, de Stamboul, de la France qui les donna à l'Autriche, les Dalmates se soucient peu du pouvoir central, ne tiennent avec passion qu'à leurs franchises locales qui ne sont pas aujourd'hui beaucoup moins entières qu'au XV° siècle. A tort on les prétend désireux de s'unir à l'Italie, parce qu'ils parlent sa langue. La vérité, c'est qu'ils sont restés Slaves et qu'un seul événement les a profondément émus, depuis un demi-siècle, l'annexion de la Bosnie à l'empire, la perspective d'un royaume slave de l'Adriatique. Le marasquin de Zara est un vin violent, mais très parfumé ; l'âme poétique et sauvage de la Dalmatie ressemble à ce vin.

Une heure avant le coucher du soleil, nous sommes entrés dans le port de Spalato pour faire escale, et je me suis hâté de descendre pour visiter la ville. Dans tout mon voyage d'Orient, je n'ai pas rencontré de bourgade plus malpropre et plus rebutante : des ruelles tortueuses qui grimpent en escalier, infectes, tendues de cordes transversales où pend le linge sale ; de vieilles bâtisses toutes noires, humides, salies par des pluies séculaires, avec des écussons encrassés dans la poussière, la plupart suspendus comme des cages à poulets aux chambres délabrées du palais de Dioclétien ; des échoppes graisseuses, des culs-de-sac que Ribot trouverait trop sombres pour sa palette chargée de suie ; une population misérable qui patauge dans la boue et se glisse contre les murs, véritable vermine humaine de cette guenille de pierre ; des hommes à figure de bandit, de vieilles sorcières qui, la nuit, doivent chevaucher sur des balais en pin de Curzola; des fillettes maigres et chétives, des enfants à demi nus, malgré la froidure. Pour décrire convenablement cette ville, il faudrait commencer par collectionner les mots les plus gras du vocabulaire de Rabelais, de Régnier et de Louis Veuillot. Spalato est une symphonie en noir mineur.

Ce qui rend la sensation plus étrange, c'est que toute la ville est logée dans le palais de Dioclétien. Les chambres ont été changées en maisons, et les corridors en ruelles ; on a fait une église du tombeau de l'empereur ; les voitures roulent dans le *triclinium*, et les soldats autrichiens font l'exercice dans les salles de réception (1) ; la cathédrale a été logée dans un temple de Jupiter ; quand on vient de la mer, on aperçoit avec étonnement, entre les magnifiques colonnes et les immenses arcades que le temps

---

(1) Albert Dumont.

a respectées, le grimacement ignoble de deux cents taudis superposés. Je ne dirai point par quelles séries de caves et de trous il faut passer, en contractant les narines, pour arriver à la fameuse cour Médiano ; à côté du temple de Jupiter, on a creusé une fosse immense où l'on dépose toutes les ordures de la ville ; toutes les statues ont été mutilées, souillées ; la frise exquise des amours et des panthères qui enguirlande le temple de Jupiter est une ruine piteuse; l'admirable sarcophage de la *Chasse au sanglier* moisit au vent et à la pluie ; la fameuse porte Dorée s'émiette en poussière ; depuis près d'un siècle qu'il est ici, le gouvernement autrichien n'a pas trouvé cent mille florins pour porter remède à cet opprobre.

Du reste, les marbres semblent avoir conscience de cette honteuse dégradation. Au lieu de cette belle couleur dorée qu'ont revêtue les marbres de l'Acropole, ceux de Salone se sont habillés de deuil. Porphyre aux teintes de pourpre, pierre dalmate aux reflets du soleil, marbre richement veiné de l'Istrie, granit rose d'Égypte, tout est noir aujourd'hui, barbouillé de suie, couvert de cendre. Colonnades, arches triomphales, loges dorées, péristères, portiques, frontons dignes d'un temple grec, tout cela semble pleurer l'ère de Dioclétien, le beau paganisme, si respectueux de la pierre, et qui est mort trop tôt. Après Dioclétien, Constantin. A la porte de la cathédrale où le Nazaréen a détrôné l'Olympien, j'ai longuement regardé un sphinx noir qui rêve mystérieusement sur un piédestal de marbre. Aménophis l'avait fait tailler dans la pierre de Syène la plus pure pour en orner son temple royal de Thèbes ; Cléopâtre peut-être le fit dresser dans le bosquet de myrte où elle aimait Antoine ; Dioclétien avait voulu le voir dans son palais de Salone. Sous la pluie froide qui tombe de nouveau, comme ce sphinx immobile doit pleurer son Nil bleu et ses palmiers odorants d'autrefois !

14 novembre, midi.

Longue escale ce matin à Sébénico, pendant un entr'acte de la tempête qui a recommencé la nuit dernière avec une violence nouvelle. La ville est toute petite, bien dalmate, c'est-à-dire moitié marine et moitié montagnarde. Comme à Raguse, les rues sont hautes, étroites, pavées de grandes dalles polies, et nombre de maisons entretenues avec soin sont d'anciens palais, avec des fenêtres ogivales couronnées de trèfles, des colonnades de marbre, des balcons richement brodés de rosaces et de fleurons, des statues, des frises, des écussons, presque partout le lion de Venise, le monstre majestueux qui déploie ses ailes. Le temps a mis ses ombres fondues sur toutes ces vieilles pierres. La *Piazza* est bordée des édifices municipaux, la loggia, le palais de la commune, la douane, grandes maisons monumentales avec bossages énormes. Cette ville est conservée comme un Herculanum du xiv° siècle. Les fenêtres ont gardé leurs barreaux, et le fort ses hautes tours qui dominent l'Adriatique et sont des nids pour le vent.

J'ai passé une grande heure dans le dôme. La première impression est saisissante ; une nef élégante aux reflets de pourpre, des colonnes luisantes de marbre rouge, des chapiteaux composites qui sont une floraison de palmes, d'achantes et de lotus; un dôme doré qui scintille d'une clarté fauve, un revêtement merveilleux de mosaïques, des chaires de bois brodées comme des dentelles, un maître-autel d'une richesse fabuleuse, des lampes d'argent qui étoilent les chapelles ténébreuses, un pavé de marbre blanc ; tout cela d'une couleur indicible, avec des traînées de lumière azurée ou jaunie par les vitraux, des chatoiements mystérieux, des reflets bronzés : une préface de Saint-Marc. A l'extérieur, le gothique vénitien dans toute sa fleur éblouissante ; au premier abord, habitué maintenant aux beautés calmes de l'architecture grecque, mon œil s'est troublé, je n'ai plus compris, je n'ai vu qu'un grand jouet architectural fait pour amuser des enfants. Il faudra qu'à Venise je rapprenne à lire dans le fouillis aérien du gothique, dans le fourmillement byzantin des ornements en filigrane et des marqueteries luisantes. Mais quelque fascinant que puisse être le mirage, je suis armé pour savoir que la véritable beauté n'est pas là.

Ce qui est étrange et charmant au delà de toute expression, c'est le portail qui ouvre sur la *Piazza*. De chaque côté de la porte de bronze sont deux piédestaux qui figurent des galères vénitiennes dardant, comme des langues de vipère, leurs proues dentelées; puis, du milieu de ces galères se dressent deux lions ailés qui soutiennent un bouquet de colonnes torses, légères et pures, et qui s'épanouissent en un merveilleux bouquet de raisins et de guirlandes. Les chapiteaux se rejoignent alors par une sorte d'arche qui forme entablement et porte deux statues qu'on dirait sorties d'une toile de Lucas Cranach. Elles figurent Adam et Ève après la faute, entièrement nus et dans l'attitude piteuse de malades qui souffrent d'une indigestion. Ève, la main posée sur la poitrine, est laide; mais la tête est singulièrement expressive, pleine de douleurs. Adam a toute l'apparence d'un satyre, les oreilles pointues, la barbe fouillée des Silènes antiques, le torse velu. L'art fait défaut, mais la profondeur du sentiment suffit parfois pour donner la vie.

Ravissantes figures de femmes sur le quai. C'est

l'œil des femmes de Florence, mais plus alangui, plus vaporeux, avec ce regard slave qui est sans fin; le front est large, très haut, empreint de fierté; la taille est souple, mais presque droite comme celle des Mégariennes et des statues antiques. Le costume est plus riche encore qu'à Raguse. Une chemise de toile blanche, brodée de dessins vifs, ouverte hiver comme été sur une poitrine de marbre; une houppelande d'un bleu sombre, semée de paillettes et de coquillages, prenant la taille comme dans un fuseau; un tablier bariolé comme un tapis de Perse; une ceinture de cinq rangs de cuivre à clous d'argent; des jambières étoilées de fleurs d'or; une abondance royale de bijoux ciselés. Delacroix eût trouvé ici un magnifique pendant pour les *Femmes d'Alger*.

Même date, la nuit.

A peine étions-nous entrés dans le canal de la Toretta, la tempête est devenue si terrible qu'il a fallu chercher un abri dans une petite rade de la côte et jeter l'ancre jusqu'au soir. Le vent est déchaîné avec tant de violence qu'en passant sur la crête des vagues, il soulève une poussière d'écume qui retombe sur le pont en une ondée glaciale. Il pleut à torrents. La côte et les îles ont disparu dans les remous. Le *Junio* est entouré par un rideau de brume qui ferme la vue à un cercle de cent pas de diamètre. Je suis resté toute la journée dans la cabine à causer avec des officiers autrichiens qui ont fait la campagne de Bosnie. Ils se vantent, en riant, d'avoir « conduit la guerre à l'asiatique; » c'est-à-dire qu'à les croire, mais on peut douter de leurs hâbleries, jamais, du temps de Mourad et de Mahomet, les Ottomans n'ont avec autant de sang-froid brûlé les villages, massacré les prisonniers et violé les filles.

Vers dix heures, la pluie a cessé et nous sommes partis par une bonne brise de siroco. J'ai passé une heure délicieuse sur le pont à voir fuir au clair de lune les lointaines collines de la Kerka et les îles innombrables de l'archipel dalmate.

15 novembre.

Belle aurore d'hiver dans le canal de Zara. — La ville, encore endormie quand je l'ai parcourue, n'offre aucune particularité que je n'aie notée à Sébénico ou à Raguse. La porte de terre ferme a été construite par Sammicheli. — Douce et charmante navigation à travers les îles. Moitié slave et moitié italienne, toujours double, impuissante à donner le sentiment de l'unité, cette nature exerce un charme étrange, enveloppe d'une étreinte. La mer, apaisée, prise entre la côte et l'archipel de Quarnero, semble un large fleuve, où les jeux de la lumière et de l'eau sont infinis. De toutes les îles, semblables à une bande de mouettes, les polacres à la proue noire et rouge s'envolent vers la haute mer. — Station d'une heure dans l'admirable port militaire de Luccin-Piccolo. Nous serons cette nuit à Pola, et demain au réveil en vue de Trieste.

Trieste, 16 novembre.

La nuit dernière, longue promenade au clair de lune dans le magnifique amphithéâtre de Pola, et ce matin, par une pluie battante, arrivée manquée dans la rade de Trieste qui, par un temps clair, doit offrir un spectacle superbe. La ville est grande, bien bâtie, sans intérêt pour un simple voyageur comme moi. Ce soir, j'irai à l'opéra entendre le *Tannhæuser*, et à minuit je m'embarquerai pour Venise. Ne vous attendez pas à de nouvelles lettres, mais relisez les *Maîtres mosaïstes* et *Consuelo*.

LA QUESTION D'ORIENT

EN ORIENT

LA QUESTION D'ORIENT EN ORIENT

Mars 1879.

Quand le Sphinx menaçait jadis de son énigme redoutable la cité de Thèbes, ceux des fils de Cadmus qui aspiraient à l'honneur de la deviner se donnaient la peine d'aller jusqu'au rocher où trônait le monstre, et qu'aujourd'hui encore les agoyates montrent au voyageur. Les Béotiens d'Occident ont changé tout cela. Sans sortir de chez eux, ils ont la prétention de résoudre le problème que pose depuis tant de siècles le Sphinx d'Orient et dont dépend la liberté du monde, problème dont le principal facteur ne se peut soupçonner dans les livres, car ce facteur, c'est l'homme même.

Si les choses d'Orient en sont arrivées là où elles sont à ce jour ; si l'histoire, après avoir déjà enregistré le démembrement de la Suède et le partage de la Pologne, enregistre à cette heure le partage non moins immoral de la Turquie, c'est à la diplomatie occidentale et à son ignorance séculaire de l'homme en Orient que nous devons nous en prendre. Tantôt, l'Occident a pris pour un barbare stupide ce Turc dont le goût pour les belles choses était tel, dès les premières heures de la conquête, que le grand Léonard, las de Florence, résolut un jour de porter son génie à Stamboul. Tantôt, il prit naïvement pour l'apôtre désintéressé de la civilisation le barbare russe enduit d'un vernis moderne, tout comme le Cafre est enduit pour la nuit tropicale d'huile de ricin. Tantôt, l'esprit troublé par la magie du nom chrétien, il crut qu'il suffirait de crier : Lève-toi ! au raïa façonné par les siècles à l'esclavage, pour que celui-ci se dressât comme un autre Lazare et, délivré de ses chaînes, fût un homme vraiment libre, mûr du soir au matin pour se gouverner soi-même. Et tantôt, il crut avec une bonne foi insouciante que quelques parchemins sans valeur suffiraient pour faire de la Porte une puissance parlementaire, d'une civilisation orientale une civilisation occidentale, de la nuit le jour. Ce que, par triste insouciance des hommes et des choses d'Orient, les politiques et les philosophes de l'Europe ont déraisonné depuis la chute de l'empire romain formerait, à cette heure où quelque lumière se fait enfin, mais bien tard, le plus bizarre in-folio qui se puisse imaginer. Les noms de ces grands dupés et de ces grands ignorants sont sur toutes les lèvres. Je ne nommerai personne. Mais je déclare que vingt fois, au cours de mon voyage dans le Levant, je me suis arrêté tout effrayé quand j'ai pu reconnaître sur quelles données ineptes l'opinion publique a depuis des siècles discuté les choses orientales. Me croira-t-on quand j'affirme que pour une majorité considérable les Turcs sont, à cette heure encore, les infidèles que Volney accusait d'avoir inventé la peste, les bonshommes ridicules que Molière faisait défiler dans ses ballets et dans ses farces? Non, et rien n'est plus exact cependant.

Le système arbitraire et illogique que l'Occident se construisit peu à peu sur les choses orientales, il n'a cessé de lutter pour le maintenir à tout prix contre les faits révélateurs et accablants. Funeste vanité d'auteur. Chaque fois qu'une réalité par trop manifeste a contraint les politiques d'Occident d'abattre un pan du vieil édifice, ils ont maugréé, ils n'ont pris la pioche qu'à contre-cœur. Les discussions théoriques ne prouvent rien contre les faits; mais l'oreille des discussions théoriques a toujours été largement ouverte, l'oreille des faits était presque toujours sourde. L'écho retentit encore dans les salles des Parlements et des clubs de ces fameux débats sur la protection des chrétiens d'Orient, la mission civilisatrice de la Russie, la barbarie turque, l'intégrité de l'empire ottoman. Mais les renseignements que rapportaient les voyageurs sérieux, les mémoires de plusieurs générations de consuls éclairés et patriotes restaient sans effet ni portée, demeuraient stériles, étant destinés à des hommes à idées arrêtées d'avance : ces hommes, ces ministres des affaires étrangères, ces présidents de conseil, n'y voyaient que ce qu'ils voulaient y voir. Ils s'indignaient quand on osait traiter de légende la théorie courante sur l'Orient, légende plus disparate que l'habit d'Arlequin, faite de pièces et de morceaux, de rancunes catholiques, de souvenirs des croisades, des plus faux principes sur les droits des nationalités, d'appréhensions ridicules et de confiances presque criminelles. La vérité était si contraire à la convention reçue que ceux qui savaient l'état réel des choses passaient, dès qu'ils ouvraient la bouche, pour des visionnaires ou des fantaisistes. « Ce que l'on appelle l'art conjectural n'en est pas un, écrivait Frédéric (1); c'est un jeu de hasard où le plus habile peut perdre comme le plus ignorant. » Or, c'est précisément ce jeu qu'à de rares exceptions n'ont cessé de jouer en Orient la France, l'Angleterre, l'Autriche; mais le calcul complexe des probabilités a tourné contre nous. Un peu de science vaut mieux que toutes les promesses de celui que le

(1) Lettre à Voltaire, 1er mars 1711.

roi de Prusse appelait en saluant : « Sa Sacrée Majesté, le Hasard. »

Donc, un peu de science. Certes, après quelques mois de voyage dans le Levant, je n'ai pas la sotte prétention d'avoir trouvé la réponse qu'attend le Sphinx du Bosphore. Mais je crois avoir rapporté « quelques-unes de ces vérités instinctives qui se forment chez tout voyageur sachant user de ses yeux et de ses oreilles, » et ces vérités me semblent propres à jeter quelque lumière sur l'état actuel de l'Orient, sur les positions prises par les différents partis, sur la nature réelle des aspirations grecques et iougo-slaves. Quant à la solution du séculaire problème, ma seule ambition serait de faire comprendre qu'elle n'existe pas et ne saurait exister dans le sens qu'on attache d'ordinaire à ce mot, celui d'une panacée miraculeuse qui, d'un coup, supprimerait tout le mal et changerait en jardin d'Éden la péninsule des Balkans.

I

Première impression que produit le Levant : celle d'une boussole affolée. Dans ce grand effondrement de l'empire turc, vers qui se tourner ? Jamais une pareille perturbation ne s'est vue dans les consciences. Où est la force? On le sait à peu près; mais cette force est-elle réelle? on l'ignore, et sa brutale tyrannie, on ne la connaît que trop. Où est le droit? Nul n'en a notion quelconque. A qui se fier? Même aux déclarations sincères, on ne peut plus croire. Ils ont été si audacieusement exploités, ces grands mots de civilisation et de liberté, qu'ils ont perdu leur magie. Dans les congrès des souverains, que pèsent les hommes, les nations? Tout juste le poids du papier sur lequel sont écrites en lettres de sang des protestations qui ne seront pas lues. Quel moyen de soulever contre soi les haines et les colères des grands? De vouloir être indépendant, d'aimer la liberté (Grèce); d'avoir rendu d'immenses services, car cela est un témoignage de force (Roumanie, Serbie). Quel moyen de plaire? De ramper, d'être vil, de saluer le chapeau de Gessler (Bulgarie). Ceux qui se sont réveillés après des siècles de sommeil, on voudrait les saturer d'opium pour les replonger dans leur léthargie. Quand Lazare sortit de son tombeau, les pharisiens complotèrent de l'assassiner; mais, malgré eux, Lazare vécut et marcha.

4. Dès l'arrivée, c'est une véritable découverte que fait le voyageur, celui-là même qui a déjà beaucoup lu, beaucoup étudié. Il croit trouver en Orient un ossuaire, un cimetière, tout au moins un hôpital de

pestiférés. Il trouve une admirable ruche d'hommes, presque partout le travail, presque partout la vie, la volonté de vivre. Sauf dans quelques golfes du Bosphore où la douceur du ciel est trop grande, l'*immobile Orient* marche d'un pas ferme et assuré dans la voie du progrès. On est préparé à trouver la barbarie, on ne trouve qu'une autre civilisation dans toute la saveur de l'éclosion. Ici, ces deux légions sacrées, ces hussards de la liberté : les Madgyars; ces derniers Romains : les Roumains. Sur le Danube, la Serbie, ce Piémont des Slaves du Sud; sur la mer Égée, le royaume grec, ce Piémont de tous les Hellènes; sur le Bosphore, Constantinople, avec son port des nations, la Corne d'or.

Beaucoup de haines religieuses, de haines de races? Cela est vrai, mais ne le sera bientôt plus que dans le passé; car un immense changement s'opère dans les esprits, cela se sent partout. Avant la dernière guerre, le grand ennemi des chrétiens, c'était le Turc, l'antique oppresseur, le dédaigneux qui, même en haillons, se croyait le supérieur du raïa le plus riche, le plus respecté. Avant la guerre, Constantinople, c'était la sirène splendide qui avait rempli d'amour les cœurs des Slaves du Sud, les cœurs des Hellènes : tous la voulaient, ceux-ci l'appelant Byzance, ceux-là Tzarigrad; d'où les jalousies, les haines des rivaux. Aujourd'hui, tout cela est changé ; est ennemi quiconque est redouté. Le Turc est vaincu, le Russe est vainqueur. C'est le Russe qui est devenu l'ennemi, déjà détesté par les uns, près de l'être par les autres. Quant à la maîtresse tant convoitée, ce n'est plus de sa possession qu'il s'agit, c'est d'empêcher le troisième larron de la prendre pour lui. Le jour où, débouchant au galop fou de leurs chevaux du Don sur les hauteurs de San-Stéfano, les Cosaques de Skobeleff saluèrent Sainte-Sophie dans le poudroiement de la lumière d'or, ce jour-là furent jetées les bases de la future unité chrétienne de l'Orient.

Unité d'aspirations, non ; unité d'intérêts, et cela vaut mieux. Tous comprennent que, suzeraineté pour suzeraineté, celle de l'Osmanli est préférable à celle du Moscov. Ils le comprennent très tard, je ne puis que le constater ; trop tard, je ne puis me résigner à le croire, bien que l'état actuel des choses soit tout fait pour désespérer les plus vaillants, bien que ce soient deux grues insatiables, la Russie, l'Autriche, qui ont remplacé le soliveau turc. Le grand danger est celui d'étouffer sous la terrible pression du Nord. Les Grecs l'avaient deviné à la fin du xviiie siècle ; les Slaves du Sud s'en rendent compte aujourd'hui. Ce sera chose d'une difficulté sans pareille que de résister à cette pression ; chose impossible ? Non ! Nous vivons dans un siècle positif. A cette heure, en Orient, on ne voit que la force matérielle, les armées russes à deux pas de Constantinople, la Bessarabie annexée, la Bulgarie devenant de province turque une simple province russe, la suprématie incontestée de la Russie du Pruth au Danube, et du Danube à la mer Égée des hommes courbés sous le joug. Ce dont on ne se doute pas, c'est du travail lent des esprits. Or, ce travail est double, mais malheureusement en sens contraire. Les Slaves, comme déjà les Grecs, comprennent que ce mot de liberté avec lequel le czar soulevait les raïas suivant son bon plaisir n'a d'autre sens dans le vocabulaire moscovite que celui-ci : le bonheur que doit éprouver une nation à passer de la domination turque à la domination russe. Les musulmans de Stamboul, comme déjà ceux des Indes et de Caboul, réfléchissent que la protection de l'Angleterre, de l'Occident, n'est que le mot trompeur sous lequel se cache le désir d'être maître et de s'enrichir. Ainsi, d'une part, voici le salut : les Grecs tout prêts à être le contrepoids des Slaves, les Slaves du Sud prêts à échapper aux Russes. Voici, d'autre part, le danger : les Ottomans prêts, comme jadis en 1798, en 1830, en 1838, à se jeter entre les bras du czar.

Ce n'est point de l'attribution exacte, précise de tel territoire de la Turquie d'Europe à telle race ou à tel voisin que je veux m'occuper à présent; d'autres, plus savants en ethnographie, en géographie, ont fait ce pénible travail. D'une manière presque certaine, nous savons aujourd'hui sur quels points la densité de telle ou telle nationalité est la plus forte : au nord des Balkans, les Croato-Serbes vers l'ouest, et les Bulgares vers l'est ; au sud des Balkans, les Turcs sur le Bosphore, les Grecs sur la mer Égée et la mer Ionienne, les Albanais entre les Grecs et les Serbes. Je n'en dirai pas plus. Ce qu'il importe de préciser, c'est l'état psychologique de ces peuples et de leurs deux voisins du Danube, la Hongrie, les principautés moldo-valaques.

Le dualisme austro-hongrois n'appartient plus qu'à l'histoire. Le grand empire qui a Vienne pour capitale n'est aujourd'hui qu'un État slave flanqué d'un archiduché allemand à l'ouest et d'un royaume madgyar à l'est. Dans un de ces accès de rude franchise dont le prince de Bismarck a été l'héritier, Frédéric avait dit jadis : « Il est de la dernière évidence que l'Autriche devrait préférer avoir pour voisin un État aussi faible que l'empire ottoman qu'une puissance aussi formidable que la Russie. » Paroles perdues. Aujourd'hui, la Russie est la voisine de l'Autriche, la Turquie, abandonnée, est mourante, et François-Joseph a pris la Bosnie et l'Herzégovine. De cette scabreuse aventure que suivront d'autres plus scabreuses encore, qu'est-il résulté ? D'une part, les Allemands de l'archiduché, humiliés par la prédominance des Slaves, regardent vers Munich et vers Berlin ;

de l'autre, se sentant pris entre le colosse russe, qui n'apparaît à leurs yeux que dans le farouche appareil de 1848, et la marée montante des Slaves du Sud, les Hongrois se souviendront de ce qui fut la magnifique idée de Kossuth, la confédération du Danube. Ç'a été pour ceux qui y ont assisté une inoubliable leçon que ce spectacle, le départ pour la Bosnie des honveds hongrois, mornes et silencieux et qu'une foule accompagnait, où les femmes pleuraient et les hommes qui restaient encore maudissaient Andrassy, l'Autriche, l'Aigle noir. Un sentiment domine : la haine du Russe, la crainte des Iougo-Slaves. Eux qui furent un jour la barrière de l'Europe contre les Ottomans, comme ils voudraient aujourd'hui, ces vaillants Madgyars, que l'Occident les soutînt assez pour qu'ils fussent sa barrière contre les Moscovites ! Il faudra cependant que l'Occident comprenne, et il verra alors quel profit il doit tirer de ce bataillon sacré de Hongrie. Ils sont là, en effet, douze millions d'hommes à peu près, et dont le nombre n'augmente pas (ils ne font pas d'enfants), mais formant l'ensemble ethnographique le plus homogène et le plus compacte qui soit en Europe. Ils ont une admirable vertu : la haine implacable de toute oppression, hier de l'Allemagne, aujourd'hui de la Russie, l'amour le plus héroïque de la liberté. On va loin avec cela. C'est une rude place de guerre que « leur ovale presque régulier de terres basses, environné d'une ceinture de monts (1), » ce lac préhistorique qui est devenu une île. Aucune force de résistance n'égale la leur; contre les Turcs, les Slaves et les Allemands, ils ont gardé intacte leur nationalité; ils ont fait plus, ils n'ont pas cessé un instant de s'assimiler des populations originairement distinctes. Dans la séculaire question de l'équilibre des races orientales, rien de bon ne se fera sans eux. Ils sentent aujourd'hui l'Autriche allemande qui se détache vers l'Occident; eux, ils vont de nouveau pencher vers leur grand berceau, l'Orient. Ils regardent vers les Moldo-Valaques.

Comme deux îlots dans l'Océan slave, la Hongrie et la Roumanie surgissent en Orient aux bords du Danube, de l'un et de l'autre côté des Alpes Transylvaniennes. Unies, ce qu'elles pourraient contre le slavisme serait immense. Sur la rive gauche du fleuve, parmi les nations danubiennes, le premier rang revient aux Roumains. Combien sont-ils, non dans leur principauté trop étroite, mais dans leur ensemble ethnographique, qui forme un cercle presque parfait autour du massif oriental des Karpathes ? De douze à quinze millions. Comme les Hongrois au milieu des chocs innombrables, « en dépit des inondations et des remous des peuples, » ils sont restés ce qu'ils étaient à l'origine, — ils sont restés Latins.

---

(1) Reclus, *Europe centrale*, page 289.

Le proverbe dit : « Le Roumain ne périra pas. » Par là, par cette colère qu'a soulevée à jamais dans leurs âmes la cynique ingratitude de la Russie, ils ressemblent aux Hongrois. Ils ont leur bravoure (les champs de bataille des Balkans l'ont appris à l'Europe), mais avec moins d'éclat, de superbe. Ils ont leur amour du progrès, de la liberté. Ils augmentent de quarante à cinquante mille âmes par an. A Pesth, à Bucharest, voici donc deux grands phares, éclairant les peuples, représentant, l'un naturellement, l'autre par suite de ses développements historiques, la civilisation gréco-latine, étant l'Europe en face de l'Asie qui paraît ici sous cette double face : la Russie, la Turquie. Quelle est la noble idée qui domine ces deux peuples? Rester libres au milieu des peuples ennemis, libres contre le pangermanisme, libres contre le panslavisme. Ainsi, unité de sentiments, unité d'intérêts, et cela parce que le danger est le même. Celle peut-être qui le sent le plus à cette heure, c'est la Roumanie, qui s'est laissé entraîner un instant dans la croisade russe, sans laquelle peut-être la victoire fût restée fidèle au Croissant. Mais le repentir est venu vite, quand la piété filiale du czar a payé par l'échange de la Dobroutcha pour la Bessarabie le secours porté au grand-duc, quand les officiers russes, comme dans une ville conquise, traînèrent leurs sabres dans Bucharest. Par crainte de l'avenir russe, les Roumains pardonnent aux Turcs tout un passé de guerres et de luttes terribles. Ce n'est plus à Stamboul qu'est l'ennemi.

La Serbie et la Montagne Noire ne sont peuplées que de Serbes. Leurs frères d'adoption, leurs puissants protecteurs, les Russes, ont été vainqueurs, ont fait donner à l'une un port de mer et deux citadelles importantes, à l'autre presque toute la vieille Serbie. Sont-elles contentes, satisfaites? Aucunement, et, pour être moins bruyante, la colère qui les anime n'est pas moins profonde. Ont-elles gagné à la guerre? Oui, quelque territoire, un brevet d'autonomie. Mais l'avenir qu'avaient rêvé les deux vaillantes principautés iougo-slaves, elles sentent qu'il leur échappe. Entre elles, qui devaient s'unir sur les frontières de Bosnie et d'Herzégovine, l'Autriche est venue enfoncer dans le sein même de la Péninsule le lourd bec d'airain de sa galère, se dresser entre elles, sur une terre slave, comme un rempart infranchissable. Sur leurs flancs, la Bulgarie les met sous la suzeraineté indirecte du czar, suzeraineté qu'on pressent plus lourde que celle du sultan. Encore une fois se trouve appliqué l'immortel apologue des grenouilles qui demandent un roi. Aussi les faut-il entendre se plaindre, les pauvres grenouilles, bien bas il est vrai, car il ne faut pas qu'on puisse les entendre. Avoir échangé une suzeraineté pour une autre, mais une dépendance qui était purement nominale pour une autonomie qui ne l'est pas moins; — avoir rêvé d'être le Piémont des Iougo-Slaves, et se voir resserré à étouffer entre l'Autriche et la Russie; — avoir vu s'ouvrir un superbe avenir, la reconstitution de l'empire de Douchan, l'union par le petit-fils de Milosch de tous les Slaves du Sud, et se heurter du front à la barrière moscovite; — avoir depuis des siècles salué le czar comme le libérateur désintéressé des raïas, et se trouver tout simplement son vassal, lorsque, de toutes les choses pesantes, il n'en est pas de plus pesante que la reconnaissance, et que, de toutes les reconnaissances, celle qu'exige la Russie du moindre de ses obligés est plus lourde à elle seule que tous les rochers du Monténégro mis l'un sur l'autre : ce résultat est piètre, ce contraste est dur.

Chose curieuse : quand on parcourt le Levant sans idées préconçues, quand on cherche à connaître l'exacte vérité sur les hommes et sur les choses, il arrive qu'on se prend coup sur coup d'une vive sympathie pour toutes les nationalités qui s'agitent sous ce grand ciel bleu. Elles se détestent, elles se calomnient entre elles; elles n'en sont pas moins toutes, bien qu'à des degrés différents, bonnes, courageuses, nées pour servir le progrès, pour accomplir dans l'Orient une mission qui ne doit pas être sans gloire. Ce qui les a arrêtées jusqu'ici, ce qui a entravé leur marche en avant, c'est leur désunion fruit de l'égoïsme occidental et de l'ambition russe. Leur avenir est très sombre à cette heure; mais je montrerai en finissant qu'il n'est pas impossible de fonder sur le Danube, sur les Balkans et sur la mer Égée une grande unité politique et sociale, une unité qui sera plus que chrétienne : civilisatrice, révolutionnaire dans le grand sens du mot, tel qu'il était compris en 1789.

Du reste, c'est sur les Slaves du Sud que l'Occident continue à se faire les plus étranges illusions. Ne s'imagine-t-il pas ces clients du Russe pleins d'enthousiasme pour celui qui s'intitule le libérateur de l'Orient ? Or, il faut le dire, l'enthousiasme n'est qu'apparent. Tous, ils sont encore trop sous la main du czar pour pouvoir, pour oser parler. Mais ils chérissent trop la liberté, ces hommes forts des sombres forêts de chênes, pour ne pas supporter avec impatience un frein, même doré. Le vieil Homère disait déjà que le potier n'aime pas le potier. Le Slave du Sud n'aime pas davantage le Slave du Nord. Partout, sur les bords de la Save ou du Danube comme dans les villages de la Montagne Noire, j'ai pu constater ces velléités d'indépendance, de révolte, de jalousie. Bien fortes encore, non; aussi s'agira-t-il de les développer en leur rappelant ces mots de Milosch au consul russe : « Nous serons vos alliés, mais nous ne serons jamais vos vassaux. » — On les a presque toujours calomniés. Les premiers de tous les Iougo-Slaves, les Serbes ont compté dans le travail de l'humanité. Les grands fleuves leur apportent la civilisation, les grandes forêts entretiennent l'amour de la liberté. J'interroge leur passé, je vois qu'à deux reprises leur premier chef, Kara-Georges, prévoyant les dangers de l'alliance russe, sollicita l'alliance française. Napoléon demanda à Champagny quel était ce présomptueux barbare et, après réponse, se contenta de lui envoyer un sabre d'honneur. La Serbie a conquis son indépendance vis-à-vis de la Porte. La conquérir vis-à-vis de la Russie, voilà son secret désir à l'heure présente.

La Bulgarie, vaste et magnifique province, terre féconde où le repos est aimé comme la liberté par les Serbes, compte une population de quatre à cinq millions d'âmes ; mais, sur ce nombre, soixante mille musulmans dont il ne restera plus demain que quelques milliers, l'émigration étant devenue pour eux une question de vie ou de mort. Pour celui qui l'a vu de près, le Bulgare, bien qu'au dernier rang des peuples orientaux, vaut certainement mieux que sa réputation. Le mal que lui ont fait les terreurs du moyen âge et les plaisanteries de *Candide* est incalculable. En réalité, les Bulgares sont tranquilles de leur nature, laborieux, industrieux, relativement honnêtes, les Bretons ou mieux encore les Auvergnats de la Péninsule. Tous ces bons orfèvres, ces laboureurs très sobres ne connaissaient que de nom le vin généreux de la liberté. Les Russes sont venus, les ont grisés d'un vin frelaté mêlé d'eau-de-vie moscovite. Alors ils se sont soulevés, ivres, furieux, se sont rués sur les Turcs, ont vengé les massacres des bachi-bouzouks par de véritables Vêpres bulgares que la Russie, qui en était responsable, a eu bien soin de laisser ignorer à l'Europe. Quand ils ont été dégrisés, ils ont pu constater qu'ils n'avaient fait que changer de joug. La Russie les tient comme la plus soumise de ses provinces, ne les lâchera pas de sitôt, forte de leur ignorance, de leur grossièreté, de leur poltronnerie. Voilà le grand danger. Ces ilotes n'aiment guère mieux leurs nouveaux maîtres que les anciens; mais cette haine ne sera longtemps encore que platonique. Il faut en prendre note cependant : quand le Russe est venu, le Bulgare commençait à s'affirmer vis-à-vis du Turc; il faudra bien qu'un jour il se pose vis-à-vis du Russe.

Vient maintenant Constantinople, avec ce quadrilatère tout en longueur qui lui a été laissé de l'Euxin à l'Adriatique et dont se détacheront fatalement les provinces grecques de la mer Égée. Là se concentrent aujourd'hui tous les Osmanlis d'Europe, ceux que la Russie a chassés des Balkans et l'Autriche de la Bosnie. De ces hommes, quelle est la pensée dominante? A parler très franchement, je crains bien qu'ils n'en aient point du tout, perdus qu'ils sont dans leurs rêves, résignés dans leur fatalisme, endormis dans leur kief, amollis par la douceur du Bosphore. Quand l'étendard vert a été déployé, ils ont trouvé en eux une dernière force : celle de tenir en échec dans les Balkans le colosse moscovite; soutenus à temps par l'Angleterre, ils auraient été vainqueurs. Maintenant, ils n'ont plus même assez de vigueur pour haïr. Ils savent qu'ils meurent et n'ont d'autre souci que de mourir avec dignité, sans effort, la chibouque aux lèvres et les yeux tournés vers La Mecque. En attendant, ils dorment. Quand le travail d'une heure leur a procuré le pain de la journée, ils vont chercher la meilleure place à l'ombre, soupirent en pensant que le Croissant a pâli, maudissent les Anglais, envient les Russes, et tout est dit. Couchés dans la ruelle étroite, quand ils entendent rouler la voiture d'un Grec ou d'un Franc, ils se dérangent tout juste assez pour n'être pas écrasés, et le *kiz ghiaour* ne vient même plus à leurs lèvres qui ont oublié le mépris. Est-ce sommeil ? est-ce suicide ? Je n'ose décider. Mais ils sont si nobles, si généreux, si véridiques, ces pâles contemplateurs du ciel bleu, que je voudrais que ce fût sommeil. Si c'est un suicide, il faut se découvrir avec respect. Nul gladiateur de Rome ne sut mieux mourir, calme, résigné, sans une injure, sans une plainte.

Le péril immense, le plus grand de tous, c'est, au-dessus du peuple qui dort, la foule des pachas, des valis et de tous les chefs aux lances ornées de queues de cheval. Quels sont ces personnages ? Tout ce qu'il y a de plus vil au monde et de plus misérable. On peut compter sur les doigts de la main les grands de la Porte qui méritent considération. Le reste est un impur ramassis de valets poltrons, de voleurs gorgés d'or, de cyniques prostitués. Tout se vend, l'honneur d'abord, la justice, le travail du peuple, et puis la patrie. C'est elle qu'on marchande à présent, qu'on maquignonne comme un cheval de l'Hedjaz. A qui ? Au vainqueur de Plewna, au czar du Nord.

L'Europe occidentale, toujours ignorante, toujours myope, n'a pas compris cela. Après avoir abâtardi la Porte par une tyrannique tutelle, après l'avoir abandonnée dans les Balkans, elle a cru qu'il suffirait, pour avoir un droit nouveau à sa reconnaissance, d'arrêter les Russes devant Constantinople, entre l'armée autrichienne du Danube et la flotte anglaise de Bésika. Puis on a procédé au partage, sans souci aucun du droit. Enfermé dans son kiosque de l'Éclair, les yeux fixés sur la côte d'Asie, voici comme a raisonné alors le pâle sultan, le tremblant successeur de Mahomet, qui n'a pas même osé paraître au camp d'Osman-Ghazi : « J'ai fait la guerre au czar du Nord ; vainqueur, je lui aurais pris des provinces ; vaincu, je lui en ai cédé ; c'est justice. Mais je n'ai fait la guerre ni à l'Autriche ni à l'Angleterre, et je dois donner Cypre à celle-ci, et à celle-là Sérajévo et Mostar ; c'est injustice, iniquité révoltante. Il me faut un allié à tout prix, un protecteur. Mes prédécesseurs ont été trompés par l'Occident : moi je choisis le Moscov. » Et sur-le-champ, comme après les batailles des Pyramides, de Navarin et de Nézib, le czar d'ouvrir ses bras au padischah. Il n'a pas pu prendre par la force la ville de Constantin : il la prendra par la ruse, il entrera dans son enceinte comme ami, comme protecteur. Et, s'il y entre, il n'en sortira pas.

Ceci dénoncé, il faut m'arrêter un instant, regarder dans toute sa splendeur le triomphe des Russes. C'est le plus merveilleux qu'ils aient remporté jamais. Tout le sang généreux que la France, l'Angleterre, la Turquie, le Piémont ont versé depuis un siècle a été versé en vain. Grands massacres inutiles que ces noms de victoire : Eylau, la Moskowa, l'Alma, Sébastopol. C'est le Nord qui l'emporte, qui par la porte ouverte de l'Orient menace l'Europe. La mer Noire, qui leur avait été interdite, ils la tiennent à la fois par le nord et par le sud ; leurs frégates orgueilleuses la sillonnent de Sébastopol relevé à Batoum captive. La clef du Danube, qui leur avait été enlevée, ils l'on reprise avec l'assentiment d'un Congrès. La route de Constantinople, qui leur avait été fermée, ils la tiennent tout entière, toujours prêts à s'élancer de Varna, de Sophia, d'Andrinople.

Les peuples du Danube et des Balkans sont leurs vassaux et leurs captifs. Celle que Lamartine appelait « l'avant-garde de la liberté de l'Europe, » la Turquie, est à leurs pieds. En Europe, l'alliance de la Prusse est acquise à la Russie. Quant aux ennemis d'autrefois, ils semblent occupés pour longtemps : la France chez elle, l'Autriche en Bosnie, l'Angleterre en Asie. Çà et là, on entend bien quelque cri discordant, mais si faible, le murmure des Iougo-Slaves dupés, des Roumains spoliés, des Grecs abandonnés, des Osmanlis chassés de chez eux. Le vieil équilibre européen n'est plus. Le centre de gravité est au nord, vers le pôle. Enfin, l'Europe a ratifié à Berlin le triomphe de la force brutale ; le droit, si la France n'eût pas été là, eût abdiqué sans mot dire. C'est un puissant système politique que celui qui aboutit à un pareil résultat. Il est vrai que, devant ces champs de carnage, l'historien qui étudie la psychologie des peuples rencontre pour mobile souverain de la politique russe, au lieu de cet amour tant proclamé des chrétiens opprimés, l'ambition conquérante la plus acharnée qui fut jamais. Mais qu'importe à la Russie ? Le testament de Pierre le Grand semble aujourd'hui exécuté, le rêve de Catherine la Grande semble réalisé. La logique russe a été mathématique, implacable. Rien ne lui a coûté. Elle a triomphé de tout. Les cadavres de plusieurs nations jonchent cette route de Byzance, longue route où la Sémiramis du Nord entra sous un arc de triomphe étoilé de roses... Mais les Cosaques ont campé sous les murs de Constantin, et les éperons russes ont sonné dans Eyoub et sur l'At-Meïdan.

II

Je viens de dire la force de la politique russe, force faite de la logique d'une tradition sacro-sainte et de la faiblesse d'adversaires inconstants et désunis; je vais en montrer maintenant le côté vulnérable.— La redoutable machine du système moscovite, ce ne sont pas des ressorts nobles et généreux qui la font mouvoir : c'est l'égoïsme, c'est la cupidité, c'est l'ambition. Ces choses en apparence si fortes, ce sont les pieds d'argile du colosse.

Circonstance singulière et qu'il importe de mettre en relief : dès le xviiie siècle, pendant que les Slaves du Sud ne connaissent toujours d'espérance et de gloire qu'avec leurs puissants frères du Nord, la Grèce a deviné la Russie. Ce n'est pas un lourd cheval crédule, comme celui des Balkans, que le coursier de Laconie ; ce n'est point lui qui, par haine du cerf, portera jamais la selle et le harnais de l'homme. De bonne heure, son instinct se réveille, se met sur ses gardes, lui montre le piège. Cette délivrance si pathétiquement promise aux raïas chrétiens, l'esprit net et clair de la Grèce a deviné que ce n'est que changement de joug ; il a soupçonné que, de ces deux tyrannies, celle du Moscov, celle de l'Osmanli, la seconde doit être la moins dure, la moins implacable, la moins savante. Comme la femme de Paul, sa bru, était pour la seconde fois enceinte, Catherine fit venir à l'avance six superbes nourrices de l'Archipel, afin que, pressant leurs mamelles, les lèvres du futur empereur de Byzance ne fussent abreuvées dès la première heure que du lait de la Grèce ; mais à peine les nobles Amalthées furent-elles arrivées à Tzarkoé-Selo, que le lait tourna dans leur sein. Force fut alors d'appeler des nourrices russes, de rudes femmes de moujiks. Si je reproduis cette anecdote, c'est qu'il est curieux d'y voir comme un présage de l'avenir, comme une fatalité. Pendant que la nature refusait au prince russe le lait de l'Hellade, de toute la Morée inondée de sang s'élevait contre Catherine le plus formidable concert d'imprécations, « Alexis Orloff n'a paru sur nos côtes que pour nous soulever et nous abandonner ensuite à la fureur des Osmanlis. Les Turcs ont montré eux-mêmes dans cette guerre beaucoup plus de franchise et de loyauté envers nous que les généraux de Catherine (1). » Il ne faudra plus s'aviser de vanter aux Maïnotes la sainte et orthodoxe impératrice! (Aulu-Gelle dirait : *Regina meretrix.*) A peine la Grèce eut-elle flairé la Russie, eut-elle découvert que la domination, non point la libération des chrétiens, était l'ambition des successeurs de Pierre le Grand ; à peine eut-elle, esclave encore des Turcs, repoussé d'avance tout autre esclavage, qu'il se produisit dans la politique moscovite la plus curieuse évolution. Je voudrais l'appeler *le rétrécissement du système de Pierre.* Par véritable grandeur d'ambition, lui, le fondateur aux vastes pensées, il ne voulait voir dans toute la péninsule des Balkans que des chrétiens à délivrer ; catholiques ou orthodoxe, Serbes, Grecs, Bulgares et Valaques, il les appelait tous d'un nom commun : *Romains!* C'était l'affranchissement des Romains que se proposait ce magnifique génie. Après l'affaire d'Orloff, le lait répandu des nourrices de l'Archipel, les premiers chocs entre l'esprit de domination moscovite et l'esprit d'indépendance hellénique, la Russie rétrécit le programme. Puissance slave, elle ne se souvient plus que des raïas slaves. Ne sont-ils pas ses frères d'adop-

(1) Voyage de Dimo et Nicolo Stéphanopoli (cité par M. J. Klaczko).

tion, ses *pobratim?* déjà bien façonnés au joug, naturellement dociles, serviles, obéissants, peu remuants, ignorants surtout. Les raïas grecs sont tout autres; ils se sont sentis destinés de tout temps à être, une fois libres, les libérateurs de l'Orient; ils ont derrière eux le plus admirable passé, tandis que les Slaves datent d'hier dans l'histoire; et l'orgueil de ce passé, orgueil légitime et qu'il est sot de railler, c'est une force incomparable, je dirais presque la grande conscience des Grecs, car, se souvenant de Thémistocle et de Périclès, ils sentent qu'ils ne pourraient sans ignominie devenir les laquais du Knès scythien. Ils ne peuvent comprendre l'indépendance nationale sans la liberté politique, chose que les Slaves seront encore près d'un siècle à deviner. Ils ont, avec l'amour de la liberté, reçu le don précieux de la patience. Ils ne sont pas pressés, ils savent attendre, sûrs, dans leur fatalisme aussi fécond que celui de l'Islam est stérile, que l'empire grec renaîtra un jour de ses cendres, comme le phénix antique. Leur mission dans l'histoire moderne est manifeste : devenir les plus forts et les plus cultivés de la Péninsule, « servir de point de ralliement, de foyer d'attraction aux épaves de l'inévitable naufrage de l'empire ottoman, » représenter en Orient la civilisation occidentale, être le lien entre l'Occident et l'Orient, être la barrière contre le Nord. Dès l'aube de notre Révolution, ils ont conscience de cette mission; ils sont, dans leur isolement, la protestation calme et forte de la liberté dont la Russie profane le nom. Aussi, d'abord l'abandon, puis la calomnie. — Catherine écrit à Voltaire, qui croira son impératrice sur parole : « Les Grecs, les Spartiates ont bien dégénéré; ils aiment la rapine mieux que la liberté. » Enfin, la lutte ouverte, l'hostilité déclarée. Ne pas vouloir être le client du Russe, c'est être son rival, son ennemi.

Voilà le côté faible de la politique moscovite ; c'est son caractère slave, et non chrétien ; c'est la haine jalouse qu'elle porte à l'hellénisme, parce que l'hellénisme est l'intelligence, l'instruction, la liberté; c'est en somme, car telle est la consolante moralité de l'histoire, c'est son égoïsme. Ne voir dans le monde que des principes, c'est rêverie de philosophe; c'est, de la part d'un homme d'État, simple abdication; mais ne voir dans le monde que des forces et croire qu'il suffit de déguiser ces forces sous le masque des principes, c'est faute non moins fatale. S'il est certain que, pendant longtemps, les hommes, peu psychologues et très généreux dans leur ensemble, se laissent prendre à de certains mirages, saluent comme un idéaliste le plus implacable des ambitieux, il est tout aussi certain qu'au jour où le mensonge est découvert, les contre-coups ne sont que plus terribles. Pourtant ces masques-là ne tombent pas tout d'une pièce; ils ne peuvent que s'émietter, étant de plâtre et tenant avec une solidité étrange au dur visage d'airain qu'ils dissimulent. L'instinct poussait à la défiance un Louis XIV, un Choiseul, un Vergennes; mais le grand dénonciateur de la politique de Catherine en Orient, ce fut son slavisme, son hostilité vis-à-vis de l'indépendance hellénique.

Je ne puis qu'indiquer ici l'historique des rapports de la Russie et de la Grèce. A moins d'écrire tout un volume, je ne saurais entrer dans les multiples détails, qui, semés un peu au hasard, attendant l'historien dans le silence des archives d'Athènes, forment l'incomparable dossier de la Chambre des députés grecs. Quand ces précieux documents auront été dépouillés, voici à peu près ce que l'on verra. Du jour où la Grèce est fixée sur ce que la Russie apporte de désintéressement dans les affaires orientales, du jour où la Russie se rend bon compte de l'esprit d'indépendance des Hellènes, la guerre est déclarée, guerre d'un nouveau genre, sourde, mystérieuse, pleine de perfidies et de guet-apens. De qui la Grèce attend-elle sa libération? De ses fils répandus sur la surface du monde, des générations que l'Occident forme de son génie, de ses maîtres d'école, aucunement des Russes. Voilà en effet ce qui constitue la beauté de l'hellénisme: de nos jours comme jadis, il n'est pas renfermé dans le cadre étroit tracé par la nature; il se répand partout et sous la forme la plus bienfaisante, par l'école et par le comptoir. L'hellénisme est le progrès, il est la liberté de l'Orient, il est la Révolution. Par conséquent, la Russie le redoute, le hait, le combat. Quand elle se pose devant Napoléon comme la libératrice des raïas, elle ne parle que des Slaves. Quand, une première fois, les réclamations des Grecs sont portées devant l'Europe, au congrès de Vérone, Alexandre se lève avec colère, fait repousser les Grecs comme révolutionnaires. Quand les peuples indignés finissent par contraindre les rois à sauver la bande héroïque des Palikares soulevés, c'est la Russie qui, à Londres, trace ces frontières étroites entre lesquelles la Grèce étouffe. Quand la Grèce, toute mutilée que l'ont faite les diplomates, s'annonce comme le champion de la civilisation occidentale, la Russie lui fait imposer le roi Othon, toute cette administration plus qu'allemande, bavaroise, et qui, pendant trente années arrêtera l'essor national. Au congrès de Paris, quand la Grèce s'est présentée, n'ayant pas reculé devant les plus lourds sacrifices pour qu'une juste extension fût accordée à l'indépendance hellénique, pour que la Crète fût rendue à la mère patrie, c'est la Russie qui se joint à la Porte pour faire rejeter cette demande, pour désespérer le génie hellénique. Quand, en 1862, la Grèce, à qui il a fait perdre trente années, renvoie chez lui l'épais buveur de bière et veut, en choisissant librement un roi, affirmer devant l'Europe son indépendance, c'est la Russie qui, redoutant pour un avenir prochain le contrepoids hellénique, fait de son mieux pour entretenir sur cette terre trop audacieuse l'anarchie et le désordre. Quand l'idée hellénique, malgré tous les obstacles, avance, poursuit son chemin de lumière en Thessalie et en Macédonie, la Russie envoie contre elle tous ses agents du comité de Moscou, les poches pleines d'or et de ces livres qui proclament dans Orphée le premier des poètes bulgares et dans Alexandre le superbe héros bulgare, vainqueur des Grecs. En vain, le second Empire abandonne en Grèce la seule tradition que nous avions en Orient : la Russie échoue dans les deux ou trois tentatives qu'elle fait à Athènes. Un instinct sagace protège les Hellènes. Ce que jamais n'oubliera la Russie, c'est qu'à l'heure de son grand duel avec la Turquie, docile aux conseils de la France et de l'Angleterre, la Grèce ne prit point part à la lutte. Un jour ou l'autre, cela est fatal, ils seront face à face, Thésée et le Minotaure, le jeune athlète aux muscles assouplis, à l'intelligence rayonnante, le monstre redoutable qui réclame le tribut des vingt vierges.

Ceci étonnera bien des hommes politiques ; je vois d'ici le sourire des graves diplomates routiniers, des Prudhomme qui n'aiment pas à être dérangés dans leurs croyances, des Sancho-Pança qui ne croient pas aux idées. « Quoi ! cet État nain, la Grèce, pourrait être un danger réel pour la Russie, ce colosse! Quoi! ces marchands athéniens pourraient arrêter la marche en avant de ce vainqueur qui a triomphé de l'Islam! La France, l'Angleterre et l'Italie ont déjà versé assez de sang pour ce malade qu'il fallait abandonner au Russe dès la première heure. Il serait sot de perdre son temps aujourd'hui à soutenir ce mineur insubordonné, le peuple grec. » Cette politique, qui se croit positive parce qu'elle rase le sol, ne nous inspire que mépris. En premier lieu, la preuve de la force réelle de la Grèce, c'est l'antipathie que ces vrais libérateurs de l'Orient inspirent à ces comédiens de la liberté et de l'Évangile, les Russes; c'est ce fait significatif et dont les preuves abondent : maintenant qu'il n'y a plus d'Europe et que la Turquie est à bas, le slavisme ne craint qu'une puissance, l'hellénisme, et il le craint si bien, qu'en Roumélie, en Thrace, en Macédoine, il n'a qu'un souci, le briser, l'annihiler, le faire disparaître, slaviser artificiellement ces provinces grecques par tous les moyens les plus odieux, en chassant le prêtre de son église et l'instituteur de son école pour les remplacer par des valets bulgares. — En second lieu, cette vulgaire politique n'est que celle de l'égoïsme, nullement celle de l'intérêt. Nous ne serons jamais les apôtres du sentiment en politique; ce que nous préconisons, c'est la justice, et ce que nous affirmons avec l'histoire tout entière pour preuve, c'est que la politique de la justice finit toujours par être celle du véritable intérêt. Il est juste et légitime de donner satisfaction aux généreuses aspirations helléniques; il est plus qu'utile, il est indispensable de constituer un contrepoids au slavisme, et ce contrepoids ne peut être que la Grèce, non point ce petit royaume misérablement bâclé autour de la table verte du congrès de Londres et dont les frontières sont telles que, de sa patrie libre, Colettis pouvait voir dans sa patrie restée esclave la place où il avait laissé le tombeau de son père, mais une grande Grèce d'où ne seront plus bannis ni ceux qui furent peut-être avec Canaris et Odysseus les plus vaillants lutteurs de 1828, je veux dire les héros de l'Épire, ni les marins des îles, ni les laboureurs de Thessalie, ni ces grands promeneurs d'idées, les négociants de Macédoine. Ou l'Occident renoncera aux vieux errements et fera de la Grèce le centre d'attraction des chrétiens de la Péninsule et son soldat dans l'Orient, ou il doit s'incliner sans murmurer devant le triomphe moscovite et renoncer misérablement à toute influence. Il n'y a pas à sortir de ce dilemme.

Admirable instrument que l'hellénisme; mais il ne faut pas qu'il se rouille dans sa gaine trop étroite; mais il faut que ce soit l'Occident qui se décide à le manier. Je ne me dissimule pas les défauts nombreux du peuple grec, et je ne les ai jamais dissimulés ni aux philhellènes, ni surtout aux Grecs eux-mêmes;

mais ce sont précisément ces défauts-là qui doivent décider les Occidentaux qui hésitent encore. La Grèce ne peut plus rien de grand par elle-même ; tout ce qu'elle a pu créer par elle-même elle l'a créé : elle a couvert de comptoirs les deux rives de la Méditerranée, elle a ouvert des écoles partout où elle a dressé un comptoir. Naturellement amoureuse de la liberté, elle se doit à elle-même l'honneur d'être un État démocratique et parlementaire digne du respect de tous. C'est vers elle, et grâce à ses seuls efforts, que se tournent les yeux de tous les ennemis de l'absolutisme, que cet absolutisme soit turc ou russe. Elle s'est faite toute seule le centre d'attraction de toutes les populations homogènes, l'enviable prototype de toutes les autres ; mais, par elle-même, à cette heure, elle ne peut rien de plus. Elle s'est tournée vers nous, et elle a dit : « Je suis votre représentant en Orient ; partout où je vais, je promène votre flambeau de liberté et d'instruction ; je puis seule régénérer le Levant ; je suis détestée par la Russie parce que je me suis dérobée à son joug et parce que je suis de votre famille ; mais à cette heure, sans votre appui, sans votre soutien, je ne puis plus que périr. » Cela est triste, mais cela est vrai. La Grèce ne peut plus rien sans l'Europe ; mais que l'Europe ne soutienne pas la Grèce, et le jour est proche où, tous tant que nous sommes, nous ne pourrons plus rien, nous, races latines, contre les races du Nord.

Avant de dire quel est le nouveau programme qui, pour les États d'Occident, sort logiquement des choses orientales, je dois donner le résumé de leur politique actuelle, résumé qui n'est pas à l'honneur d'un siècle fils de la Révolution. Il n'est rien de plus misérable que de sacrifier lâchement à de petits intérêts, qu'il est honteux et maladroit d'invoquer, de grands intérêts, qu'il serait à la fois habile et généreux de défendre. Or, c'est ce sacrifice-là qu'on n'a cessé de pratiquer vis-à-vis de l'Orient depuis que le grand problème a été posé, et que, par égoïsme et par ignorance, on ne cesse encore de préconiser aujourd'hui. Oui, c'est une belle et bonne chose que le coton; mais la civilisation est plus belle encore et meilleure, et c'est la civilisation tout entière qui est aujourd'hui menacée.

III

Trois grandes idées dominent l'histoire : celle de la force, celle de l'utilité, celle du droit. Dans la dernière partie du xixe siècle, l'Allemagne et, à sa suite, la Russie absorbent le droit dans la force supérieure ; l'Angleterre, dominée par les théories économiques, réduit le droit à l'intérêt majeur ; la France, en dépit des défaillances trop nombreuses de ses gouvernements, ne comprend le droit que par la raison et par la liberté (1). Arrêter les progrès de la Russie en Europe ; unir dans une pensée commune toutes les nationalités du Levant constituées dans leurs unités respectives, affranchies de tout joug étranger ; poursuivre en Orient le triomphe de la raison et de la liberté sur la force brutale, triomphe qui serait en même temps « celui de l'intérêt de tous apprécié par un spectateur impartial et bienveillant ; » voilà, sous trois formes différentes, politique, historique, philosophique, quelle serait, comme résultante des considérations que j'ai développées, la réponse à faire par l'Œdipe d'Occident au Sphinx oriental. Je ne présente nullement cette réponse comme une solution formelle, absolue, mais seulement comme la déduction logique des grandes données de l'histoire et de l'observation. Ce qui a fait la faiblesse de notre politique occidentale, c'est tout à la fois son ignorance et sa versatilité. Aujourd'hui, il faut savoir, et il faut se décider ; or, est-ce sur un autre fondement que la liberté et la raison qu'il est possible aux fils français ou étrangers de la Révolution de faire

(1) Fouillée, *Idée moderne du droit*, page 2.

reposer leur système politique? Je ne veux pas le croire. L'histoire est muette pour qui ne voit pas dans tout son cours cette constatation incessante : il n'est de triomphe définitif que celui du droit.

Quels sont les éléments constitutifs de cette politique nouvelle et devant aboutir au triomphe du droit? Les pages qui précèdent ont pu faire pressentir l'idée que je m'en fais après quelques-uns des plus beaux penseurs des temps modernes, nos maîtres à tous, ces vrais hommes d'État que n'abandonnait pas la préoccupation de la justice. Quant à une formule générale, je n'en chercherai point, par la raison qu'elle est toute trouvée : « L'Amérique aux Américains! » cette haute doctrine de Monroe qu'il suffit de traduire : « L'Orient aux peuples d'Orient! »

Partons de là, nous ne pouvons avoir d'idée directrice plus sûre ni plus équitable. Tout d'abord deux théories se présentent à nous qu'il faut commencer par abattre, l'une et l'autre ayant une inégalité pour base et concluant que ces inégalités confèrent des droits inégaux. Je veux parler de la théorie des religions et de celle des races supérieures. Pour l'une et l'autre, quel plus beau théâtre que cet Orient où la confusion des races ne le cède qu'à celle des religions!

La théorie des religions est essentiellement chrétienne, et elle ne consiste pas tant à proclamer la supériorité morale et philosophique de la religion chrétienne sur toutes les autres, qu'à revendiquer pour elle l'empire, la domination, le droit à l'oppression de tous, καθ' ὅλου. — Or, que vaut cette théorie? Il est bien certain que la question d'Orient a commencé par être une question religieuse, que la transformation de Sainte-Sophie en mosquée a été la grande douleur de 1453, la délivrance du saint sépulcre le grand rêve de tous les fils des croisés. Mais cette douleur, qui l'a ressentie le plus vivement? Ce rêve, qui l'a caressé avec le plus d'ardeur? L'Orient lui-même? Non. L'Occident. Et cela depuis le premier jour de la conquête. De tout temps, ce n'a été qu'*ad usum Ponentis*, que les moines et les popes ont exploité et la basilique profanée et l'armoire de Bethléem. Aujourd'hui, sauf entre catholiques et orthodoxes, dans la Péninsule tout entière, il n'est point de haine religieuse vivace. La raison en est simple; destructive de toutes ces idées fanatiques que s'efforcent de répandre encore certains faux interprètes de l'Évangile, nulle tolérance plus grande, plus parfaite que celle du Coran. On lit dans le livre de la *Vache* (1) : « Point de contrainte en religion. La vraie route se distingue assez de l'égarement. » — Quand les Turcs envahirent l'Asie Mineure et l'Europe, à toutes les populations

(1) Verset 257.

chrétiennes, sans exception, ils laissèrent leur culte, leurs prêtres, leurs monastères, leurs temples, à l'exception de quelques églises monumentales, et cela pendant qu'au nom du Christ les bulles papales ordonnaient le massacre des hérétiques (1).—Quand, au XVe siècle, la première grande guerre éclata entre les Hongrois et les Turcs, voici ce que racontent les *pesmas* serbes : « Georges Brankovitch a dit à Hunyade : Si tu es vainqueur, que feras-tu de notre Église? Hunyade a répondu : J'établirai partout la religion catholique et romaine. Alors Georges Brankovitch est allé vers le sultan et lui a dit : Si tu es vainqueur, que feras-tu de notre Église? Et le sultan a répondu : Auprès de chaque mosquée il y aura une église, et tout habitant sera libre de se prosterner devant l'une ou de faire ses signes de croix devant l'autre (2). » Le sultan Mahmoud, pressé d'établir des distinctions entre les populations qui composent l'empire, répondit : « Mes sujets seront tous égaux devant moi ; je ne les distingue que lorsqu'ils sont à l'église ou à la mosquée (3). » Plus parfaite tolérance n'existe point dans le monde entier ; d'où cette conséquence logique, indéniable : point de passions religieuses. Le catholique et l'orthodoxe se détestent ; le chrétien et le musulman vivent l'un

---

(1) Collas, *La Turquie en* 1859, p. 57.
(2) Voyez mon volume *La Serbie et le Monténégro*, p. 43.
(3) Collas, p. 61.

à côté de l'autre, dans la plus grande paix, pratiquent souvent les mêmes rites (ainsi les *bektachi* de Thessalie et d'Épire). Chaque religion se croit, en Orient comme ailleurs, et la plus sage et la plus juste; mais, théoriquement, le droit des religions supérieures exige au préalable une démonstration impossible de supériorité; pratiquement, dans le Levant tout entier, devant l'égalité si complète des cultes, il ne peut être pris pour base d'un système politique. De questions religieuses, il n'existe dans toute la Péninsule que celles qui sont importées d'Occident. Au lendemain de la Révolution, vouloir recommencer les croisades; dans un siècle de libre pensée, vouloir, au nom de la croix, chasser de l'Europe les plus tolérants des hommes : cette prétention est inique, ce système ne mérite pas discussion.

Je ne serai pas moins sévère pour la théorie des races supérieures, théorie mise en vogue par l'Allemagne et naturellement adoptée par la Russie. Supériorité des Germains sur les Gaulois et les Latins, dit la première; supériorité des Slaves sur les Osmanlis et sur les Hellènes, ajoute la seconde; et de cette supériorité, ces *cause-finaliers* de la politique concluent immédiatement — monstrueuse union de mots — au « droit d'oppression. » Faut-il le discuter, ce prétendu droit qui n'est qu'un vulgaire passe-partout de la cupidité et de l'ambition ? Je ne le pense pas. Mais quel usage les hommes du Nord en ont fait de nos jours! Ici les Allemands, sur lesquels je me tairai. Là-bas les Russes, qui, de par leur supériorité slave, prétendent renvoyer les Turcs en Asie, soumettre les Grecs aux Bulgares, asservir les Roumains, que sais-je encore? « Ils sont noirs depuis les pieds jusqu'à la tête, disait Montesquieu des nègres, et ils ont le nez si écrasé qu'il est presque impossible de les plaindre. » Voilà tout le système du droit des races supérieures.

Condamné en théorie — un trait de généreuse ironie, comme on voit, suffit à cette besogne, — ce droit, aux yeux du logicien, l'est nécessairement, fatalement en pratique. Insistons cependant. Il y a des Karpathes au Danube, du Danube aux Balkans, des Balkans à la mer Égée, six ou sept races différentes, Madgyars, Roumains, Slaves, Bulgares, Ottomans, Albanais, Hellènes. Qui osera prétendre — c'est à un philosophe que j'emprunte cette force de raisonnement (1) — que, de par la Providence et la nature, le cerveau d'un Grec ou d'un Turc soit virtuellement inégal à celui d'un Slave, « et que l'un soit aussi incapable de concevoir les hautes idées de l'autre que le quadrupède de voler comme l'oiseau? » Et quand ce serait vrai, comme le crient les panslaves de Moscou, le droit à la conquête serait-il établi? Et

---

(1) Alfred Fouillée, *Idée moderne du droit*, p. 314.

cette conquête elle-même, reposant sur une injustice, quelle qualité de durée aurait-elle? Aucune, je n'hésite pas à l'affirmer. Il n'est pas besoin de les avoir vus longtemps, tous ces peuples de l'Orient, pour en arriver à cette conclusion : de quelque d'entre ces peuples qu'on essaye de fonder la suprématie sur les autres, son règne éphémère ne sera qu'une cause nouvelle de luttes sanglantes et de malheurs pour l'humanité. Le droit des religions ou des races supérieures, mensonge que tout cela! La vérité, c'est la liberté pour chacun et l'union de tous!

On a beaucoup parlé des haines de ces races d'Orient ; on les a considérablement exagérées. On les a fomentées en en faisant le texte habituel des discours : qui sait si l'on ne va pas bientôt les assoupir par cette exploitation qu'on ne cesse d'en faire, de sorte que de toutes ces haines néfastes de peuples il ne subsistera plus, un jour, qu'une émulation, qui sera la force de tous? Utopie que cet espoir! Oh! non, ce n'est qu'un idéal politique assez difficilement réalisable, mais réalisable. Il faut toujours l'avoir présente à la mémoire, cette pensée de Malesherbes : « On ferait beaucoup plus de grandes choses si l'on en croyait moins d'impossibles. »

L'Orient n'a été jusqu'à ce jour que le pays du despotisme et de l'anarchie. Pourquoi? Par une cause toute géographique et ethnographique: le désordre extrême des chaînes et des massifs de montagnes ayant pour conséquence un désordre analogue dans la distribution des populations de la Péninsule. Tant que ces peuples, jeunes ou vieux, ont été faibles et presque barbares, leur réunion sous un seul chef dominateur étranger a été possible; mais aujourd'hui les vieux ont disparu et les jeunes, entrés dans l'âge viril, ont secoué le joug. Peuvent-ils, ces jeunes États, devenus libres, vivre isolément? Non. Pour conserver contre la Russie cette liberté chèrement conquise sur le Turc, que doivent-ils faire? Oublier les vieilles haines dans un intérêt commun, s'unir entre eux et avec l'empire ottoman concentré, par un pacte fédératif, par une alliance offensive et défensive; être à l'Orient de l'Europe la citadelle avancée de la civilisation et du progrès, la grande barrière contre le Nord.

Quelle est-elle cette idée que j'ose préconiser aujourd'hui, cette idée d'une confédération de l'Orient, ou plutôt de diverses confédérations alliées du Danube, des Balkans, de la mer Égée? Une idée neuve? Nullement. Elle a été défendue dans notre siècle par les plus grands esprits, par Kossuth en Hongrie, chez nous par Guizot, par Lamartine, qui n'ont eu qu'un tort, celui de ne pas la formuler nettement après l'avoir devinée. Elle date même de bien plus loin encore; car quelle est-elle, en somme, si ce n'est la traduction moderne de cette noble idée: la réconciliation des vaincus et des vainqueurs de 1453, leur union pour résister à l'invasion du Nord et pour assurer la prospérité de cette plus belle partie du monde, ce magnifique Orient qui demeure depuis des siècles inculte et stérile, qui devrait être le grenier de l'Occident et qui n'a été que son plus habituel champ de carnage? Telle elle est en réalité : la plus grande conception civilisatrice qui fut jamais. Parmi les musulmans, Moustapha Kouprouli l'a soutenue dès le XVIIe siècle (1); dès le XVe chez les chrétiens, ce prophète, Critobule d'Imbros.

Voici ce qu'il faut faire : proclamer du haut des tribunes et par la presse, cette voix retentissante de notre siècle, que l'Orient ne doit appartenir qu'aux peuples d'Orient, qu'à leurs intérêts vitaux doivent être subordonnés les intérêts de commerce et d'influence des autres États, que le droit à l'indépendance est le même pour toutes les races et pour toutes les religions, que le rôle de l'Occident doit se borner à servir d'exemple et à donner des conseils ; — n'avoir qu'une seule et même règle de justice pour toutes les nationalités latine, serbe, grecque et ottomane ; — développer l'hellénisme en réunissant successivement au royaume constitué en 1830 l'Épire, la Thessalie, la Crète, la Macédoine et les îles ; — concentrer la Turquie sur le Bosphore, de

(1) De Hammer, *Histoire de l'empire ottoman*, t. IV, p. 242.

sorte qu'adossée solidement aux Balkans, elle puisse en pleine sécurité travailler à son relèvement matériel et moral ; la soustraire à l'action de la Russie, action qui serait sa perte irréparable, en lui témoignant une sympathie désintéressée et en lui prouvant que l'indépendance des fortes agglomérations chrétiennes est son salut, sa barrière contre le Nord et rend désormais impossible toute guerre à prétexte philanthropique ; — conclure entre la Porte et la Grèce une alliance offensive et défensive contre le slavisme ; — unir, d'autre part, dans une confédération tous les États iougo-slaves après leur avoir fait comprendre que, s'ils se soustraient à la suzeraineté moscovite, ils trouveront en Europe l'appui le plus ferme et le plus solide ; leur accorder à tous tout ce que peut légitimement réclamer le droit des nationalités ; et, cela fait, les réconcilier avec les Turcs et les Grecs au sud, les Madgyars et les Roumains au nord ; — à défaut de la Pologne, faire de la Hongrie et de la Moldo-Valachie les deux forteresses avancées de l'Europe contre le Nord ; — contraindre de la sorte la Russie à rentrer chez elle ; — régénérer l'Asie par l'action commune de la France et de l'Angleterre ; — concilier la noble tradition de la France, la préoccupation de la justice pour tous, avec la sage politique de l'Angleterre, travailler partout au plus grand bonheur de la société humaine. Non, ce n'est pas là ce qu'on appelle une solution de la question d'Orient, c'est-à-dire une panacée miraculeuse comme ont coutume d'en prêcher les démagogues; mais ce sont les grandes lignes d'une politique qui serait, je crois, à la fois sage et forte, utile et généreuse.

Ce sera là ma conclusion, et si je la présente avec quelque peu d'assurance, c'est non seulement qu'elle résulte des enseignements du passé et de l'étude que j'ai pu faire des peuples d'Orient, mais qu'à cette heure, par la force même des choses, la France et l'Angleterre sont entrées toutes deux dans la voie que j'indique; la France, en n'ayant paru au congrès de Berlin que pour défendre la cause des nationalités roumaine et grecque et pour faire proclamer l'égalité de tous les cultes; l'Angleterre, en rompant avec les traditions de l'école de Manchester, en se proposant ce grand objectif : la régénération de l'Asie, en ayant fait à deux reprises reculer la Russie, hier devant Constantinople, aujourd'hui même devant l'Himalaya.

Des fautes ont été commises, fautes irréparables comme toutes les fautes, je le sais ; mais d'autant plus la désespérance serait un crime. Il est encore bien sombre le ciel de l'Orient, mais déjà une aube apparaît. Ne penche-t-il pas vers son déclin, ce système de la force qui a été celui de la Prusse et de la Russie ? Est-ce qu'ils ne tressaillent pas, comme à la veille d'un tremblement de terre, le sol germanique, le sol moscovite? Est-ce qu'ils ne se sont pas rendus dignes d'un appui désintéressé, tous ces vaillants États, la Hongrie, la Roumanie, la Turquie, la Serbie, la Grèce? Est-ce que nous ne les apercevons pas dans le lointain de l'horizon, prêts à venir de nouveau rayonner sur nous, ces deux génies, celui de la justice, celui de la liberté? Non, nous ne nous laisserons pas abattre par les triomphes momentanés de la force brutale. Pour grands que soient les erreurs et les crimes du passé, l'avenir est jeune et superbe, et il doit appartenir à ces deux esprits : l'esprit de l'Angleterre, dont l'utilitarisme n'est pas égoïsme et dont l'évolution libérale doit être le bonheur de tous; l'esprit de la France, qui a été, même sous la monarchie, le justicier suprême, et qui, par la Révolution, a proclamé et les droits des hommes et les droits des nations.

FIN DU TOME DEUXIÈME

TABLE

DU TOME DEUXIÈME

	Pages.
IV. LA GRÈCE	1
A bord du *Donnaï*, 2 octobre	3
La Troade, 3 octobre	7
Smyrne, 4 octobre	16
Syra, 5 octobre	21
Arrivée à Athènes, 6 octobre	30
Première journée	32
Le Parthénon	37
La ville, 9 octobre	54
L'Acropole, à la nuit, 10 octobre	61
Ascension du Pentélique, 11 octobre	67
Course à Sunium	72
Égine	79
Les statues	85
Nauplie, 14 octobre	108
A la halte, près de Mycènes, 15 octobre, deux heures	114
Condostavlos, 15 octobre, au soir	125
Corinthe, 16 octobre	132
De Corinthe à Delphes, 17 octobre	136
Delphes, même date, la nuit	142
18 octobre, le matin	143
Arakhova, même date, le soir	146
Livadia, 19 octobre	146

	Pages.
Thespies, 20 octobre	155
De Thespies à Thèbes, 21 octobre	160
Retour à Athènes, 22 octobre	161

V. LA GRÈCE CONTEMPORAINE ... 165

La Grèce contemporaine d'Edmond About, 11 octobre.	167
Les hommes	172
La mer, la campagne, 21 octobre	202
La société	210
Le gouvernement	219
La conclusion politique	237

VI. L'ADRIATIQUE. ... 247

Athènes, 26 octobre, soir	249
A bord du *Poseidon*, 27 octobre	249
28 octobre	251
Corfou, 1er novembre	253
A bord de la *Naïade*, 2 novembre, onze heures du soir	262
3 novembre	266
Au khan de Gramsi, 4 novembre, soir	272
5 novembre, quatre heures du matin	280
Scutari, même date	280
Scutari, 6 novembre, soir	287
Sur le lac de Scutari, 7 novembre	299
Même date, midi	302
Même date, au soir, cinq heures	302
Tsettinié, même date, minuit	306
Tsettinié, 8 novembre	312
De Tsettinié à Cattaro, 9 novembre	322
Cattaro, 10 novembre	327
A bord de l'*Archiduchesse-Charlotte*, 10 novembre, soir	332
Raguse, 11 novembre, matin	333
Raguse, 12 novembre	336
A bord du *Junio*, 13 novembre	346

TABLE DU TOME DEUXIÈME.

	Pages.
Même date, soir.	347
14 novembre, midi	352
Même date, la nuit.	355
15 novembre.	356
Trieste, 16 novembre	357
VII. LA QUESTION D'ORIENT EN ORIENT.	359

Paris. — Imp. V⁰ᵉ P. Larousse et Cⁱᵉ, rue Montparnasse, 19.